T. von Kretschmann, K. von Hänlein

Staatsarchiv der königlich-preußischen Fürstentümer in Franken

Erster Band, erste Abteilung

T. von Kretschmann, K. von Hänlein

Staatsarchiv der königlich-preußischen Fürstentümer in Franken
Erster Band, erste Abteilung

ISBN/EAN: 9783743443877

Hergestellt in Europa, USA, Kanada, Australien, Japan

Cover: Foto ©ninafisch / pixelio.de

Manufactured and distributed by brebook publishing software (www.brebook.com)

T. von Kretschmann, K. von Hänlein

Staatsarchiv der königlich-preußischen Fürstentümer in Franken

Staatsarchiv

der

Königl. Preußl. Fürstenthümer

in

Franken

herausgegeben und bearbeitet

von

Hänlein und Kretschmann

Erster Band.

Bayreuth, 1797.
Im Verlag der dasigen Zeitungsdruckerey.

Erste Abtheilung.

Vorrede
zum ersten Bande des Staatsarchivs.

Unser König hat durch öffentliche Erklärungen und diplomatische Ausführungen dem Publikum die Gründe vorgelegt, welche ihn berechtigen die Landeshoheit nach ihrem eigentlichen Umfange zu den fränkischen Fürstenthümern wiederum geltend zu machen. Zu geschwinder und besserer Uebersicht wollen wir diese Staatsschriften in dieses Archiv sammeln, nebenbey aber auch diejenigen Schriften mit aufnehmen, welche nahen oder fernern Bezug auf die Staatsverfassung der fränkischen Fürstenthümer haben, und insbesondere einzelne Aufsätze und die neuern nachbarlichen Correspondenzen liefern, welche diese Staatsverfassung näher aufklären,

denn

dem gelehrten Staatsmann Aufschlüsse über das teutsche Territorial-Staatsrecht geben und über den politischen Zusammenhang der gegenwärtigen Constellationen in Franken richtig urtheilen lassen. Wir glauben dadurch dem Publikum einen wesentlichen Dienst zu erzeigen und hoffen günstige Aufnahme unsers Unternehmens.

Die Verfasser und Herausgeber.

Inhalt

Inhalt.

	Seite
1) Von der Wiedervereinigung der Brandenburgischen Fürstenthümer in Franken mit der Kurlinie.	1
2) Des Herrn D. Baz Entwickelung der Brandenburgischen Hauß-Verträge in Hinsicht auf Theilung und Erbfolge	35
3) Desselben Rechtfertigung seiner Entwickelung der Brandenburgischen Hauß-Verträge ꝛc. gegen deren Critik im XXXII Theil der deutschen Staats-Kanzley	133
4) Geschichte der Brandenburgischen Familien-Fideicommisse	191
5) Unter den Bestand-Theilen der Fürstenthümer Ansbach und Bayreuth ist kein Erbgut	209
6) In wie fern sind Se. Majestät an die Verträge gebunden, welche die Regierungs-Vorfahren der Fränkischen Fürstenthümer mit den Nachbaren geschlossen haben	213
7) Von den Streitigkeiten welche die Landeshoheit über die in den Brandenburgischen Fürstenthümern in Franken befindlichen, theils benachbarten Reichsständen, theils andern Gutsbesitzern gehörigen Hintersassen betreffen	225
8) Landes-Vergleich zwischen dem Königl. Preußl. Fürstenthum Ansbach und der Fürstl. Hohenlohe-Neuensteinischen Linie	231

9) Kö-

9) Königl. Preußl. Erklärung über die Landeshoheits-Irrungen in den Fränkischen Fürstenthümern Ansbach und Bayreuth 1796   235

10) Oeffentliche Darstellung der Staats-Verhältnisse der Königl. Preußischen Fürstenthümer Ansbach und Bayreuth gegen die Reichsstadt Nürnberg 1796   241

11) Ueber die Königl. Preußl. Seits dem Magistrat zu Nürnberg gemachten Vergleichs-Erbiethungen   256

12) Oeffentliche Erklärung wegen der Eychstättischen Insassen in den Königl. Preußl. Fürstenthümern Ansbach und Bayreuth   260

13) Darstellung der Brandenburg-Ansbach und Bayreuthischen Staats-Verhältnisse gegen den Teutschen Orden   281

     (mit Urkunden)

14) Oeffentliche Erklärung wegen der Brandenburgischen Insassen in den Fränkischen Fürstenthümern, welche sich zur Ritterschaft halten   328

Von der Wiedervereinigung der Brandenburgischen Fürstenthümer in Franken mit der Kurlinie.

Endlich ist es dem Brandenburgischen Kurhause gelungen, die Wiedervereinigung der beyden Fränkischen Fürstenthümer mit der Erstgeburt des Haußes zu Stande zu bringen, und dadurch jene feine Operation zu vollenden, welche von dem Anfang dieses Jahrhunderts an, einer der herrschenden Gesichtspunkte seiner Politik war. Schon Friedrich I war es, welcher, kaum nachdem er sich die Krone aufgesetzt hatte, diesen Vergrößerungsplan entwarf. Am 23. Nov. 1703 und 13. Sept. 1704 kamen schon die Verträge dieses ersten Preußischen Königs mit dem apanagirten Prinzen des Bayreuthischen Haußes, auf dessen zahlreicher Nachkommenschaft die Erbfolge in den Bayreuthischen Landen zu ruhen schien, dem Markgrafen Christian Heinrich, zu Stande. In solchen that dieser Prinz für sich und seine Nachkommen auf sein Erbfolgerecht in den Fränkischen Fürstenthümern gänzlich Verzicht, und übertrug dasselbe König Friedrich I und dessen Linie, wogegen ihnen eine jährliche Pension, sammt dem Sitz zu Wesserlingen im Halberstädtischen zugesichert wurde, und auch seine ältesten Prinzen beschworen diese Abtrettung ihres Erbfolgerechts. Kaum war aber ihr Vater im Jahr 1708 gestorben, als sie diesen für sie so nachtheiligen Vertrag wieder rückgängig zu machen sich bestrebten. Im Jahr 1716 kam es sogar zur Klage bey dem Reichs-Oberhaupt, und da die Prinzen schon am 13. May 1717 so glücklich waren, die Relaxation des geleisteten Eides zu erhalten, so war es eine Folge der zugleich fortgesetzten gütlichen Unterhandlungen, daß endlich am 22. Dec. 1722 ein Vergleich geschlossen wurde, in welchem zwar der König für sich und seine Erben von dem in dem Vertrag von 1703 erlangten Erbfolgerecht abstand, und seinen Vettern dagegen versprach:

„daß sie und ihre fürstliche schon vorhandene Söhne,
„auch zukünftige Leibeslehenserben in den durch die
„altväterliche Dispositiones und Verträge des Hau-
„ses ihnen angebohrnen Successionsrechten auf beyde
„Fränkische Fürstenthümer Culmbach und Onolzbach,
„es ereigne sich der Fall der Succession bey einem,
„oder andern, oder beyden, über kurz oder lang,
„unverrückt, und ungeschmälert verbleiben sollen;"

die Markgrafen aber auch die Thorheit ihres Herrn Vaters theuer genug bezahlen mußten, indem sie sich anheischig machten, wegen der bisher von dem Königlichen Hauße erhaltenen Wohlthaten nicht nur auf künftigen Anfall des einen Fürstenthums in Franken jährlich 30,000 fl. Rheinisch, oder 20,000 Thl. und nach gleichmäßigem Anfall des zweyten Fürstenthums eben diese Summe quartaliter abzuführen, oder die Verbindlichkeit zu Bezahlung dieser jährlichen Summe von 30,000 fl. durch Einlegung des Kapitals von 500,000 fl. zu tilgen, sondern überdieß auch bey dem Anfall eines jeden

die-

dieser Fürstenthümer eine Summe von 50,000 fl. auf dasselbe zu übernehmen und zu bezahlen.

Dieser Vertrag erhielt auch, wiewohl unter einigen merkwürdigen Nebenbestimmungen, am 5. Aug. 1723 die Kaiserl. Bestättigung, und es wurden sogar auf eine am 29. Nov. 1724 von dem Markgrafen eingelegte Bittschrift, am 20. Febr. 1725 auf dem Fränkischen Krais ein Protektorium und Conservatorium, auf Kurbraunschweig und Hessenkassel aber Auxiliatorium erkannt und erlassen.

So scheiterte also der erste Plan, und nach dem Tode des Markgrafen Georg Wilhelm, kam Markgraf Georg Friedrich Karl, als der älteste Sohn des Markgrafen Christian Heinrich im Jahr 1726 wirklich ganz ruhig zu dem Besitz der Bayreuthischen Lande, welcher dann durch die wirkliche Bezahlung der bedungenen Summe von 550000 fl. sich von aller Verbindlichkeit gegen der Kurlinie befreyte.

Was damahls nicht gelang, das schien in der andern Hälfte dieses Jahrhunderts, theils durch den natürlichen Gang der Erbfolge-Ordnung begünstiget, theils durch einen neuen im Jahr 1752 aufgerichteten Haußvertrag auf eine untrügliche Art vorbereitet zu werden.

Die Bayreuther Linie beruhte um die Mitte dieses Jahrhunderts auf dem regierenden Markgrafen Friedrich und seinem Vatersbruder, dem nach ihm zur Regierung gekommenen letzten Markgrafen dieser Linie, Friedrich Christian. Beyde lebten schon zwanzig Jahr in der Ehe, ohne Söhne erzeugt zu haben. In der Ansbachen Linie waren ebenfalls nur noch zween Fürſten am Leben, der regierende Markgraf Karl Wilhelm Friederich, und der einige Sohn deſſelben, Chriſtian Friedrich Karl Alexander, der ihm im Jahr 1757 in der nun niedergelegten Regierung nachfolgte.

Unter dieſen nun günſtigen Ausſichten war der groſe König in Zeiten darauf bedacht, auf den Fall der Erlöſchung dieſer beyden Linien, die Wiedervereinigung ihrer Lande mit den Kurlanden der Erſtgeburt ſeines Hauses zu verſichern. Dieſem für die Kurlinie ſo wichtigen Plan ſchienen aber die ältern Haußgeſetze und die darauf ſich gründenden Anſprüche ſeiner nachgebohrnen Brüder, welche im Erlöſchungsfall eingetretten ſeyn würden, im Wege zu ſtehen. Die Haußverordnung der Kurfürſten Albrecht Achilles vom Jahr 1473, nebſt der dieſelbe beſtättigenden güldenen Bulle K. Friederichs III, und der Geraiſche von dem Kurfürſten Joachim Friederich und dem Markgrafen Georg Friederich errichtete Haußvertrag vom Jahr 1598 und 1599, nebſt dem zwiſchen dem Kurfürſten Joachim Friederich und ſeinen Brüdern Chriſtian und Joachim Ernſt, im Jahr 1603 zu Onolzbach geſchloſſenen Beſtättigungsvertrag ſind die Haupt-Entſcheidungs-Quellen. In der erſten verordnete nähmlich Kurfürſt Albrecht, daß nach ſeinem Tode ſeine Lande in drey Theile getheilt werden, und die Mark Brandenburg der eine, das Land zu Franken der andere, und das Land auf dem Gebürg und Nieder-Voigtland der dritte Theil ſeyn, der erſte ſammt der Kurwürde ſeinem älteſten Sohn Johannes zufallen, und über die beyden andern ſeine Söhne Friederich und Sigmund das

Loos ziehen, übrigens aber sämmtlich gegenseitig die Erbhuldigung haben, und zu gesammter Hand sitzen, auch auf solche Art die Belehnung empfahen sollen. Hiebey machte er zugleich neben andern Bestimmungen folgende Verordnungen:

„Wo aber geschehe, daß der obengenannten unserer
„drey Söhne einer oder mehr — bey Unserem Leben
„stürbe, und nicht männliche eheliche Erben hinter
„ihm verliese, so wollen wir doch, wo wir anders
„dennoch drey Söhne haben, daß die drey Theil mit
„denselben unsern dreyen Söhnen, und ein jegliches
„männlichen leiblichen ehelichen Erben gehalten wer-
„den sollen, wie vorsteht, doch, ob es zu dem Fall
„käme, daß Unser Sohn Markgraf Johannes ——
„vor den obbenannten Unsern Söhnen seinen Brü-
„dern mit Tod abgienge, und nicht männliche eheliche
„Leibes-Erben nach ihm verlies, so ist Unser Mei-
„nung, ordnen, wollen und setzen auch, daß als-
„dann der älteste Unser Sohn nach ihm haben soll
„das Kurfürstenthum und die Land der Mark Bran-
„denburg an seines theils Statt, den er hat, oder,
„der ihm, wie obsteht, gefallen soll, und der älter
„unser Sohn, der geistlich worden seyn solt, den
„wir hätten und liesen, soll an seine Statt zu dem
„Theil, den er im Lande zu Franken und auf dem
„Gebürg gehabt hätte, oder ihm werden solt, kom-
„men und dabey bleiben, ohne der andern Irrung,
„Einträg oder Hinderniß, und soll damit für und für
„gehalten werden, von einem unserer Söhne auf den
„andern. Doch daß nicht mehr dann drey der älte-

„sten unserer Söhne der obgenannten dreyen Landen
„weltlich regierende Fürsten seyn und ir jeglicher und
„seiner Erben halber gehalten werden wie oben ge-
„schrieben ist.

„ließen wir aber nicht mehr, dann zween welt-
„liche Söhne, und die andern wären mit Tod ab-
„gangen, daß sie nit mannliche eheliche Erben hin-
„ter ihn verlassen hätten, und daß die übrige unsere
„Söhne, als die geistlich worden wären, daß sie
„nimmer werentlich werden mögten, so soll der Mark
„zu Brandenburg mit allen ihren Zubehörungen, wie
„obgerürt ist, ein Theil, und beyde Land zu Franken
„und uff dem Gebürg der ander Theil seyn, und soll
„der eltist Sohn die Wahl haben, zu nehmen, wel-
„chen der jetzt genannten Theil einen er will, und
„welchen er nimmt, soll der andere Theil dem andern
„seinem Bruder folgen. ——

„Und ob es zu dem Fall käme —— daß nicht mehr,
„dann ein Sohn werentlich und die andern so tief
„geistlich wären, daß sie nicht werentlich werden mög-
„ten, so soll derselbe werentliche Sohn und seine Er-
„ben die Land in der Mark zu Brandenburg auch zu
„Franken und uff dem Gebürg alle mit allen ihren Zu-
„gehörungen besitzen, inhaben und behalten, und die
„geistlichen an denselben Landen und Leuten allen und
„jeden keinen Theil haben."

Der übrige Innhalt betrifft die Versorgung der übrigen Söhne und Töchter, die Anordnung der Vormundschaft, gegenseitige Hülfe, Stammausträge und andere
dergleichen Gegenstände. Wie es in Ansehung der Erb-
fol-

folge in künftigen Fällen unter den spätern Nachkommen gehalten und ob insbesondere die Analogie dieser den Worten nach auf den einigen Erbfolgefall nach seinem Tode eingeschränkten Verordnung des Kurfürsten Albrechts ein ewiges Hausgesetz, auch für alle künftige Erbfolgefälle unter seinen Nachkommen seyn solle, davon ist in derselben kein Wort enthalten. Der Beweis einer so ausgedehnten verbindlichen Wirkung dieser Albrechtischen Verordnung würde daher wirklich schwer zu führen gewesen seyn, wenn gleich die güldene Bestättigungsbulle des Kaisers Friederich III von Wollkommenheit Kaiserlichen Gewalts wollte, „daß die mit allem ihrem In-
„halt, Punkten und Artikeln Kraft und Macht haben
„sollen" auch darinn alles das widerrufen wurde, „das
„darwider von Uns, Unsern Vorfahren und Nachkom-
„men am Reich gegeben wäre, oder würde, dann (sähet
„der Kaiser fort) dasselbe Alles und Jedes, ob es gegeben
„wäre, oder würde, erklären wir jetzo alsbann und
„dann als jetzo mit zeitigem Rath der vorangeregten (Un-
„ser und des h. Reichs Kurfürsten, Fürsten, Grafen,
„Edeln und Getreuen) und Vollkommenheit Kaiserli-
„cher Gewalt, in Kraft diß Briefs, kraftlos und un-
„bündig."

Vielmehr giebt eben diese Kaiserliche Bestätigungsurkunde deutlich zu erkennen, daß künftige Verordnungen und Verträge nicht ausgeschlossen seyen. Denn der Kaiser bestätigt zugleich darinn ausdrücklich auch alles, das hernach folgt, nähmlichen „solche Einung, Ordnung „und Satzung, die der genannter unser Oheim und Kur„fürst Marggraf Albrecht hinfür bey seinem Le-
„ben

„ben oder nach seinem Tode — seine Söh-
„ne oder männliche Erben des Geschlechts
„für und für thun würden."

Durch den sogenannten Geraischen Vertrag aber und den denselben bestätigenden Hausvertrag zwischen dem Kurfürsten Joachim Friederich und seinen Brüdern Christian und Joachim Ernst vom Jahr 1603 wurde die Albrechtische Verordnung wirklich zu einem ewigen Hausgesetz angenommen. Veranlassung dazu gab die testamentliche Verordnung des Kurfürsten Johann Georg. Dieser hatte nach dem Beyspiel seiner unmittelbaren Regierungs-Vorfahren *), seinem zweyten Prinzen Christian die Neumark verschafft, und sogar die Kaiserliche Bestätigung seines obgleich nur versiegelt übergebenen **) Testaments erhalten. Hingegen verweigerte sein erstgebohrner Prinz, unter Beziehung auf die G. V. und das Albrechtische Hausgesetz, die von ihm verlangte

Ein-

*) Denn Joachim I hatte seinem jüngsten Sohn die Neumark angewiesen, und Joachim II hatte sie ebenfalls einem seiner nachgebohrnen Prinzen verschafft.

**) Wie nachläßig damahl noch die Politik des Kaiserlichen Hofes war! Hier wird ein versiegelt überreichtes Testament bestätigt, und 1473 wurde die Kaiserliche Genehmigung zum voraus auch auf alle künftige Hausgesetze ertheilt, die von Albrecht und seinen Nachkommen aufgerichtet werden würden. Dieß haben wir jetzt nicht mehr zu befürchten. Doch macht sogar das Kurfürstliche Kollegium noch auf den heutigen Tag dem Kaiser in jeder Kapitulation art. III. §. 6. die harte, unbillige Zumuthung, neben den Kurvereinen auch zum voraus alles dasjenige zu approbiren und zu konfirmiren, „was darüber noch weiters die „Herrn Kurfürsten allerseits untereinander „gut befinden und vergleichen mögen."

Einwilligung in die väterliche Verordnung standhaft, und erkannte auch nach dem Tode des Vaters dieselbe nicht an. Da aber seine nachgebohrnen Brüder, Christian und Joachim Ernst, nach des Vaters Tode nun wirklich mit Land und Leuten abgefunden zu werden verlangten, so veranlaßte diß den Zusammentritt des Kurfürsten und des Markgrafen Georg Friedrich, des letzten Besitzers der fränkischen Fürstenthümer, und die bevorstehende Erlöschung dieser Linie des Hauses *) gab den erwünschten Anlaß zu einem schicklichen Auskunftsmittel. Zu Gera wurde von den beyderseitigen Räthen im Jahr 1598 der daher benannte Vertrag entworfen, und bey persönlicher Zusammenkunft des Kurfürsten und des Markgrafen zu Magdeburg im Jahr 1599 genehmigt, auch den erwähnten nachgebohrnen Brüdern des Kurfürsten mitgetheilt. In solchem wurde gleich im Eingang festgesetzt:

„daß Kurfürst Alberti Achillis Verordnung,
„welche auch Kaiser Friederich der dritte ufm Reichs-
„tage in aller Stönd-Verhandlung mit desselben Vor-
„wissen, Bewilligung und Wohlwortt confirmiret
„hat,

---

*) Zwar lebte damahl noch der Herzog Albrecht Friedrich von Preußen, welcher ein Sohn von dem Oheim, Markgrafen Georg Friedrich, dem ersten Herzog in Preußen war. Da aber derselbe von der wider seinen Vater ausgesprochenen Acht im Jahr 1571 nur unter der Bedingung losgesprochen wurde, daß er erst nach Erlöschung der männlichen Leibeslehenerben aller damahl lebenden Markgrafen in die Erbfolge eintreten solle, (Häberlein neueste I. Reichsgesch. VIII. B. S. 648.) so konnte auf ihn nicht Rücksicht genommen werden.

„hat, wie ingleichen mit Vorbewußt, Consens und
„Wahlworten Ihrer Gnaden Söhne gemacht ist,
„von Uns und Unsern Nachkommen von
„nun an zu ewigen Zeiten zu halten,
„wie dann dieselbe pro pacto, pro statuto
„familiae, quod transit in forma contractus,
„je weit dieselbige dergestalt, wie ange-
„zogen, confirmiret, pro pragmatica san-
„ctione et lege publica zu achten."

Hierauf wird der Inhalt dieser Verordnung angeführt, auch der darauf gefolgten zum Theil widrigen Vorgänge Erwähnung gethan, und sodann die Sanction
wiederholt in den Worten:

„So haben Wir (der Kurfürst) nicht unzeigen erwo-
„gen, aller künftigen Irrungen, so etwan aus Kur-
„fürsten Ioachimi I et II. willkührlicher Verglei-
„chung und Unsers geliebten Herrn Vatters weil.
„Kurfürst Johannes Georgen Vornehmen nicht
„allein jetzo unter unsern fr. geliebten
„Brüdern und Söhnen, sondern auch
„inskünftig zu Abfall und gänzlicher Ruinirung
„unsers Hauses entstehen könnten, vorzubauen, und
„es dahin zu richten: Daß es bey Kurfürst
„Alberti Achillis Verordnung sowohlen
„in der Kur Brandenburg, als Frank-
„hen nunan, bis zu Ewigen Zeiten ver-
„bleiben soll, welches wir Markgraf Georg Frie-
„berich, um mehrer Erhaltung willen des Kur-
„fürstlichen Hauses Brandenburg Reputation und
„Hoheit, Uns auch nicht zuwider seyn lassen, son-
„dern

„dern aus obangeführten Uhrsachen gleichfalls für zu-
„träglich erachtet, und darum auf vorgehende reife
„Berathschlagung haben wir samtl. Unßers Eltern
„und Uhranherrns Churfürst Alberti Achillis
„Germanici oft berührte Verordnung, hiemit
„nochmahls erneuen, erklären, bestätigen, und con-
„firmiren wollen, thun solches hiemit in Crafft diß
„Brieffs wissentlich und wohlbedächtlich, haben Uns
„auch deßen, als die zween einzige regierende Kur-
„und Fürsten des Haußes Brandenburg, also end-
„lich miteinander freundlich verglichen, und wollen
„daß nunmehro hinführo und zu Ewigen
„Zeiten solcher jetzo angezogener Ver-
„ordnung und Disposition, von Unsern
„frl. lieben Söhnen, Brüdern und Vet-
„tern, auch allen derselben Erben und
„Nachkommen unverhindert gelebt und
„nachgesetzt werde.“

In Gemäsheit dieser auf solche Art zum ewigen
Hausgesetz erhobenen Albrechtischen Verordnung wird
nun auf den aller Wahrscheinlichkeit nach nahe bevorgestandenen Fall der Erlöschung der Fürstlich-Brandenbur-
gischen Linie in Franken die Vorsehung gethan, welche
auch die Brüder des Kurfürsten wieder mit demselben aus-
söhnte, indem nach einigen andern Verordnungen weiter
fortgefahren wird:

„So sollen, wann wir nächstgedachter Marggraf
„Georg Friedrich zu Brandenburg künftig nach Got-
„tes gnädigen Willen, ohne männliche Leibes leben-
„dige Erben versturben, Unsere Fürstenthum und
„Lan-

„Lande des Burggrafthums zu Nürnberg, unter-
„und oberhalb des Gebürges, mit allen seinen
„Schlössern, Städten, Mannschaft, Lehenschaften
„u. s. w. —   — nichts ausgenommen, Unsern
„des Churfürsten Frdl. lieben Brüdern, und Unsern
„Marggraf Georg Friederichs Vettern, nemblichen
„Marggraf Christian, und Marggraf Joachim
„Ernst 2c. oder do sie unsern Todt nicht erlebten, Ih-
„res Jeden ältisten männlichen ehelichen Leibes Erben,
„absteigender Linie, oder in Manglung derselben,
„den andern ihren nächsten Gebrüdern, und Lehens-
„Agnaten hinnach folgen und zugehen, also und der-
„gestalt, daß in solchen unsern Fürstenthümern, des
„Burggraftumbs zu Nürnberg, den altväterl. Ver-
„trägen, und sonderlich Churfürst Alberti ober-
„wähnter Disposition nach, Jedesmahls mehr
„nicht als zween regierende Herrn seyn, welche dasselb
„Unsern Fürstenthum, samt allen innhabenden geistl.
„Gütern, Stifften und Clöstern, durchs Loos auf
„zween gleiche Theile unter sie theilen, und welches
„Theil Ihr Jedem durch das Loos zufallet, Er sol-
„ches vor seinen Theil unwegerlich annehmen, inne-
„haben und behalten solle, ohne männigliches Einred
„oder Verhinderung annehmen und behalten u. s. w."

Bey der Bestimmung, wie die nachgebohrnen Fürsten des Hauses versorgt werden sollen, wird sich aber-
mahl darauf bezogen, in den Worten:

„Und nachdem wir Marggraf Joachim Friedrich
„Churfürst, von Gott dem allmächtigen mit vielen
„Söhnen gnädiglichen geseegnet, dabeneben auch un-
„ser

„fer gnediger geliebter Herr Vater Marggraf Johan-
„nes Georg, Churfürst, — neben uns noch sieben
„Söhne hinterlassen, und aber, wie vor gehört,
„weil. Churf. Alberti Achillis Disposition und
„Ordnung nach mehr nicht als drey regierende Herrn,
„nemblichen in der Mark ein Churfürst und hierausen
„bey dem Fürstenthum des Burggrafthums Nürn-
„berg zween Fürsten und Marggrafen seyn, von
„welchen förder die andern ihre Gebrüder oder Vet-
„ter, so mit Land und Leuten oder geistlichen Stiften
„nicht versehen, järlich mit einem gewisen Deputat
„versorgt und bedacht werden sollen rc."

Und endlich wurde sogar ein Revers vorgeschrieben, der von jedem Markgrafen, ehe er zur Regierung oder dem geordneten Deputat gelassen würde, ausgestellt, und worinn er zu Festhaltung der Albrechtischen Haußordnung für sich, seine Erben, Stamm und Nachkommen sich verbinden sollte. Es ist auch dieser Revers in dem Geraischen Vertrag wörtlich vorgeschrieben.

Dieser Vertrag nun wurde nicht nur, wie ich schon oben bemerkt habe, den Brüdern des Kurfürsten, den Markgrafen Christian und Joachim Ernst, schon im Jahr 1599 mitgetheilt, sondern, nach wirklich erfolgtem Tode des Markgrafen Georg Friederich und damit verbundener Erlöschung der regierenden Fränkischen Linie, auch in einem neuen zwischen gedachten dreyen Brüdern zu Onolzbach am 11. Jun. 1603 aufgerichteten Vertrag aufs neue bestätigt, und die Albrechtische Verordnung nochmahl als ein ewiges Haußgesetz erklärt. Insbesondere verpflichtete sich der Kurfürst:

„Wir

„Wir wollen auch allen demjenigen stet, fest, Fürst-
„lichen, unwiderruflich und ernstlich nachkommen,
„und insonderheit Marggraf Christian und Marggraf
„Joachim Ernsts Lbd. Lbd., Kraft des altväterlichen
„Herkommens und berührter Gerauischer Verfassung,
„das Burggrafthum Nürnberg und die darinn begrif-
„fene Land unter- und oberhalb Gebürgs, samt allen
„ihren Pertinenzien, Ein- und Zugehörungen, aller-
„masen sie Ihr Lbd. Unser in Gott ruhender Vatter
„ingehabt, hiemit, wie es am beständigsten seyn
„soll, überlassen haben, Ihre Lbd. Lbd. sollen dieselbe
„vor Uns, und unsern mannlichen ehelichen Leibes-
„Lehens-Erben, ohne unsern oder der Unsrigen, wie
„auch derselben Nachkommen einige Hinderungen,
„ruhiglich nuzen und gebrauchen ꝛc."

Dagegen versprachen Markgraf Christian und Markgraf Joachim Ernst;

„daß wir ebenmäsig schuldig seyn sollen und wollen,
„allem demselben Fürstlichen nachzuleben, was von
„Punkten zu Punkten in obberührter Handlung ver-
„faßt, bedacht und zu Papier bracht, — — im-
„masen wir dann dasselbige alles hiemit bey Fürstl.
„Ehren, Treu und Glauben wollen beliebt, accep-
„tirt und angenommen haben. Und obwolen wir
„beyde Gebrüder und wir Markgraf Christian inson-
„derheit auf dato die neue Mark angesprochen, daß
„wir uns jedoch derselbigen Anspruch hiemit wirklich
„und gänzlichen — verziehen und begeben haben
„u. s. w."

Aus

Aus dieser kurzen Darstellung des Hauptinnhalts der Brandenburgischen Haußverträge, soweit solche hieher einschlagen, folgt von selbst, daß, auch den Fall der Erlöschung der Brandenburgischen Fürstenhäußer vorausgesetzt, die Entwürfe der regierenden Kurlinie auf Vereinigung jener Fürstenthümer mit ihren Staaten noch mit nicht geringen Schwierigkeiten zu kämpfen gehabt habe. Die auf dieselbe gegründeten Rechte der nachgebohrnen Glieder und Linien des Haußes mußten der Ausführung derselben vorzüglich im Wege stehen. Friedrich überwand aber alle Schwierigkeiten. Er war so glücklich, im Jahr 1752 jenen Vertrag zu Stande zu bringen, welcher das pactum Fridericianum genannt wird, und worinn die Brüder und Agnaten des Königs auf ihre Rechte und Ansprüche Verzicht leisteten, und den künftigen Anfall der Brandenburgischen Fürstenthümer in Franken an die Kurlinie festsetzten. Hierdurch war unwidersprechlich die größte, und, wenn man die Sache auf der rechtlichen Seite betrachtet, in der That auch die einige Schwierigkeit aus dem Weg geräumt. So fest aber auch die Hoffnung zu dieser wichtigen Vergröserung der im vorigen und gegenwärtigen Jahrhundert so sehr erhöhten Macht desselben begründet war, so ließen sich doch in der Sphäre der höhern Politik noch manche Fälle als möglich denken, welche der Brandenburgischen Kurlinie nicht zuließen, diese gerechte Erwerbung schon wirklich als vollendet anzusehen. Am wenigsten war zu erwarten, daß das Hauß Oesterreich einen ganz ruhigen Zuschauer dabey abgeben würde. Der König fühlte diß wohl. Er suchte daher vorzüglich durch vorläufige An-

eroerkennung des Haußes Oesterreich seine Rechte auf den wahrscheinlich bevorgestandenen Fall zu befestigen *). Aber erst der Bayerische Erbfolge-Krieg war die erwünschte Gelegenheit, wobey der König seinen Zweck erreichte. Oesterreich selbst gab den Anlaß dazu, indem es diese Sache, um sich seine Anerkennung theuer genug bezahlen zu lassen, bald Anfangs mit dem Hauptgegenstand in Verbindung setzte, so ungleichartig auch diese Gegenstände waren. Nach fruchtlosen Unterhandlungen, und einem darüber entstandenen Federkrieg sicherte endlich der Teschner Friede dem Kurhaus Brandenburg diese für dasselbe so vortheilhafte Erwerbung wider alle theoretische und praktische Einwürfe, welche die Eifersucht des mächtigeren Nachbars dagegen theils schon wirklich gemacht hatte, theils in der Folge noch hätte zum Vorschein bringen können.

So ruhig aber, als diese politische Operation wirklich vor sich gieng, hätte man sich nimmer die wirkliche Verbindung dieser Fürstenthümer mit den Landen der Kurlinie, doch selbst nach dem Teschner Frieden nicht gedacht; noch weniger aber auf dem Weg einer gänzlichen Abtretung bey Lebzeiten des wahrscheinlich letzten Regenten der fürstlichen Linie **). Die bedenkliche Klausel,

---

*) Von den ältern Unterhandlungen sowohl aus Veranlassung der Hubertsburger Friedenstractaten, im Jahr 1763 als nachher im Jahr 1772 und 1773 kann Moser in seiner Staatsgeschichte des Kriegs von 1778 nachgesehen werden. S. 10. 11. 13. folg.

**) In der am 17. Febr. 1773 mit dem Freyherrn von Swieten gehabten Unterredung soll der König geäusert haben: On pourroit par exemple proposer à l'Electeur de Saxe, à qui

fel, *) welche der Reichsbestätigung des Teschner Friedens beygefügt wurde, schien sich vorzüglich auch auf denjenigen Theil desselben zu beziehen, welchen die künftige Erbfolge in den Fränkischen Fürstenthümern zum Gegenstand hat. Es schien sehr vorbedeutend zu seyn, daß, wenn gleich Oesterreich dieses — an sich höchst billige — Einschiebsel nicht selbst öffentlich zum Vorschein brachte, gerade die sonst so sehr mit den Gesinnungen dieses Hofes sympathisirende Stimmenzahl vorzüglich jene Einschränkung bewirkte, und die erfinderische Staatskunst ließ allenfalls selbst, wenn diese bejahrte Kanzleyformel bey der Reichsgenehmigung nicht einmahl zur Sprache gekommen wäre, an neuen Kunstgriffen nicht verzweifeln. Eine Abtretung bey Lebzeiten eines Regenten, von dem sich

qui les Marggraviats de Baireuth et d'Anspach conviendroit, de le recevoir contre la Lusace, c'est à dire contre une portion de la Lusace équivalente à la valeur des Marggraviats. Cependant je ne vous parle de cela que comme de projet, dont l'execution doit être fort éloignée encore; mon neveu est jeune, et selon le cours ordinaire de la nature il y a parier, qu'il me survivra. Tantqu'il vit, je ne songe pas à le depouiller, et je ne veux pas m'aggrandir aux depens de mes parens. Mais le cas de sa mort peut arriver, et il est toujours bon, de s'etre entendu d'avance sur ce qui pourroit d'ailleurs occasionner des troubles.

*) „jedoch unter der bedinglichen Voraussetzung und Zuversicht, daß sothaner Friedensschluß (wie es sich von selbst verstehe) den Rechten des Reiches, dem Westphälischen — für beyde Religionstheile mit wechselweisen gleichen Rechten bestehenden Frieden und übrigen Reichsgrundgesetzen, oder jemand andern an seinem erweislichen und behöriger Orten gebührendermaßen auszutragenden Rechte für jetzt und künftighin in keinem Fall zum Nachtheil gereichen möge und solle."

sich, wenigstens seinem Alter nach, die politische Möglichkeit eigener standesmäßiger Nachkommenschaft denken ließ, hätte ohnehin leicht Stof zu manchen politischen und publizistischen Bemerkungen der geschäftigen Politik an Hand geben können.

Selbst das Berliner Ministerium schien Gründe zu fühlen, die Behutsamkeit anriethen. Nachdem längst die Sache selbst zwischen den Haupttheilen im Reinen war, mußte der nunmehrige preußische bevollmächtigte Staatsminister von Hardenberg erst als bevollmächtigter Minister des Herrn Markgrafen auftreten, und nur in wichtigen Fällen sollte derselbe — wegen der weiten Entfernung seines Herrn — sich an den König wenden, dessen Resolutionen dann zum Voraus genehmigt werden. Dieß war der erste Schritt, wie er aus dem Patent vom 9. Jun. 1791 (Z. I) ersichtlich ist. Wenige Monate nachher aber konnte der Schleyer ganz abgenommen werden. Am Ende des Jänners 1792 wurde schon von dem Lande ruhiger Besitz genommen, und das Regierungs-Abtritts-Patent des Herrn Markgrafen, von Bourdeaux ausgegeben, (Z. II) wurde nebst dem Regierungs-Antritts-Patent des neuen Regenten (Z. III) öffentlich bekannt gemacht, auch die Landeskollegien, Civil- und Militair-Dienerschaft, Landbeamte ꝛc. auf denselben verpflichtet. Und nun wurde von dieser Veränderung auch nach (Z. VI) der Reichsversammlung, so wie einzelnen Höfen und benachbarten Kraisen Nachricht ertheilt.

Wie

Wie wichtig diese Erwerbung für das Kurhaus Brandenburg sey, spricht die Sache selbst. Auch der Kaiserliche Hof sah solche immer als einen sehr beträchtlichen Zuwachs von Stärke für den Preußischen Hof an. Der - allerdings übertriebenen Aeußerungen nicht zu gedenken, welche während des Bayrischen Erbfolge-Kriegs sogar das allgemeine Beste des Reichs und das Gleichgewicht in demselben in Gefahr wissen wollte, wenn Preussen diese Vergrößerungs-Absichten durchsetzen sollte, ohne daß der Wiener Hof einen ähnlichen Macht-Zuwachs erhalten würde, machte ja die Kaiserin Königin durch ihren Minister am 11. Aug. 1778 die feyerliche Erklärung, daß sie auf alle ihre Ansprüche Verzicht leisten, und alles wieder in den vorigen Stand stellen wolle, wenn Preußen in Absicht auf die Erbfolge in den Brandenburgischen Fürstenthümern in Franken es bey der pragmatischen Sanktion seines Haußes belassen würde *). Doch auch dieser Beweis würde nicht untrüglich seyn. Aber die

*) „qu'elle est disposée et determinée à restituer tout ce qu'Elle a fait occuper par ses trouppes en Baviére et dans le haut-palatinat, et à délier l'Electeur palatin des engagements, qu'il à pris avec Elle par la Convention du 3. Janvier, sous la condition sine qua non, qu'il plaise à sa Majesté prussienne, de s'engager en duë forme pour Elle et ses successeurs, de ne pas reunir les deux Marggraviats de Bareit et d'Anspac à la Primogeniture de sa maison aussi longtems qu'il y existera des princes putnés, ainsi qu'il est statué dans la sanction pragmatique etablie dans la maison de Brandenbourg et qui étant confirmée par l'Empereur et l'Empire, a obtenu force de loi publique." Vollständige Sammlung von Staatsschriften zum Behuf der Bayerischen Geschichte nach Absterben Mar. III in des III B. V St. S. 386.

die beträchtliche Vermehrung der Volkszahl, *) der ansehnliche Zuwachs an Einkünften, deren Summe sich auch dadurch sehr erheben wird, daß künftig die Unterhaltung eines eigenen Hofs und Hofstaats hinwegfällt, und manche andere Einrichtungen öffentlicher Sparsamkeit Statt finden können; die vermehrte Stimmenzahl auf der Reichsversammlung; die durch diese Erwerbung möglich gemachte Unterhaltung eines ansehnlichen Militairs mitten in Deutschland; der Zuwachs an politischem Gewicht durch die von dem Besitz dieser Länder abhängige Leitung der Fränkischen Kraisversammlung und den damit verbundenen Einfluß auf mehr benachbarte Kraise — machen, wenn man auch die Idee von Arrondissements-Systemen, die sich bey der Idee von Machtgefühl so gerne herzudringt, beyseite setzen will, diese Erwerbung für den Berliner Hof höchst wichtig. Merkwürdig ist übrigens auch noch, daß der Ausführung dieses Plans von keiner Seite sich einige Schwierigkeit entgegengesetzt hat. Die ganze Besitznehmung dieser Lande — denn von den Irrungen mit Nachbarn werde ich im folgenden Kapitel einige Nachricht geben — gieng ohne Widerspruch vor sich.

Ohne Zweifel ist dieß mit eine Folge jener großen unerwarteten Begebenheit, deren Vorhersage man noch

vor

---

*) Von Volksmenge und Landes-Einkünften, welche noch in so manchen teutschen Ländern unter die Staatsgeheimnisse gehören, scheint sich nichts ganz Zuverläßiges sagen zu lassen. Die neuesten Angaben davon sind in dem politischen Journal 1772 II St. S. 132 zu ersehen.

vor wenigen Jahren als Träumerey eines kranken Politikers verlacht haben würde, der fast widernatürlich scheinenden Annäherung und Verbindung der Oesterreichischen und Preußischen Monarchen; einer Begebenheit, welche Deutschland in Erstaunen, vielleicht auch viele seiner Großen, in Ahndung ihrer nicht zu berechnenden Folgen, in bange Furcht und Besorgniß versetzt hat *). Wer wollte daran zweifeln, daß nicht wegen dieser Besitzergreifung zuvor durch freundschaftliche Uebereinkunft

jener

---

*) In der österreichischen Hauptschrift unter dem Titel: Ihrer Kaiserl. Königl. Apostolischen Majestät Gerechtsame und Maasregeln in Absicht auf die Bayerische Erbfolge in der wahren Gestalt vorgelegt ꝛc. ꝛc. ersuchte am Ende die Kaiserin Königin ihre Mitstände

„ernstlich zu beherzigen, worauf es dermahlen eigentlich ankomme, und daß es um das allgemeine Beste des Reichs, daß es um die Erhaltung des Gleichgewichts in demselben, daß es um die Bewahrung des bisherigen Verhältnisses in den Fränkischen und den benachbarten Kraisen, daß es um die Abwendung jener gefährlichen und bedenklichen Folgen zu thun sey, die alsdann unvermeidlich entstehen würden, und müßten, wann der Königl. Preußische Hof seine Vergrößerungs-Absichten einseitig durchsetzen sollte ꝛc.

Wie es wohl itzt um die Sicherheit für das allgemeine Beste des Reichs, um die Erhaltung des Gleichgewichts in demselben, um die Bewahrung der bisherigen Reichsverfassungsmäßigen öffentlichen Verhältnisse in so mancher Rücksicht, und die Abwendung aller gefährlichen und bedenklichen Folgen der Uebermacht in einem aus mächtigen, halbmächtigen, mindermächtigen und unmächtigen Ständen und Gliedern zusammengesetzten Staatskörper aussehen mag, nachdem nicht nur der Brandenburgische Hof seine erwähnte — jedoch gerechte — Vergrößerungsabsicht wirklich durchgesetzt hat, sondern auch die beyden Höfe, deren Eifersucht und
Ge-

jener Höfe alle Gefahr eintrettender Schwierigkeiten aus
dem Wege geräumt worden seyn sollten. Doch — mit
Grunde konnte gegen die Wiedervereinigung der Fränkischen Fürstenthümer mit den Landen der Kurlinie auch
wirklich kein Widerspruch eingelegt werden, sobald die
Glieder des Brandenburgischen Haußes über diesen Gegenstand unter sich einig waren. Denn, diese feine
politische Operation auf der rechtlichen Seite betrachtet, werden die Gründe, welche während des Bayerischen Erbfolge-Kriegs in öffentlichen Druckschriften dagegen geltend gemacht werden wollten, schwerlich bey
dem unparteyischen sachkundigen Publikum Ueberzeugung
gewirkt haben.

Uebrigens werden die geheimen Triebfedern, welche
bey der Sache gewirkt haben, zu seiner Zeit nicht verbor-
gen bleiben. Inzwischen steht es einem jeden frey, die
Versicherung des Herrn Markgrafen, daß Er aus eigenem Antrieb, und nach den reiflichsten Ueberlegungen,
aus wichtigen Bewegungsgründen, diesen nun ausgeführten Vorsatz gefaßt und zu Ausführung dieses ernstlichen und festen Entschlusses den gegenwärtigen Zeitpunkt
erwählt habe, sich selbst zu erklären, wie er es nach
Vergleichung der dabey eintrettenden theils wirklichen,
theils möglichen Verhältnisse wahrscheinlich findet.

I.

Gegengewicht eine glückliche Stütze der Reichsverfassung und
der Reichsständischen Freyheit war, sich mit einander in eine
Allianz eingelassen haben, welche sich jtzt schon sehr wirksam
darstellt, und deren Folgen auf die Zukunft, wenn sie von
Dauer seyn sollte, nicht zu berechnen sind? das ist eine
Frage, welche unwidersprechlich jetzt auch einer ernstlichen pa-
triotischen Beherzigung würdig seyn dürfte.

I.

„Von Gottes Gnaden, Wir Christian Friedrich Karl Alexander, Markgraf zu Brandenburg in Preußen, zu Schlesien, Magdeburg, Cleve, Jülich, Berg, Stettin, Pommern, der Cassuben und Wenden, zu Mecklenburg und zu Crossen Herzog; Burggraf zu Nürnberg ober- und unterhalb Geburgs; Fürst zu Halberstadt, Münden, Camin, Wenden, Schwerin, Razeburg und Mörs; Graf zu Glaz, Hohenzollern, der Mark, Ravensberg und Schwerin; Herr zu Ravenstein, der Lande Rostock und Stargard; Graf zu Sayn und Witgenstein; Herr zu Limburg ꝛc. ꝛc. des Löbl. Fränkischen Kraises Kraisoberster und Generalfeldmarschall; Ihro Röm. Kaiserl. auch Königlich Preußische Maj. Maj. resp. Generalmajor und Generallieutenant, auch Oberster über drey Cavallerieregimenter ꝛc. Fügen hiemit einem jeden, dem es angeht, überhaupt, besonders aber Unsern getreuen Lehnleuten und Unterthanen, Unsern Landes-Collegiis, Civil-Militär-Hof- und andern Bedienten, geistlich und weltlichen, Unserer gesammten Lande hiemit zu wissen: Nachdem Wir durch verschiedene wichtige Bewegungsgründe, besonders auch durch Unsere Gesundheits-Umstände zu einer längern Abwesenheit und einer vielleicht weiten Entfernung aus Unsern Landen veranlaßt werden, und Uns während derselben der sämmtl. Regierungs-Geschäfte, deren wir Uns bisher mit dem redlichlichsten Eifer für das Beste Unserer Uns anvertrauten Unterthanen angenommen, gänzlich zu entschlagen beschlossen haben; so haben Wir aus besonderm Vertrauen zu der Rechtschaffenheit und dem treuen Dienst-Eifer des Königl. Preußischen wirkl. geheimen Etats- und Kriegsministers und Unsers wirkl. dirigirenden Staats- und Finanzministers, Freyh. von Hardenberg, wohlbedächtlich beliebt, ihm sämmtlich sowohl Unsre Länder und deren Regierung, als Unsere Person betreffende Besorgungen und Geschäfte ohne Ausnahme, mittelst gegenwärtigen mandati cum libera facultate et potestate agendi, anzuvertrauen, mithin ihn, wie hiemit geschieht, dazu specialiter zu bevollmächtigen."

„Dem zu Folge werden Unsre sämmtliche Vasallen, Lehnleute, und Unterthanen, besonders Unsre Landes-Collegien, Civil-Militär-Hof-Forst- und Jagd- auch andere Bediente, geistliche und weltliche in Unsern gesammten Landen, hiedurch gnädigst, jedoch ernstlich befehligt, ihre Berichte und Anfragen an gedachten Unsern Bevollmächtigten zu richten, und allem demjenigen, was er ihnen in Unserm Nahmen und Kraft gegenwärtiger Unsrer Vollmacht aufgeben, auch verordnen und überhaupt verfügen wird, gleich als ob es von Uns selbst geschehen wäre, willige und gehorsame Folge zu leisten. Wie wir den erwähnten Unsern bevollmächtigten dirigirenden Minister, Freyherrn von Hardenberg, hiemit autorisiren, in Unserm Nahmen die landesherrliche und gesetzgebende Gewalt auszuüben, nach seinem Gutbefinden Veränderungen in der Collegial-Form und dem Geschäftsgange, auch sonst bey Unsrer Dienerschaft vorzunehmen,

die

die nöthigen Bediente sowohl im Civil- als die Offiziers im Militär anzustellen, und ihnen die erforderlichen Dekrete und Patente in Unserm Nahmen ausfertigen zu lassen, über schleunige und unparteyische Administration der Justiz zu wachen, und da, wo es nöthig, die erforderlichen Reformen, anzuordnen, die Administration Unserer sämmtlichen Domanial-Einkünfte, besgleichen der Landes-Revenüen, der Jagden, Bergwerke, Forsten und dergl. nach bester Ueberzeugung zu führen und einzurichten, ferner in Reichs- und Kraissachen, auch Unsern Angelegenheiten mit Auswärtigen und Benachbarten, statt Unsrer, alles was Unsre Reichs- und Kraisständische Verhältnisse ohne Ausnahme erfordern und die Umstände erheischen, nach bestem Wissen und Gewissen und mittelst Instruirung Unserer Abgesandten und Geschäftsträger, auch wo es nöthig, Abordnung derselben, Correspondenz und Unterhandlung zu besorgen, in Absicht auf jetzige oder künftige Streitigkeiten mit Unsern Nachbarn oder andere Prozesse bey den Reichsgerichten, oder wo es sonst erforderlich seyn mag, alles ohne Ausnahme wahrzunehmen, zu dem Ende Anwälde in Unserm Nahmen zu bestellen, und zu bevollmächtigen, Vergleiche zu stiften, oder Rechtsstreite anzufangen, Unsern Vasallen Belehnung zu ertheilen, und Unsere lehenherrliche Rechte sowohl als unsre eigene Lehenpflichten zu bewahren, auszuüben und zu beobachten, mit einem Worte: in Unserm Nahmen und an Unsrer Statt, alles dasjenige, Unsern ihm bekannt gemachten Absichten und Befehlen gemäß, auszurichten und zu thun, es sey hierinn benannt oder nicht, was Wir selbst zu thun befugt und verpflichtet seyn würden. Welches alles Wir völlig genehm und mehrerwähnten Unsern bevollmächtigten dirigirenden Minister Freyherrn von Hardenberg dabey schadlos zu halten und zu schützen, hiemit feyerlichst versprechen, auch selbigem Gewalt und Vollmacht ertheilen, nöthigen Falls einen oder mehrere zu Ausübung der hierinn enthaltenen Aufträge zu substituiren."

„Damit übrigens Unser vorerwähnter Bevollmächtigter sich in wichtigen Fällen eines höhern Schutzes erfreuen und im Stand seyn möge, sich in solchen mit den nöthigen Befehlen zu decken, haben Wir nach erfolgter hochgeneigter Genehmigung Unsers hochgeehrtesten Herrn Vetters, des Königs von Preußen Majestät, Hochdenenselben, in vollkommenstem Vertrauen auf Hochdero Uns so vielfältig bewiesene freundschaftliche Gewogenheit, und bey dem unter Uns vorwaltenden gemeinschaftlichen Interesse gleichfalls Vollmacht ertheilt, vorgedachten Unsern dirigirenden Minister Freyherrn von Hardenberg an Unsrer Statt mit Verhaltungsbefehlen zu versehen, und in wichtigen Fällen Unsre Lande und Unterthanen betreffend alles dasjenige ohne Ausnahme an ihn zu verfügen, was Seine Majestät nach Ihrer erleuchteten Einsicht für gut und zuträglich machen werden, welches alles Unser bevollmächtigter dirigirender Minister alleruntertänigst zu befolgen hat. Urkundlich Unserer eigenhändigen Unterschrift und beygedruckten Fürstlichen Siegels.

So geschehen und gegeben Ostende, den 9. Junius 1791.

Alexander, M. z. B.
(L. S.)

II.

II.

„Von Gottes Gnaden Wir Christian Friedrich Carl Alexander, Markgraf zu Brandenburg in Preußen, zu Schlesien, Magdeburg, Cleve, Jülich, Berg, Stettin, Pommern, der Cassuben und Wenden, zu Mecklenburg und zu Crossen Herzog; Burggraf zu Nürnberg ober- und unterhalb Gebürgs; Fürst zu Halberstadt, Minden, Camin, Wenden, Schwerin, Razeburg und Mörs; Graf zu Glaz, Hohenzollern, der Mark, Ravensberg und Schwerin; Herr zu Ravenstein, der Lande Rostock und Stargard; Graf zu Sayn und Witgenstein; Herr zu Limburg ꝛc. ꝛc. des löbl. Fränk. Kraises Kraisoberster und Generalfeldmarschall. Ihro Röm. Kais. auch Königl. Preußische Maj. Maj. resp. Generalmajor und Generallieutenant, auch Oberster über drey Cavallerieregimenter ꝛc. Entbieten der Ritterschaft und den Vasallen, Lehenleuten, Einsaßen, Unterthanen der beeden Fürstenthümer des Burggrafthums Nürnberg ober- und unterhalb Gebürges, den Landes-Collegiis, den Civil- und Militär-Hof- und andern Bedienten und Beamten, geistlichen und weltlichen Standes, den Magistraten der Städte ꝛc. ꝛc. Unsern Gruß und Gnade zuvor, und fügen denselben hiemit zu wissen: daß Wir aus eigenem Antriebe, und nach den reiflichsten Ueberlegungen aus wichtigen Bewegungsgründen längstens den Vorsatz gefasset, Uns der Regierungs-Geschäfte und der damit verknüpften Sorgen und Beschwerden gänzlich zu entledigen, um entfernt von denselben, Unsere übrige Tage an einem, nach eigenem Gefallen zu erwählenden Orte in Ruhe zuzubringen. Wir

Wir haben gegenwärtigen Zeitpunkt erwählet, um diesen ernstlichen und festen Entschluß auszuführen und ins Werk zu richten, legen solchemnach Unsere, wie Wir Uns schmeicheln können, nicht ohne Ruhm und Seegen geführte Regierung der beyden Fürstenthümer hiermit förmlich nieder, entsagen derselben auf beständig, und entlassen Unsre sämmtliche Lehenleute, Unterthanen und Diener ihrer Pflichten und Verbindungen gegen Uns."

„Wie nun hierdurch die Regierung dieser Lande Seiner Königl Majestät von Preußen, Unserm hochgeehrtesten Herrn Vetter, als nächstem Agnaten und rechtmäßigen Landes- und Lehensfolger, auch Haupt des Haußes, vermöge der Reichs-Lehen-Rechte, der Mitbelehnschaft, auch der Brandenburgischen Geschlechts- und Haußverträge, von selbsten und sofort anfällt: so verweisen Wir Unsere Unterthanen, Unsere Vasallen und Diener an des Königs von Preußen Majestät, als ihren nunmehrigen einigen Landes- und Lehenherrn, und ermahnen sie, denselben in dieser Eigenschaft zu erkennen und zu verehren, demselben hinführo eine unverbrüchliche Treue und einen vollkommenen Gehorsam zu erweisen und zu bezeigen, und von Sr. Königl. Majestät dagegen Huld, Gnade und Beschirmung zu erwarten."

„Wir trennen Uns von Unsern geliebten Unterthanen nicht ohne das zärtlichste Gefühl der herzlichsten Dankbarkeit für die Uns bewiesene Treue und Ergebenheit, und wie ihre Wohlfarth und Glückseligkeit allezeit das vornehmste Augenmerk Unserer landesväterlichen Sorgen und Bestrebungen gewesen ist; so werden wir auch in Zukunft an dem beglückten Zustand derselben und an den

Schick-

Schicksalen dieser Lande allezeit wahren Antheil nehmen. Geschehen und gegeben Bourdeaux den 22. December 1791.

(L. S.) Alexander, M. z. Br.
v. Hardenberg.

III.

„Wir Friedrich Wilhelm von Gottes Gnaden, König von Preußen, Markgraf zu Brandenburg, des heiligen Römischen Reichs Erzkämmerer und Kurfürst, souverainer und oberster Herzog von Schlesien, souverainer Prinz von Oranien, Neuschatel und Valangin, wie auch der Grafschaft Glatz; in Geldern, zu Magdeburg, Cleve, Jülich, Bergen, Stettin, Pommern, der Kassuben und Wenden, zu Mecklenburg und Crossen Herzog; Burggraf zu Nürnberg, ober- und unterhalb Gebürges; Fürst zu Halberstadt, Minden, Camin, Wenden, Schwerin, Ratzeburg, Ostfriesland und Meurs; Graf zu Hohenzollern, Rostock, Stargard, Limburg, Lauenburg, Bütow, Arlay und Breda 2c. 2c. 2c.

„Entbieten der Ritterschaft, den Lehenleuten, Einsaßen, Unterthanen Unserer beyden Fürstenthümer des Burggrafthums Nürnberg, ober- und unterhalb Gebürges, allen Militär- und Civilbedienten *),

Be-

---

*) Mit dem Regierungsantritt des Königs scheint also eine höchstwichtige status mutatio vorgegangen zu seyn. Nach der vorigen Regierung war, wie billig, der Civilstand dem Militärstand vorgesetzt. Ueberhaupt war die in den Beylagen I und II beobachtete Ordnung in Aufzählung der

Beamten, Magiſträten der Städte in denſelben, Unſere Gnade und Unſern Gruß, und fügen denſelben zu wiſſen: Da der Durchlauchtige Fürſt und Herr, Herr Chriſtian Friedrich Carl Alexander, Markgraf zu Brandenburg ꝛc. ꝛc. Unſer vielgeliebter Herr Vetter, die Entſchließung aus eigenem Antriebe und nach reiflicher Ueberlegung gefaſſet, die mit Ruhm und Segen bishero geführte Regierung und Verwaltung der beyden Brandenburgiſchen Fürſtenthümer in Franken, Ansbach und Bayreuth, niederzulegen, um Dero übrigen Tage in Sorgenfreyer und Geſchäftenloſer Ruhe und Stille zuzubringen, ſo ſind dieſe Lande und ihre Regierung Uns, als nächſtem Agnaten, und wahren Landes- und Lehensfolger, vermöge der Reichslehenrechte, der Mitbelehnſchaft und der Brandenburgiſchen Geſchlechts- und Haußgeſetze und Verträge ſofort von ſelbſten angefallen, und Wir

verſchiedenen Klaſſen von Dienern des Staats höchſtvernünftig. Die erſte war den Civildienern und die zweyte den Militärdienern eingeräumt; und dieß mit Recht, ſo lange bürgerliche Verfaſſung die Grundlage der gegenſeitigen öffentlichen Rechte und Verbindlichkeiten in unſern Staaten bleibt, und Militärverfaſſung nicht jene unterſtützt, ſondern nur zur Unterſtützung und Erhaltung derſelben gebraucht wird. Schreiben ſich doch die Preußiſchen Miniſter auch Staats- und Kriegsminiſter, nicht umgekehrt. Die dritte Klaſſe wird der Hofdienerſchaft als der- in Vergleichung mit jenen beyden Ständen ungleich entbehrlicheren und minder nützlicheren Klaſſe von Dienern angewieſen. In dem Königl. Preußiſchen Regierungs-Patent hingegen, welches der Hofdienerſchaft nicht beſonders gedenkt, werden die Militär- den Civildienern vorgeſetzt. Dieſe wahrſcheinlich abſichtliche Veränderung kann, wenn man den möglichen Gründen nachſpürt, auf mancherley Ideen leiten, deren nähere Entwicklung hier außer meiner Sphäre liegt.

Wir haben davon Besitz nehmen lassen, und die Regierung dieser Lande bereits angetretten."

"Wir versehen Uns demnach zu den sämmtlichen Einsaßen, Einwohnern, Unterthanen, zu allen Militär- und Civilbedienten, Beamten, auch zu den Magiſträten der Städte, gnädigſt, ſie werden von nun an, Uns für ihren einigen und rechtmäßigen Landesfürſten und Landesherrn erkennen und anſehen, Uns einen vollkommenen Gehorſam und eine unverbrüchliche Treue beweiſen, Uns, ſo bald Wir es erfordern werden, die gewöhnliche Erbhuldigung leiſten, wie ſolches eventualiter nach den Haußgeſetzen ſchon geſchehen, überhaupt aber ſich als getreue und gehorſame Unterthanen gegen Uns betragen."

"Dagegen ertheilen Wir ihnen die Verſicherung, daß Wir ihnen mit königlicher und landesväterlicher Huld und Gnade allezeit zugethan ſeyn, ihnen allen Schutz und alle Beſchirmung angedeihen laſſen, ſie bey ihren Rechten und wohlerworbenen Freyheiten kräftigſt handhaben, ihrer Wohlfart und Glückſeligkeit eine unermüdete landesväterliche Vorſorge widmen, und alle Beſtrebungen anwenden werden, dieſen Fürſtenthümern Ruhe, und den möglichſten Grad der Aufnahme und des Wohlſtandes zu verſchaffen und zu erhalten. Wir laſſen die feyerliche und allgemeine Landeshuldigung noch ausgeſetzt ſeyn, und vor der Hand es bey der Vereidung und Verpflichtung der Landeskollegien, der Militär- und Civildienerſchaft, der Beamten ꝛc. bewenden."

"Uebrigens behält es auch vorerſt, und ſo lange Wir darunter eine Abänderung nicht verordnen, bey der bisherigen Behandlungs- und Verfahrungs-Art in Abſicht
aller

aller Regierungsgeschäfte und Angelegenheiten, unter der Aufsicht und Leitung Unseres wirklichen geheimen Staats- und Kriegsministers, Freyherrn von Hardenberg, sein gänzliches Verbleiben. Gegeben und geschehen in Unserer Residenzstadt Berlin den 5. Januar 1792.

(L.S.) Friedrich Wilhelm.

Finkenstein, Schulenburg.

IV.

Dictatum Ratisbonae,
die 13. Februarii 1792
per Moguntinum.

Hochwürdige, Hoch, Hochwohl, und Wohlgebohrne, Insonders Hochgeehrteste Herren!

Auf ausdrücklich erhaltenen Befehl Sr. Königlichen Majestät von Preußen und Kurfürstlichen Durchlaucht zu Brandenburg, gibt sich Unterzeichneter die Ehre, Euer Exzellenzien, Hochwürden, Hoch-Wohl- und Wohlgebohrnen nachrichtlich zu eröfnen, wie nähmlich des Herrn Markgrafen zu Brandenburg, Herrn Christian Friedrich Carl Alexander Hochfürstliche Durchlaucht, aus eigenem Antrieb und nach reiflicher Ueberlegung die Entschliessung gefaßt haben, die mit Ruhm und Segen bishero geführte Regierung und Verwaltung der beeden Brandenburgischen Fürstenthümer in Franken, Ansbach und Bayreuth, niederzulegen, und Dero übrigen Tage in Ruhe und Stille zuzubringen, auch wirklich bereits nach einem sub A. beyliegenden in beyden Fürstenthümern offenkundig erlassenen, auch öffentlich angeschlagenen Hochfürstlichen Patent d. d. Bour-

Bourdeaux den 21. Dec. 1791 (wovon erforderlichen Falls man erbötig ist, eine hinlänglich vidimirte Abschrift ad Acta imperii beyzubringen) die Landes-Regierung feyerlich niedergelegt, sämmtliche Lehenleute, Unterthanen und Diener ihrer aufhabenden Pflichten entlassen, und solche an Se. Königliche Majestät von Preußen, als ihren nunmehrigen einigen und rechtmäsigen Landes- und Lehenherren, verwiesen haben; daß diesem zufolge Se. Königliche Majestät von Preußen, als nächster Agnat, und wahrer Landes- und Lehensfolger, vermöge der Reichs-Lehens-Rechte, der Mitbelehnschaft, und der Brandenburgischen Geschlechts- und Haußgesetze und Verträge die von selbst angefallenen Lande und Regierung in Besitz nehmen lassen, und die Regierung beeder Fürstenthümer nach sub Lit. B. befindlichem Königlichen Patent d. d. den 5. Ianuarii 1792 angetreten haben."

„Gleichwie nun Unterzeichneter nicht zweifelt, Euer Erzellenzien, Hochwürden, Hoch-Hochwohl- und Wohlgebohrnen werden zwar den Verlust eines aus ihrer Mitte getrettenen wohldenkenden Reichsfürsten lebhaft fühlen, so kann er jedoch auch anderer Seits Denselben die an sich unbezweifelte Versicherung ertheilen, wie Se. Königl. Majestät von Preußen, als nunmehriger Landesherr und Besitzer der beeden Fürstenthümer in Franken, Ansbach und Bayreuth, so wie es bisher geschehen, also auch fernerhin alles anwenden werden, um Ihre aus dem Reichsverband fliessende Pflichten mit Eifer zu erfüllen, und Ihro von Gott erhaltenen Kräfte, zum Besten des Reichs, zur Befestigung dessen Verfassung, und zum Vortheil Ihrer geschäzten höchst= und hohen Reichs-Mitstände und aller Reichsglieder anzuwenden.

Womit Unterzeichneter die Ehre hat, sich dem Wohlwollen, der Freundschaft, und der Geneigtheit Euer Exzellenzien, Hochwürden, Hoch-Hochwohl= und Wohlgebohrnen, ergebenst, und geziemendst zu empfehlen, auch mit vorzüglicher Hoch-Werthschätzung zu beharren

Euer Exzellenzien, Hochwürden, Hoch-
Hochwohl= und Wohlgebohrnen
Regensburg
den 10. Februarii 1792.

ganz gehorsamst ergebenster
Eustach Graf von Schliz
genannt Görz.

Inscriptio.

Denen Hochwürdigen, Hoch-Hochwohl= und Wohlgebohrnen, des Heil. Röm. Reichs gesammter Kurfürsten, Fürsten und Stände des Reichs bey gegenwärtiger allgemeiner Reichsversammlung zu Regensburg anwesenden Herren Räthen, Bothschaftern, und Gesandten.

Meinen insonders Hochgeehrtesten Herren.

Entwicklung der Brandenburgischen Hausverträge in Hinsicht auf Theilung und Erbfolge vom Professor Dr. Batz. Stuttgard 1793.

§. 1.

Veranlassung der Schrift.

Fast muß es dem Publikum auffallen, wenn es, nach so manchen über das Recht der Wiedervereinigung der beyden Fränkischen Markgrafschaften mit der Kur Brandenburg, während des Bayerischen Erbfolge-Streits, für und wider erschienenen Schriften, jetzt, da dieselbe auf eine unerwartete Art, und früher, als man damals dachte, unlängst erfolgt ist, diesen Gegenstand aufs neue behandeln sieht. Nur eine besondre Veranlassung kann dieses entschuldigen und den Vorwurf der verkannten Achtung gegen das Publikum abwenden a).

Ohne gerade die Kur- und Fürstlich Brandenburgische Haußgesetze und Familien-Verträge absichtlich eingesehen und genau geprüft zu haben, war ich immer der Meinung, daß jene Wiedervereinigung denselben gemäs und rechtlich vollkommen gegründet sey b); die 1778 und 1779 in Berlin gedruckte Staatsschriften *) hatten mich

---

*) Wahre Vorstellung der Erbfolge-Ordnung in dem Burggrafthum Nürnberg, oder in den Brandenburgischen Fürstenthümern in Franken, behauptete wahre Vorstellung ıc. In beyden

mich darinn bestärkt, und in mir keinen Zweifel übrig gelassen. Als ich aber in einem allgemein gelesenen und geachteten Werk *) einen eigenen Aufsatz über diese Materie fand, dessen Resultate ohngefähr dahin gehen:

„Die Haußverordnung des Kurfürsten Albrecht Achilles und der Geraische Vertrag, welche die Rechte der nachgebohrnen Glieder und Linien dieses Haußes begründeten, hätten der Ausführung der Vereinigung der Fürstenthümer Ansbach und Bayreuth mit der regierenden Kur-Linie vorzüglich im Wege gestanden; Friedrich hätte durch das pactum Friedericianum von 1752, welches den Verzicht der Brüder und Agnaten des Königs auf ihre Rechte enthalte, die gröste und rechtlich genommen, die einzige Schwürigkeit aus dem Wege geräumet, auch habe der Teschner Friede dem Kurhaus diese für dasselbe so vortheilhafte Erwerbung zwar gesichert, doch scheine die bedenkliche Klausul, wodurch das teutsche Reich in seiner Beytritts-Acte sich selbst und jedem Dritten sein erweisliches Recht ausdrücklich vorbehalten, sich hauptsächlich auf denjenigen Theil des Friedens zu beziehen, der die künftige Erbfolge in den Fränkischen Fürstenthümern zum Gegenstand hat, und der Umstand, daß die Besitznehmung dieser Lande in Gemäsheit der von dem Markgrafen geschehenen Abtretung so ganz ohne

den Schriften glaube ich an ihrer reinen und bündigen Schreibart die Meisterhand des Herrn von Steck zu entdecken.

*) Reußische deutsche Staats-Canzley XXIX. Th. V. Abschn. S. 169 figg.

ohne Widerspruch) vor sich gegangen, sey ohne Zweifel mit eine Folge der Verbindung der Oestreichischen und Preußischen Monarchen und einer wegen dieser Besitzergreifung zuvorgetroffenen freundschaftlichen Uebereinkunft 2c.

so bestimmte mich dieß, besonders nachdem ich hörte, daß jener Aufsatz Aufmerksamkeit errege, in die Sache tiefer einzugehen, um vermittelst genauer Erforschung und Vergleichung der Haußverträge mich von einer oder der andern Meinung ganz zu überzeugen. Im Kampf der Gründe behielten die, welche für das Recht der Wiedervereinigung schon nach den Haußverträgen stritten, das Feld. Vielleicht aber war dieser Sieg nur Selbsttäuschung. Diese Besorgniß sey die Apologie ihrer Bekanntmachung.

§. 2.
Einige allgemeine Bemerkungen.

Jene Neigung der Familien-Häupter des hohen Adels, ihre Länder zu theilen, welche man schon in dem XII. Jahrhundert gewahr wird, verbreitete sich bald über alle Reichsständische Häußer. Erblichkeit der Lehen, Römisches Recht, unrichtige Deutung biblischer Stellen, falsche Begriffe von Sünde, natürliche Liebe der Eltern zu ihren Kindern 2c. erzeugten dieselbe; die Politik der Kaiser aber, besonders der Hohenstaufen, der Eigennutz des frommelnden Clerus, und der eigene Vortheil der Nachgebohrnen, unterhielten sie so sehr, daß darüber die altdeutsche Erbfolge beynahe in Vergessenheit kam. Nichts war sie zurückzuhalten oder zu unterdrücken vermömögend, als die traurige Wahrnehmung der aus den Theilungen für die Macht, das Ansehen und den Einfluß der theilenden Fürsten in die deutsche Staatsregierungen entspringenden gleich nachtheiligen Folgen; und dann der Anblick des Aufnehmens und der Vergrößerung derjenigen Häußer, wo wegen zufälliger Umstände weniger getheilt worden war. Ehe dieß aber geschah, hatten die mehreren, oder die jüngeren Brüder *) das Herkommen und das durch langen Besitz vermeintlich erworbene Recht, zu gleichen Theilen zu erben, schon so sehr für sich, daß nicht leicht ein Fürst, auch bey den besten Absichten für das Wohl und den Glanz seines Haußes, es wagte, durch einen seiner Söhne, mit Zurücksetzung der übrigen, das Land regieren zu lassen; er würde durch letzte Willensverordnungen oder Gesetze dieser Art nur Friede und Einigkeit in der Familie gestört, sein väterliches Ansehen bloß gestellt, und ohne seinen Zweck zu erreichen, mehr dadurch geschadet als genützt haben.

Mancherley Erfahrungen hatten hierinn vorsichtig gemacht; man ging allmählig zu Werk, und theilte noch, sah aber dabey mehr auf den Umfang der Länder, als auf die Zahl successionsfähiger Personen, und je mehr sich die Familien-Häupter in ihren Haußsatzungen und Dispositionen gefielen, besonders wenn das Beste ihres Haußes mit den Trieben ihres Herzens und der Zuneigung zu den Ihrigen nicht in Widerspruch kam; desto größer war

---

*) Denn die Töchter waren ohnedem ausgeschlossen, mußten aber bekanntlich nach Einführung des Römischen Rechts sich der Erbfolge noch durch besondere Verzichte begeben.

war ihr Interesse für die Festhaltung derselben, desto eifriger ihr Bestreben, sie gleichsam zu verewigen und dadurch neuen mit jenem Besten unvereinbarlichen Theilungen auf immer zu begegnen.

Daher genügte es ihnen an der Einwilligung aller Interessenten in ihre Theilungs- und Erbfolgsgesetze oder an deren Annahme nicht; meistens kamen noch Eidschwüre und Kaiserliche Bestättigungen hinzu. Jene sollten sie wahren vor ungerechten Eingriffen einzelner Glieder, diese, wenn Vernunft und Religion nichts vermochten diesen Eingriffen zuvorzukommen, die Hoffnung eines glücklichen Erfolgs rauben, und dadurch die Ruhe des Haußes befestigen.

Was aber einzelne nicht konnten, dazu war unstreitig die ganze Familie berechtigt; sie trug kein Bedenken, bey veränderter Lage der Sachen ihre Haußgesetze zu ändern; auch bey noch ungeläuterten und schwankenden Begriffen des Rechts fühlte sie die diesen Gesetzen während ihres Daseyns schuldige Achtung eben so sehr, als sie überzeugt war, daß der Maasstab ihrer Fortdauer nur ihre Zweckmäßigkeit sey, und daß es ihr, wenn das Beste des Haußes dadurch wenig oder gar nicht mehr erreicht würde, zukommen müsse, das Mangelhafte in den Willensverordnungen ihrer Ahnherrn zu ergänzen, oder nach Beschaffenheit der Umstände deren Beyspiel zu folgen, und neue an die Stelle der alten zu setzen.

Ein ganzes Fürstenhauß kann sich wohl verbindlich machen, seine Verträge, Ordnungen unverbrüchlich zu halten, deren Uebertrettung nicht zu gestatten, und zu dem Ende alle Verstärkungsmittel dieser Verbindlichkeit anwenden, aber nie kann es sich in seinen jetzigen oder künftigen Gliedern gültig verbinden, die, kraft seiner Autonomie, sich selbst geschriebenen Gesetze immer für die besten halten und zu keiner Zeit davon abgehen zu wollen. Es hieße einem Vertragsweise disponirenden Fürstenvater Vernunft und Einsicht absprechen, wenn man annehmen wollte, daß, wenn er unter den Seinigen für sie und ihre Abkunft eine gewiße Ländertheilung festsetzt, er diese für immer für die beste gehalten und ungeachtet seiner Ueberzeugung, daß Theilungen überhaupt dem Flor- und Ansehen eines Haußes nachtheilig sind, dennoch gewollt habe, daß die seinige als unverletzliches Grundgesetz seine ganze Posterität binden, und alle Ländervereinigung auf ewig ausschließen solle.

§. 3.

Uebergang auf die Brandenburgischen Haußverordnungen.

1) Theilung des Burggrafen Friedrich I.

Diese wenige aus ältern Familienverträgen Reichsfürstlicher Häußer und aus der Natur der Sache abgeleitete allgemeine Bemerkungen werden durch die Kur- und Fürstlich-Brandenburgische Haußgesetze des XV. und XVI. Jahrhunderts sattsam bestättigt. Friedrich I.
1437 Kurfürst von Brandenburg und Burggraf zu Nürnberg, errichtete aus väterlicher Treue, Ordnung und natürlicher Liebe zu seinen vier Söhnen, Johann, Friedrich, Albrecht und Friedrich mit ihrer Einstimmung und um Beßerung, Friede, Nutzen und Aufnehmens

mens ihrer selbst, seiner und ihrer Land, Leute und Güter willen ein Theilungsgesetz *) kraft dessen nach seinem
Absterben die Kurwürde, deren sich der älteste Sohn
Johann freywillig begab, auf Friedrich den ältern,
nach ihm auf Friedrich den jüngern, und dann erst auf
den ältesten weltlichen Sohn Friedrich des ältern fallen,
das Markgrafthum zu Brandenburg aber also getheilt
seyn solle:

„daß die Neumark die Acker und das Land zu
Sternberg mit ihren Zugehörungen ein Theil, die
alte Mark und Steignitz mit ihren Zugehörungen der
andere Theil, und diese beyde Lande und Theile mit
ihren Herrlichkeiten den beyden Friedrichen und ihren
männlichen Leibes Erben zugefallen seyn und bleiben
sollen; doch also, daß die Friedriche von dato dieses
Briefs über sechzehn Jahre keine Theilung der obgeschriebenen Land der Markthum sollen in keine
Weiß."

Auf den Fall, wenn die beyden Friederiche ohne männliche Nachkommen stürben, ordnet er:

„wäre aber, daß sie beyde nach unserm Tode ohne
männliche Leibes Erben mit Tod abgiengen, so sollen
alsdann die obgeschriebene Lande der Mark zu Brandenburg mit sambt der Kur-Würdigkeit und Zugehörung auf unsre Söhne Johann und Albrecht und auf
ihr männliche Leibes-Erben, denen dann die Lande zu
Fran-

---

*) Es findet sich unter den Beylagen Litt. N. N. in Gundlings
in jure et facto gegründeten facti specie oder seiner Deduction
der Successionsrechte des Kurhauses in den beyden Fränkischen Fürstenthümern. Berlin 1718.

Franken und auf dem Birge zugetheilt sind, kommen und fallen, doch das der älteste alsdann die Kur habe, von männiglich ungehindert."

Kurfürst Friederich behielt sich auch auf den Fall, da einer oder mehrere seiner Söhne vor ihm sterben sollten, das Recht einer neuen Ländertheilung ausdrücklich vor, und ließ sich von seinen Söhnen die Festhaltung dieser mit ihnen ohne Kaiserliche Bestättigung aufgerichteten Satzung eidlich versichern.

§. 4.

2) Theilungs = Vertrag der Söhne Friedrich I.

1447 Nichts destoweniger traten noch vor Verfluß der sechzehn Jahre die Markgrafen Johann und Albrecht, auf Ersuchen ihrer beyden Brüder, zusammen, und errichteten als teudingsleute,

"weil sie alle in der Zeit gelernet, eigentlich gemerket und wahrhaftig befunden, daß die väterliche Theilung zwischen ihren Brüdern und deren Erben, dem Kurfürstenthum, ihren Brüdern und ihnen nicht nützlich, vielmehr sehr besorglich sey, daß daraus ihnen und der Herrschaft groß Unmacht, Unrath und Schade entstehen mochte, wo das in andre Weiße nicht gewandelt würde, und nachdem sie berichtet worden, daß es nicht sträflich oder Unrecht, sondern löblich ist, daß man Gesetze oder Ordnung nach Erlauf der Zeit, Sachen und Leut wohl verändern möchte,"

um der Erhöhung ihrer Herrschaft, Besserung der Lande und Einigkeit willen, ungeachtet ihrer eidlichen Zusage

das

das erste Theilungsgesetz ganz zu halten und zu vollführen, eine neue Theilung zwischen den Friedrichen, änderten jenes in Rücksicht der Kurwürde, deren sich Friedrich der jüngere zum Vortheil der männlichen Leibes-Erben des ältern nach dessen Tode begab, und soviel es sich auf den sechzehnjährigen gemeinschaftlichen Länder-Besitz bezog, ab, und fügten am Ende noch bey:

„daß die Theilung, Ordnung und Satzung, die Unser Vater zwischen Unsern Brüdern Friedrichen dem ältern und dem jüngern gesetzt, gethan und verschrieben hat, ganz abgethan solle seyn, und fürder von ihnen ihren Erben und Erbnehmern nicht fürgezogen noch gebraucht soll werden in keine Weiße."

Auch über diese Theilung wurde keine besondre Kaiserliche Bestättigung nachgesucht, sondern sie ward erst sechs Jahre nachher in derjenigen Bulle mit bestättigt, welche Markgraf Albrecht in seinem und seiner Brüder Nahmen über die Bekräftigung und Erneuerung aller Rechte, Würde, Freyheiten, Handvesten und Briefe vom Kaiser Friederich III ausgewürket hat. 1453

§. 5.

3) Theilungs = und Erbfolggesetz des Albertus Achilles.

Eben dieser Albrecht mit dem Beynahmen Achilles überlebte seine ohne männliche Nachkommen gestorbene Brüder, und vereinigte in seiner Person die Brandenburgischen Kurlande und die Fürstenthümer zu Franken und auf dem Gebürg. Er machte unter seinen drey 1473 weltlichen Söhnen Johann, Friedrich und Siegmund

mund eine neue Satzung *), theilte darinn seine Lande in drey Theile, und wies auf den Fall seines Todes die Mark Brandenburg mit allen Zugehörungen, als den ersten Theil, dem Sohn Johann, als dem ältesten an; Friedrich und Siegmund sollten das Land zu Franken und auf dem Gebürg nach dem Loos unter sich theilen. Gleich den vorhergehenden Theilungen hatte auch diese nur das größere Aufnehmen und das Beste des Haußes zur Absicht.

„So haben Wir (sagte Albrecht) mit Willen, Wissen und Vollwort unsrer lieben Söhne, Herrn Johannsen und Herrn Friederichs, als der ältesten, um Besserung, Friedes, Nutz, Aufnehmen und Mehrung willen, unser selbst auch ihrer Land, Leut und Güter geordnet, gemacht und gesetzt."

§. 6.

Innhalt desselben.

Diese Länder sollen, so wie er sie getheilt, bey eines jeden Sohns männlicher Nachkommenschaft bleiben,

„und ob Zufälle kämen, daß der genannten unserer Söhne einer oder zween mit Tod abgiengen, und einen oder mehr männlicher Leibes-Lehens-Erben hinter ihnen verlassen würde, so soll jeglicher Sohn seinen Vater erben, ob es doch, ehe Wir mit Tod abgegangen seyn, zu dem Fall kommen soll, gleichwohl nach unsern Tod jeglicher ehelicher Sohn seinen Vater er-

---

*) Lenz II Th. der Brandenburg. Urk. S. 676.

erben, obwohlen derselbe sein Vater — ehe dann Wir, mit Tod abgegangen waren."

„Wenn sein ältester Sohn zuerst ohne männliche Erben stürbe, soll der älteste nach ihme, das Kurfürstenthum und die Lande der Mark Brandenburg haben, und dessen Theil an den ältern Sohn, der geistlich worden seyn sollt, fallen, und soll damit für und für gehalten werden, von einem seiner Söhne auf den andern. So lange drey Söhne von ihm am Leben wären, soll bey ihnen und den männlichen leiblichen ehelichen Erben eines jeden diese Theilung bestehen; doch sollen nicht mehr denn drey der ältesten Söhne der obgenannten dreyen Landen weltlich regierende Fürsten seyn."

„Im Fall nur zwey weltliche Söhne ihn überlebten, und der verstorbene keine männliche eheliche Erben nachgelassen, die übrigen geistlich gewordene Söhne auch nicht mehr wehrentlich (weltlich) werden möchten:"

„so soll die Mark zu Brandenburg mit allen ihren Zugehörungen ein Theil, und bey Land zu Franken und auf den Gebürg der andre Theil seyn."

„Geschähe es aber:

„daß nicht mehr denn ein Sohn wehrentlich und die andern so tief geistlich wären, daß sie nicht wehrentlich werden mögten; so soll derselbe wehrentliche Sohn und seine Erben die Land in der Mark zu Brandenburg, auch zu Franken und auf dem Gebürg alle mit ihren Zugehörungen besitzen, inne haben und behalten, und die geistlichen an denselben Landen und Leuten allen und jeden keinen Theil haben."

§. 7.

§. 7.

Wird an Eidesstatt bestättigt.

Im Eingang und am Ende dieses Theilungsgesetzes versprechen und geloben die Markgrafen Johann und Friederich für sich und ihre Erben und zugleich im Nahmen ihrer beyden noch unmündigen Brüder Siegmund und Georg bey ihren fürstlichen Würden, Ehren und Treuen an eines rechten geschwornen Eidesstatt, solche Theilung, Ordnung, Satzung, Vertrag und Einigung in allen ihren Stücken, Puncten, Artikeln und Innehaltungen stet, fest und unverbrüchlich zu halten, zu vollziehen, und mit keinen Sachen, Handlungen, Thaten, wie die jemand erdacht oder erfunden hätt, oder hernach immer erdenken oder erfinden könnte und möchte, darwider nimmermehr zu seyn oder zu thun, oder schicken gethan werden — und ob jemands darwider seyn oder thun wollt, dagegen getreulich und ernstlich beyeinander zu halten, mit Landen, Leuten und allen ihrem Vermögen.

§. 8.

Von dem Kaiser bestättigt.

1473 Hierauf legte Albrecht seine Haußordnung dem Kaiser Friederich III zur Bestättigung vor, und erhielt sie noch in eben dem Jahr in einer besondern Bulle von gelbem Wachs *).

„Und

---

*) s. Phil. W. Gerken in cod. dipl. Brandenburg. Theil VIII. Nro. 61.

„Und darumb (heißt es darinn) mit wohlbedachtem Muth und gutem Rathe unsers und des heil. Reichs Kurfürsten, Fürsten, Grafen, Edeln und Getreuen, haben Wir als Römischer Kaiser gnädiglich bestättigt, bevestigt und confirmirt, die obgemelte Eynung ꝛc. — und auch alles das hernach folget: Nehmlich solcher Eynung, Ordnung und Sazung die der genante Unser Oheim und Kurfürst Margraf Albrecht hinfür bey seinem Leben oder nach seinem Tode Seine Söhne, oder ihre männlichen Erben des Geschlechts für und für thun würden, oder etliche Lehen-Güter, Schloß, Städt oder Lande einer dem andern eingeben, übergeben oder huldigen werden lassen, in allen ihren Puncten, Meynungen und Artikeln, als sie von Worten zu Worten begriffen und geschrieben stehen und fürter unter ihnen begriffen und geschrieben werden mögen, und soll ihnen solches an ihrer versammelten Hand, so oft es zu Schulden kommt, unschädlich seyn und keinen Unstatten bringen, sondern Sie und ihre Erben des Geschlechts sollen für und für nichts desto minder miteinander gesammlet seyn, die nießen, haben, und wo es zu Schulden oder Fällen kommt, fähig seyn und gebrauchen, nach laut der Verschreibung und Sazung, die zwischen Ihnen gemacht sind, oder gemacht werden — Und widerrufen aus rechtem Wissen alles das, das darwider von Uns, Unsern Vorfahren und Nachkommen am Reich gegeben wäre oder würde, dann dasselbe alles und jedes ob es gegeben wäre oder würde, Erklären Wir jetzo alsbann und bann als jetzo mit zeitigem Rath

der

der vorangeregten, und Vollkommenheit Kaiserlichen Gewalt, in Kraft dies Briefs, kraftlos und unbündig. Und gebieten darumb allen und jeglichen Kurfürsten, Fürsten — Grafen, Freyen, Herrn, Rittern, Knechten ꝛc. — daß Sie die obgenannten Unsere Oheimen, Kurfürsten und Fürsten, die Markgrafen und Jhro obgemelte Erben an solchen allen und jeglichen, wie obbegriffen ist, nicht hindern, oder irren in keine Weiße, sondern sie dabey getreulich und vestiglich handhaben, schützen, schirmen und bleiben laßen, bey tausend lötigs Golds unablößlicher Pön."

§. 9.

Erläuterung dieses Haußgesetzes.

Albrecht, der nach seiner eigenen Aeußerung mit seinen Brüdern die große Vortheile erfahren, die für ihre Lande daraus entstanden waren, daß sie nach dem Willen ihres Vaters, der sie bey seinem Leben geeinet und in Freund- und Brüderlichen Vertrag gesetzet hatte, sich aller weitern Realtheilung und Zersplitterung der Lande enthalten, und diese in Friede besessen hätten, wollte nach dessen Beyspiel seine Söhne gleichfalls bey seinem Leben nach seinem höchsten und besten Verständniß versorgen und fürnehmen. Er glaubte sie und sämmtliche Lande am besten berathen, wenn letztere nie in mehr als in drey ausgezeichnete Theile zertrennt a), und wenn von seinen Söhnen, er möchte deren auch noch so viel überkommen, nie mehr als drey deren Regenten würden.

„Doch

„Doch daß nicht mehr denn drey der ältesten unsrer Söhne der obgenannten dreyen Landen weltlich regierende Fürsten seyen."

„Ob wir — mehr denn drey Söhne — verließen, setzen Wir, daß die andern unsrer Söhne, ihre Brüder sämtlich dieselben Unserer unberathene Söhne — miteinander berathen helfen sollen."

Deswegen b) verordnete er, da er diese Theilung gemacht, und den Umfang der Länder der standesmäßigen Behauptung der Fürstlichen Würde von drey Personen entsprechend gefunden hatte, daß,

„wenn einer seiner ältesten drey weltlichen Söhne ohne männliche Erben stürbe, die ältesten darnach wehrentlich werden sollen, damit allwegen drey, so ferne ihr anders soviel seyd, wehrentlich bleiben."

a) Daß die von Albrecht besessenen Länder nach seinem Tod nicht in mehr als drey Theile getheilet werden sollten, das liegt in der Albrechtischen Verordnung. Daß aber, in Rücksicht auf alle künftige Zeiten, nie mehr als die von ihm gemachte drey Ländertheile bestehen, und alle andere und weitere Theilung allen seinen Nachkommen untersagt seyn sollte, das finde ich nicht.

b) Nicht deswegen, weil Albrecht wollte, daß nicht oder gar nie mehr, als drey regierende Linien seyn sollen, worauf der Herr Verfasser unmittelbar vorher allein den Nachdruck setzt, sondern deswegen, weil er eben so bestimmt wollte, daß, wo möglich, nicht nur zwey, sondern drey regierende Linien seines Hauses seyn sollten. Deswegen nähmlich verordnete er, daß, wenn einer der drey verordneten Regenten ohne männliche Nachkommen vor ihm sterben würde, immer der nachfolgende in deſſen Stelle rücken ſolle; deswegen verordnete er, daß, wenn die nachfolgende Söhne geiſtlich worden wären, ſolche wieder weltlich werden ſollten, wenn der Tod ihrer ältern Brüder es nöthig mache, um drey regierende Herren zu haben, „damit allwegen drey, ſofern ihr anders ſoviel ſind, „wehrentlich bleiben."

Nur auf den Fall, wenn alle ſeine Söhne bis auf zwey oder auch bis auf einen geſtorben oder ſchon ſo tief geiſtlich worden wären, daß ſie nicht mehr weltlich werden könnten, verordnet er, daß alsdann auf den erſten Fall nur zween Theile gemacht werden, und auf den andern Fall, daß in ſolchem ſämmtliche Lande dem einigen Sohn zufallen ſollen.

§. 10.

Es iſt darinn eine Linealfolge c).

Die weitere Verfügung, daß nach Abgang eines oder des andern ſeiner drey älteſten Söhne, jeder Sohn ſeinen Vater erben, wenn aber einer derſelben keine männliche eheliche Nachkommen verließe, die Landesfolge auf den nach älteſten Sohn devolvirt, und es damit von einem Sohn auf den andern für und für alſo gehalten werden ſoll d), ſetzt meines Erachtens eine wahre Linealfolge in den erwähnten drey Länder-Theilen feſt; ſie zeigt offenbar, daß Albrecht ſeine drey älteſte Söhne zu Stiftern eigener Linien machte, denſelben, wenn ſie ohne männliche Erben abſterben würden, ihre jüngere Brüder nach der Ordnung, wie ſie im Alter ſich folgten, ſubſtituirte, und dadurch alle Ländervereinigung ſo lange ausſchloß, als in allen drey Linien männliche Nachkommenſchaft vorhanden ſeyn würde.

c) Der

c) Der Herr Verfasser scheint den Ausdruck: wahre Linealfolge, etwas uneigentlich genommen zu haben. Denn daß Albrecht nach dem eigentlichen Sinn die Absicht gehabt habe, eine wahre Lineal-Erbfolge in den dreyen Linien seiner zur Regierung verordneten Söhne festzusetzen, das wird sich schwerlich zur Ueberzeugung darthun lassen. Albrecht verordnete in seinem Haußgesetz von der Erbfolge der Nachkommen dieser drey Söhne nicht mehr und nicht weniger, als daß er

1) jeden seiner drey Söhne und ihre männliche eheliche Leibes-Erben zu seinen Nachfolgern ernannte:

art. Zum Ersten: — — daß Unserm ältesten Sohn Marggraf Johannes und seinen ehelichen männlichen Erben, ob er die gewinnen und nach seinem Abgang hinter ihm verlassen würde, die Mark zu Brandenburg — — folgen und zustehen soll. — — Und die beyden jetzt benannten Lande zu Franken und auf dem Gebürg sollen zwischen den andern unsern zweyen Söhnen, Marggraf Friederichen und Marggraf Sigismunden oder ihr jedes männlichen ehelichen Erben, ob sie davor abgangen wären, und die hinter ihnen verließen, nach Unserm Tod auf ein Looß getheilt werden, und welches ihr jedem durch das Looß zufällt, soll er für seinen Theil annehmen rc. — Doch so sollen alle Bergwerk — auch das Landgericht zu Nürnberg den zweyen unsern Söhnen, die dieselben zween Theil zu Franken und uff dem Gebürg haben werden und ihren männlichen ehelichen Erben gleich zustehen rc."

Unmittelbar darauf folgt die Verordnung von Führung des Titels, Helms, Schilds, Zepters rc. welche in der nächsten Note angeführt wird.

2) Verordnet Albrecht in Rücksicht auf die verschiedenen Fälle, die er sich dachte, wörtlich folgendes, worauf auch der Herr Verfasser hier zielt:

„Und ob zu Fällen käme, daß der genannten Unser Söhn einer oder zween mit Tod abgiengen und einen oder mehr männlicher Leibes-Lehens-Erben hinter ihnen verlaſſen würden, so soll jeglicher Sohn seinen Vater erben, ob es ehe wir mit Tod abgegangen seyn zu dem Fall kommen soll, gleichwolen nach unserm Tod jeglicher ehelicher Sohn seinen Vater erben, obwolen derselbe sein Vater ehe dann Wir mit Tod abgegangen wäre."

„Wo aber geschehe, daß der obgenannten unserer drey Söhn einer oder mehr, die Wir jetzund haben, bey unserm Leben stürbe, und nicht männliche eheliche Erben hinter ihm verließe, so wollen Wir doch, wo wir anders dannoch drey Söhne haben, daß die drey Theil mit denselben Unsern dreyen Söhnen und ihr jegliches männlichen ehelichen leiblichen Erben gehalten werden sollen, wie vorsiehet."

„Doch ob es zu dem Fall komme, daß unser Sohn Marggraf Johannes, dem als den ältesten, das Kurfürstenthum und die Lande der Mark Brandenburg, wie vorgerühret ist, zu seinen Theil werden soll, vor den obgenannten unsern Söhnen, seinen Brüdern mit Tod abgienge, und nicht männliche eheliche Leibes-Erben nach ihm verließ, so ist Unser Meinung, ordnen, wollen und setzen auch, daß alsdann der älteste unser Sohn nach ihme haben soll das Kurfürstenthum und die Land der Mark Brandenburg an seines Theils statt, den er hat, oder der ihme, wie ob stehet, gefallen soll, und der älter Unser Sohn, der geistlich worden seyn sollt, den wir hätten und ließen, soll an seine Statt,

Statt, zu dem Theil, den er im Land zu Franken und auf dem Gebürg gehabt hätte, oder ihm werden sollt, kommen und dabey bleiben, ohne der andern Irrung, Eintrag oder Hindernuß, und solle damit für und für gehalten werden, von einem unsrer Söhne auf den andern; doch, daß nicht mehr, denn drey der ältesten unsrer Söhne der obgenannten dreyen Landen weltlich regierende Fürsten seyn, und ihr jeglicher und seiner Erben halber gehalten werden, wie oben geschrieben ist."
In den unter der Z. 1) angeführten Stellen substituirt Albrecht jedem seiner drey Söhne auch seine männliche eheliche Leibes-Erben, und zwar, welches wohl zu bemerken ist, auf den Fall, wenn der Sohn vor dem Vater mit deren Hinterlassung gestorben seyn würde, ohne eines Vorzugs des Erstgebohrnen oder Aeltesten zu gedenken. In der Z. 2) angeführten Stelle ist es in allweg auffallend, daß Albrecht sich der einfachen Zahl bedient, indem er auf den Fall, wenn einer oder mehr seiner Söhne mit Tod abgiengen, und einen oder mehr männlicher Leibes-Lehens-Erben hinter ihnen verlassen würden, verordnet: es soll jeglicher Sohn seinen Vater erben, dieß, sage ich, ist freylich auffallend und sonderbar. Ich kann mich aber doch nicht überzeugen, daß Albrecht hiebey die Absicht gehabt haben sollte, unter den Nachkommen seiner Söhne die Erbfolge eines Einigen festzusetzen. Hätte er diese Absicht gehabt, so würde er sich gewis nicht so dunkel und unbestimmt, sondern klar und deutlich ausgedrückt haben; Er, der in einer der nächstfolgenden Stellen von Führung des Scepters, und des Titels eines Erzkämmerers und Kurfürsten so bestimmt spricht, daß sein Sohn „Marg-„graf Hans, als der Kurfürst, und ob er mit Tod „abgieng, — sein ältester leiblicher Sohn, ob er

„einen oder mehr hinter ihm verlies." denselben füh=
ren soll.

Die Verordnung, daß jeglicher Sohn seinen Va=
ter erben solle, giebt in dem Fall, wenn ein Vater
mehrere Söhne hinterlassen würde, dem zweyten und
dritten u. s. w. eben sowohl als dem ersten jene An=
sprache an die Erbfolge, weil Jeder Sohn seines Va=
ters ist. Es will also solche nur so viel sagen, daß
die Söhne eines jeglichen ihren Vater erben sollen.
Wie ungeräumt wäre es auch gewesen, wenn Albrecht
wirklich verordnet hätte, daß wenn seine Söhne, vor
oder nach seinem Tode, mit Hinterlassung mehrerer
Söhne sterben würden, von solchen und deren Nach=
kommen immer nur Einer in der Regierung nachfolgen
solle, ohne zu bestimmen, ob Erstgeburts=Erbfolge,
oder Seniorat, oder Minorat, kurz, was für eine
Art der Erbfolge Statt finden solle. Hätte er nicht
in dem Augenblick, in welchem er den Wohlstand sei=
nes Haußes begründen, und Ruhe, Friede und Ei=
nigkeit unter seinen Nachkommen befestigen wollte,
vielmehr den Zunder zu einem unauslöschlichen Feuer
innerer Uneinigkeit in seine Familie gelegt? Und wie
läßt sich solches von einem vernünftigen Fürsten und
wohlgesinnten Vater nur denken?

Einige der folgenden Noten werden die Sache noch
näher erläutern.

d) Diese Stelle ist in ihrer Verbindung in der vorherge=
henden Note angeführt. Die Worte: für und für,
bezeichnen offenbar hier nicht eine Fortdauer auf alle
künftige Zeiten, sondern nur das deutlich verordnete
Fortrücken der Regierungs=Nachfolge in den dreyen
Ländertheilen auf die jüngern Söhne, wenn der
ältern mehrere mit Tod abgegangen wären; beweißt
also für Lineal=Erbfolge auf künftige Fälle gar
nichts.

§. 11.

§. 11.

Keine Succeſſions-Ordnung für einzelne Linien.

Wie es mit der Erbfolge in dem jeder einzelnen Linie ausſchließlich zugeſchiedenen Ländertheil zu halten ſey, und wer, wenn darinn mehrere Söhne am Leben, ſuccediren ſoll, darüber iſt mit Ausnahme der Kurlienie, von welcher es heißt:

"und ob der Churfürſt mit Tod abgieng, ſoll ſein älteſter leiblicher Sohn, ob er einer oder mehr hinter ihm verließ, den Zepter führen e)"

nichts beſonderes beſtimmt, ſondern nur überhaupt verordnet worden, daß die gemachte Theilung auch zwiſchen der Deſcendenz der drey Söhne, oder zwiſchen den drey Linien wie zwiſchen ihren Stiftern beſtehen, keine Linie alſo ihren Theil als ein beſonders Ganze weiter zertheilen ſoll,

"daß die drey Theil mit denſelben unſern dreyen Söhnen und Ihr jegliches männlichen ehelichen Leibeserben gehalten werden ſollen" f)

Vermuthlich wollte man den Familien-Häuptern in einzelnen Linien hier nicht vorgreifen, noch ſie in dem Recht beſchränken, unter ihren Söhnen gleichfalls vertragsweiſe anzuordnen, was ſie dem Beſten derſelben und ihres Landes nach Zeit und Umſtänden am angemeſſenſten finden.

e) Und auch in Anſehung der Kurlinie, oder vielmehr der Linie ſeines älteſten Sohnes, iſt hier nicht von der Erbfolge in die Länder, ſondern nur von Führung des Zepters und des Titels eines Erzkämmerers und Kurfürſten die Rede. Die ganze Stelle heißt ſo:

„Es sollen sich die genannten unsere Söhne alle und ihre Erben bey Unserm Leben und nach unserm Tode eines Titels schreiben und gebrauchen, und Helm und Schild gleich führen, aber nach unserm Tode, den Gott lang verhüte, soll unser Sohn Marggraf Hanns als der Kurfürst, und ob er mit Tod abgieng, da der allmächtig Gott vor sey, sein ältester leiblicher Sohn, ob er einen oder mehr hinter ihm verlies, oder ob er ohne männliche Erben stürbe, der aus den andern unsern Söhnen obgenannt, der die Mark innen haben wird, den Zepter führen und sich schreiben des heil. Röm. Reichs Erzkämmerer und Kurfürsten, mit sammt den andern Titeln, wie er sich vorgeschrieben hat, und sollen sich die andern des Titels zu schreiben und der Wappen zu führen gebrauchen, wie obsteht."

Auch wird in einer nachfolgenden Stelle verordnet:

„welcher auch für und für unter unserm Geschlecht zu einer jeden Zeit der Kurfürst ist, der soll vom römischen Kaiser, König und Kurfürsten sein Bestättigung von sein als eines Kurfürsten und von aller seiner Erben, Brüder und ihrer Erben und Vettern wegen sämmtlich nehmen, um Ursach willen, die nicht Noth sind zu schreiben."

Aber in einer Stelle wird so wenig, als in der andern eine Verordnung gemacht, wie es mit der Erbfolge in dem- der Kurlinie zugeschiedenen Ländertheil zu halten sey. Eben daraus, daß Albrecht hier in Absicht auf Führung des Zepters und der Kurwürde so deutlich und bestimmt sich ausdrückt, ohne des= seinem ältesten Sohn zugedachten Ländertheils zu gedenken, oder sonsten in Ansehung desselben gleiche Verord=

ordnung zu machen, ersieht man vielmehr ganz klar, daß es sicher gar nicht in seiner Absicht lag, jene Verordnung auch auf den Ländertheil auszudehnen. Ich begreife daher nicht, wie der Herr Verfasser aus der ersten Stelle solches herleiten kann.

f) Diese Stelle beweißt meines Erachtens nicht, was der Herr Verfasser daraus herleitet. In der vorhergehenden Note c) num. 2. können diese Worte in ihrer Verbindung gelesen werden, nach welcher Albrecht nichts weiter sagen wollte, als, daß, wenn der nahmentlich eingesetzten dreyen Söhne einer oder mehr vor ihm ohne männliche Erben mit Tod abgehen sollten, es, wenn er anders dannoch drey Söhne hinterlassen würde, in solchem Fall doch in Ansehung dieser drey Söhne bey der gemachten Theilung seiner Länder in drey Theile sein Verbleiben haben soll. Und wie er oben jeder der drey Theile dem nahmentlich genannten Sohn und dessen männlichen ehelichen Leibes-Erben zuschied, so thut er es auch hier, indem er ebenfalls der auf den angenommenen Fall vorhandenen drey Söhne und ihr jegliches männlicher leiblicher ehelicher Erben Erwähnung thut. Etwas neues hier zu verordnen, lag gar nicht in der Absicht Albrechts, wie auch die beygefügten Worte: „wie vorstehet" zu erkennen geben.

§. 12.

Vielweniger eine ewige Trennung der Lande enthalten.

Dieß mußte schon gegen die Meinung derer mißtrauisch machen, welche in dem Albrechtischen Haußgesetz eine beständige Trennung der darinn abgetheilten Lande auffinden, und daraus folgern wollen, daß die Wiedervereinigung der Fränkischen Fürstenthümer oder der Lande zu Franken und auf dem Gebürg mit den Kurlanden nach Erlöschung der Fürstlichen Linien nicht statt habe, so lange außer dem Kurfürsten noch ein Markgraf in der Kurlinie lebt. Aber noch vielmehr streitet dagegen die ausdrückliche Verordnung,

„daß die drey Brüder alle und jeder von allen Landen —— Erbhuldigung haben, miteinander zu gesamter Hand sitzen, sie auch sämtlich vom Reich empfangen und haben sollen." ——

„Daß auch jeglicher Herr die Huldigung in seinem Theil Landes nehmen und die uff ihn und seine Erben zum Voraus, und dazu auch uff die andre seine Brüder geschehen lassen soll, damit sie miteinander zur Versammlung sitzen und bleiben."

nebst den obenbemerkten Stellen, wornach in dem Fall, da nach dem unbeerbten Absterben des einen Sohnes noch zwey weltliche Söhne am Leben wären, und keiner von den Geistlichen mehr in die Weltlichkeit zurücktreten wollte, auch nur zwey Theile, nähmlich die Kurlande der eine, und die zu Franken und auf dem Gebürg der andere seyn, falls aber unter eben der Voraussetzung nur ein weltlicher Sohn oder Enkel vorhanden wären, sämmtliche Lande in seiner Person sich vereinigen und bey ihm und seiner Descendenz bleiben sollen.

§. 13.

Wird weiter ausgeführt.

Wäre der Sinn des Kurfürsten Albrecht auf eine immerwährende Absonderung der abgetheilten Lande gegangangen, so würde er im ersten Fall aus den beyden Fürstenthümern als zwey Haupt-Theilen, nicht einen gemacht, sondern vielmehr verordnet haben, daß der erledigte Theil auf einen seiner Enkel von den zwey lebenden Söhnen fallen und, so wie der Sohn seinen Vater, hier der Neffe seinen Onkel erben, oder wenn noch kein Enkel da wäre, bis dahin von den Söhnen gemeinschaftlich besessen werden sollte. Eben so wenig würde er im zweyten Fall einer Vereinigung statt gegeben, sondern es seinem einzig überlebenden Sohn nach dem Anfall der Lande zur Pflicht gemacht haben, diese an seine Söhne, sobald sie Regierungsfähig wären, zu überlassen. Da aber von dem allen gerade das Gegentheil geschehen, so ergibt sich, daß dieser weise Fürst, in welchem die Ländervereinigung erfolgt ist, gegen dieselbe durchaus nichts verfüget, sondern nur gewollt habe, daß, so lange seine drey Söhne in männlichen Erben fortleben würden, es bey seiner Ländervertheilung unabänderlich bleiben, auf den Fall einer Wiedervereinigung aber jedem Familienvater, der sich zu einer neuen Theilung entschlöße nur ein lehrreiches Beyspiel gegeben seyn sollte, nicht mehr als jene drey der Lage und dem Wohl der Länder angemessene Theile zu machen g).

> g) Dieser weise Fürst handelte doch bey Aufrichtung seines Testaments, wie in hundert andern Familiengesetzen ebenfalls geschah, nicht mit einer die möglichen künftigen Fälle umfassenden Vorsicht. Er bestimmte die nächsten Fälle und begnügte sich damit. Dieß ist aber auch alles, was sich darüber sagen läßt. So ist dann die Frage, wie es gehalten werden solle, wenn die getheilten Länder nach Erlöschung zweyer Linien

nien in der dritten wieder vereinigt werden würden, und ob alsdann, wenn in dieser mehrere Brüder vorhanden seyn sollten, wieder zwey oder drey regierende Linien errichtet werden sollen, nicht ausdrücklich bestimmt worden. In diesem Stillschweigen über künftige Fälle eine tiefliegende Absicht und wohl gar einen Beweis kluger Vorsicht zu finden, das ist mir nicht eben so leicht, als es dem Herrn Verfasser der Worte zu seyn scheint.

Ohnehin war ja bey künftiger Erlöschung zweyer Linien nicht nur der Fall möglich, den der Herr Verfasser annimmt, daß alsdann ein neuer Familien-Vater eintretten würde, der sodann unter seinen Nachkommen wieder eine Verordnung machen könnte. Es war ja eben so möglich, daß mehrere in gleichem Grade stehende Familien-Glieder in der dritten Linie seyn konnten. Wie leicht hätte dieser Fall schon unter den Söhnen und Enkeln des Stifters der drey Linien sich zutragen können, wenn z. E. der älteste mit Hinterlassung mehrerer Söhne zuerst gestorben, nachher aber die andern beyden Söhne unbeerbt mit Tod abgegangen wären. Auch auf diesen so nahe gelegenen, so leicht denkbaren Fall ist nichts verordnet.

§. 14.

Historisch erläutert.

Man hielt sich auch in der Folge an den klaren Buchstaben dieser Haußordnung h); denn als der dritte Sohn Albrechts, Sigmund 1495 ohne männliche Erben starb, wurden die beyden Fürstenthümer unter und ober den Gebürg vereinigt, und das letztere fiel dem zweyten Sohn und Besitzer des ersten, dem Markgrafen Friedrich zu i). Dieser Fürst, ein Vater vieler Söhne, errichtete

1507

tete unter ihnen eine nicht nur im Geist, sondern großentheils in den Worten der Albrechtischen abgefaßte Verordnung *) Kraft welcher sein ältester Sohn Casimir das Land oberhalb Gebürgs, der zweyte Georg aber das Land unterhalb Gebürgs erhielt, und worinn es gleichfalls heißt:

„Daß nicht mehr denn zween der ältesten Söhne der obgenannten zweyen Landen wehrentlich regierende Fürsten seyn sollten, und wenn es sich begebe, daß die Mark zu Brandenburg ꝛc. durch Abgang unsers lieben Vettern Markgraf Joachimus, seines Bruders, seines Sohnes, und ihrer Erben wiederum an Uns und an Unsre Söhne kommen, so soll dieselbe ein Theil und die beyde unsre Land zu Franken und auf dem Gebürg der andre Theil seyn, und soll der älteste unsrer Söhne die Wahl haben zu nehmen den jetzt genannten Theil einen, welchen er will k)."

Im Jahr 1557 starb Albrecht Casimirs Sohn 1557 unbeerbt, sein Land ward hierauf mit dem unterhalb Gebürgs in der Person Georg Friedrichs, eines Sohns Georgs, verbunden l), und da dieser auch ohne Erben abging, so wären die Lande mit der Kurlinie vereinigt worden, wenn nicht der Geraische Vertrag, wie ausführlich gezeigt werden soll, die Vereinigung gehindert, und die beyde Fürstenthümer wieder getrennt hätte

---

*) Betrachtungen über die Succeß-Ordnung in den Brandenburgischen Fürstenthümern in den Beylagen Num. III.

In jure et facto gegründete facti species etc. Berlin 1718. In den Beyl. Litt. SS,

te m). Als mit Markgraf Friedrich Christian die Linie von Bayreuth, oder oberhalb Gebürgs, ausstarb, fiel das Land an Anspach, oder die Linie unterhalb Gebürgs, und der Wille des thatenreichen Albrechts

1769

„daß die Mark zu Brandenburg mit allen ihren Zugehörungen ein Theil und beyde Land zu Franken und auf dem Gebürg der andre seyn soll"

ging somit aufs neue in Erfüllung n).

h) Ueber die nach dem Tode des Stifters sich ereignenden möglichen Erbfälle enthält die Albrechtische Haußordnung außer den in der Note c) angeführten allgemeinen Bestimmungen ganz keinen Buchstaben, an den man sich halten konnte. Vielweniger ist es der Fall, daß man sich an den klaren Buchstaben derselben hätte halten können. Höchstens konnte in den nachgefolgten Erbfällen die Frage entstehen, ob aus den in derselben enthaltenen Haußgesetzlichen Bestimmungen sich sichere analogische Schlüße auf jene, die nachgefolgten Erbfälle, herleiten lassen, und ob diese in solchem Fall nach der Analogie gedachter Haußgesetzlichen Bestimmungen oder nach den Grundsätzen des gemeinen Erbfolge-Rechts erlauchter Häußer zu entscheiden seyen.

i) Selbst dieser erste Fall, der sich durch den Tod Sigmunds schon im Jahr 1495, neun Jahre nach Albrechts Tode, ereignete, ist mit ausdrücklichen Worten in der Albrechtischen Haußordnung nicht entschieden, denn Albrecht verordnet nur, wie es gehalten werden solle, wenn vor seinem Tode seine Söhne bis auf zwey sterben oder so tief geistlich werden würden, daß sie nicht mehr zur Welt zurückkehren könnten, daß nehmlich alsdann die beyden Fürstenthümer ob- und unterhalb

halb dem Geburg nur einen Haupttheil ausmachen
sollen; auf den Fall aber, wenn sich solches nach sei=
nem Tode zutragen würde, enthält dieselbe keine Be=
stimmung. Freylich aber lag auf diesen Fall der Sinn
und Wille des Vaters so nahe, daß man wohl keinen
Augenblick daran zweifelte, daß jetzt ebensowohl, als
wenn Sigmund vor demselben gestorben wäre, die
beyden Fränkischen Fürstenthümer zusammen einen
Haupttheil ausmachen müßten.

k) Dieser zweyte Fall wurde durch ein neues Haußgesetz
bestimmt. Ob, wenn solches nicht geschehen wäre,
dennoch die zween ältesten Söhne Friederichs allein in
den beyden Fürstenthümern ihrem Vater nachgefolgt
wären; ob deren jüngere Brüder solches gutwillig zu=
gegeben; ob sie nicht vielmehr auf gleiches Erbrecht
Anspruch gemacht haben würden, und wie die Sache
von dem höchsten Reichsgericht etwa angesehen wor=
den wäre, besonders, ob man das Albrechtische
Haußgesetz auch auf diesen in demselben offenbar nicht
ausgedrückten Fall anzuwenden gesucht oder dasselbe
für anwendbar gehalten haben würde, das alles bleibt
ewig unentschieden, da das neue Haußgesetz eintrat,
in welchem die Erbfolge nach Friederichs Tode be=
stimmt wurde. Herr Dr. Waz sagt selbst §. 11. das
Albrechtische Haußgesetz enthalte keine Successions=
Ordnung für einzelne Linien. Nach seinen eigenen
Grundsätzen ist es also möglich, daß man sich in die=
sem Fall an den klaren Buchstaben des Albrechtischen
Haußgesetzes hätte halten können.

l) Es lebten zwar damahls auch noch zween Vaters=Brüder
des verstorbenen Marggrafen Albrecht, wovon aber
der eine, nähmlich der Herzog Albrecht von Preußen,
bekanntlich in der Reichsacht= der andere aber, der Marg=
graf Wilhelm, Erzbischof in Riga war. In der Di=
spo=

spofition des Marggrafen Friedrich waren aber seine zween ältesten Söhne, Marggraf Casimir und Marggraf Georg, und deren eheliche Leibes-Erben, mit Ausschließung aller übrigen Söhne dergestalt in Gemeinschaft zu Erben der Lande zu Franken und auf dem Gebürg ernannt, daß sie nur der Nutzungen halber das Land zu theilen befugt seyn sollten. Nach Albrechts Tode mußte also dessen Landestheil nun an den Marggrafen Georg Friedrich, den Sohn des Marggrafen Georg, fallen, wenn auch gleich der Herzog Albrecht nicht in der Reichsacht und sein Bruder Wilhelm nicht schon Erzbischof gewesen wäre.

m) An die Kurlinie fielen sie auch wirklich. Aber mit der Erstgeburt derselben wurden sie nicht vereiniget. Der Herr Verfasser versteht aber unter der Vereinigung mit der Kurlinie die Vereinigung mit der Erstgeburt, oder mit der regierenden Linie, derselben. Unter dieser Voraussetzung wird der Herr Verfasser den Beweis:

> daß nach dem unbeerbten Abgang des Marggrafen Georg Friedrich die Fränkischen Fürstenthümer mit der Kurlinie vereinigt worden wären, wenn der Geraische Vertrag sie nicht aufs neue davon getrennt hätte,

nicht einmahl aus dem Sinne noch weniger aus den klaren Buchstaben des Albrechtischen Haußgesetzes herzuleiten im Stande seyn. Ein mehreres hievon bey dem folgenden §. in der not. p).

n) Dieser Fall mußte nach dem Geraischen Vertrag und dem Sinne desselben entschieden werden.

§. 15.

§. 15.
Auf das Albrechtische Gesetz zurückgekehrt.

Nach demselben konnte und sollte keines dieser Lande eher mit der Primogenitur vereiniget werden, oder an die Kurlinie fallen o), als bis die beyden Fürstlichen Linien in successionsfähigen Prinzen erloschen seyn würden, auf diesen Fall aber sollte der Beherrscher der Kurlande und der Mark Brandenburg es auch von den Fürstenthümern des Burggrafthums seyn, er mochte nun durch männliche Descendenten wieder besondre Linien gestiftet oder zur Zeit des Anfalls der Lande regierungsfähige Agnaten und Abkömmlinge aus der Kurfürstlichen Stamm- und Hauptlinie haben p). Albrechts herrschende Idee in seinem Haußgesetz, ich muß es wiederhohlen, war diese, unter seinen drey ältesten Söhnen und ihren männlichen ehelichen Erben eine Linial-Succession zu verordnen, und unbeschadet der gemachten Ländertheilung jeden Sohn mit seiner ganzen Descendenz zu versorgen, sodann in der Erbfolge der abgetheilten Lande zuerst eine Fürstliche Linie der andern, beyden aber im Erlöschungsfall die Kurlinie zu substituiren, und überhaupt nur das zu umfassen was auf das Wohl des ganzen Hauses und gesammter Lande, als eines Ganzen, abzweckte. Was die einzelnen Theile und Linien betraf und nicht mit dem allgemeinen Familien- und Länder-Verband im augenscheinlichen Zusammenhange war, dieß überließ er den besondern meist von Umständen abhängenden Anordnungen seiner Söhne als künftigen Familien-Vätern, und enthielt sich darüber sowohl während der Trennung, als Vereinigung der Linien und Lande, aller weitern Bestimmung.

E o) vid.

o) vid. not. m)

p) Hier wird auf einmahl als entschieden angenommen und vorausgesetzt, was eigentlich zu beweisen war. Denn das ist ja offenbar das Thema probandum, daß nach Erlöschung der beeden Fürstl. Linien deren Lande an den einigen Beherrscher der Kurlande fallen sollen, wenn gleich zur Zeit des Anfalls Regierungsfähige Agnaten und Abkömmlinge aus der Kurfürstl. Stamm= oder Hauptlinie vorhanden wären. Statt zu beweisen, schlägt der Herr Verfasser, wenn ich es gerade zu sagen darf, hier den Weg ein, durch einen Machtspruch zu behaupten, daß nach dem Albrechtischen Gesetze es sich so verhalte. Bisher hat derselbe seine Sätze aus diesem Haußgesetze mit Anführung beweisender Stellen zu belegen gesucht. Hier weicht er bey dem Haupt=Satze, wovon gerade die Frage ist, davon ab. In der That ist aber auch in Albrechts Haußgesetz nicht eine Spur davon anzutreffen, wie nach dem Tod seiner Söhne und nach der erst in künftigen Generationen erfolgenden Erlöschung der beyden Fürstl. Linien es mit der Erbfolge gehalten werden solle? Daß alsdann die Fränkischen Fürstenthümer an die Kurlinie fallen müssen, das versteht sich von selbst. Ob sie aber in solchem Fall mit der Primogenitur dieser Linie vereinigt werden sollen, wie der Herr Verfasser annimmt, oder ob nach der Analogie des Albrechtischen Haußgesetzes wieder zwey neue regierende Fürstliche Linien des Haußes errichtet werden sollen, wie die Stifter des Geraischen und des Onolzbachischen Vertrages dafürgehalten und auf künftge Zeiten wirklich festgesetzet haben, oder ob die Grundsätze des gemeinen Erbfolg=Rechts der erlauchten Häußer Teutschlands eintretten mußten: darüber äußert sich jedes Haußgesetz schlechterdings nicht. Aber eben deswegen kann auch keine Entscheidung weniger Statt finden,

den, als diejenige, die der Herr Verfasser annimmt. Denn diese müßte nothwendig in einer besondern haußgesetzlichen Norm ihren Grund haben. Fehlt es daran, wie im gegenwärtigen Fall, so fehlt es auch an allem rechtlichen Grunde zu einer solchen von dem gemeinem Erbfolgesystem abweichenden Entscheidung.

§. 16.

Ein paar Scheingründe werden widerlegt.

Nun muß ich der beyden Scheingründe gedenken, die sich gegen die Vereinigung der Fürstl. mit den Kurlanden und gegen das Recht einer ganzen Familie, Haußgesetze abzuändern, von der feyerlichen Gelobung der Söhne Albrechts für sich und ihre Erben

bey ihren Fürstlichen Würden und Ehren und Treuen an eines rechten geschwornen Eydesstatt

diese Hauß-Ordnung ganz und unverbrüchlich zu halten, und von der in der Kaiserlichen Bestättigung enthaltenen cassatorischen Clausul (§. 8.) ableiten lassen. Man zieht nicht in Abrede, daß jedes Glied des Brandenburgischen Haußes an dieselbe, so lange sie Gesetz ist, strenge gebunden und vollkommen berechtigt sey, den Beeinträchtigungen derselben sich zu widersetzen und deren Abänderung durch seinen Widerspruch zu verhindern. Aber dieß schließt das Recht des ganzen Haußes nicht aus, kraft eben des Willens, der jene Disposition schuf, sie zu modificiren oder aufzuheben, sobald dasselbe es ihrem und dem Wohl der Länder gemäs, und hierüber alle seine einzelne Glieder einstimmig findet. Eine Familie kann sich hier, so wenig als jeder andre Gesetzgeber, die Hände binden; Albrecht konnte und wollte auch seine

Söhne hiezu nicht verpflichten *), ihre Zusagung und Gelobung ging einzig und allein dahin, nicht einseitig dagegen zu handeln, noch zu gestatten, daß andre es thun. Diesen schon an sich natürlichen und vernünftigen Sinn zeigt auch der Theilungs-Vertrag der Söhne des Kurfürsten und Burggrafen Friedrich I (§. 4) in den Worten:

1447

„wäre auch daß derselben Unser Brüder einer oder ihre Erben, welcher der wäre, einigerley Geschäfte oder Gemächte thun würde, die die oben geschriebene Geschäfte, Gemächte oder Ordnung eines oder mehr in einerley Weise verrüken oder kränken mögte, dieselben nach gethan Geschäfte sollen keine Macht noch Kraft haben, gewinnen **).“

Und ob ich gleich die in der Kaiserl. Bestättigung vorkommende Worte:

„Die Satzung die der Churfürst Markgraf Albrecht hinfür bey seinem Leben oder seine Söhne oder ihre männliche Erben des Geschlechts für und für thun würden oder etliche 2c.“

„... Die Satzung die zwischen ihnen gemacht sind, gemacht werden ***).“

wel-

---

*) Hätte er dieß gewollt, so würde er sich wie bey dem Verboth der Länder-Veräußerung ausgedrückt haben: „Sie sollen des auch weder sammt noch sonderlich keine Macht haben zu thun in keine Weiß.“

**) f. Gundlings. Deduction. Litt. N. N.

***) So heißt es schon in der Kaiserlichen Bestättigung aller Rechte und Privilegien des Brandenburgischen Hauses von 1453 bey Gündling Litt. O. O. „wir confirmiren auch mit

Nah-

welche schon eine Konfirmation künftiger Gesetze und Theilungen ausdrücken, kaum für etwas anders als eine Kanzleyformel ansehe, so zeigen sie doch so viel, daß man diese Satzung und Ordnung nicht anders, als diejenigen, welche ihr vorhergingen, betrachtete, folglich nach Zeit und Umständen für veränderlich hielt. Auch konnte und sollte die am Schluß befindliche cassatorische Clausul wohl keinen andern Zweck haben, als dem Brandenburgischen Hauße die größte Sicherheit gegen jede käiserliche diesem Theilungs-Gesetz zuwiderlaufende Handlung zu gewähren, in keinem Fall aber seiner Autonomie nachtheilig.

§. 17.

Insbesondere die beygelegte Eigenschaft eines Reichs-Gesetzes.

Eben so unbedeutend ist der Einwurf, daß die Albrechtische Satzung selbst von dem ganzen Brandenburgischen Hauß deswegen nicht abgeändert werden noch eine Ländervereinigung mit der Kurlinie statt finden könne, weil sie auf dem Reichstag zu Augspurg mit wohlbedachtem Muth und gutem Rath des heil. Reichs Kurfürsten, Fürsten, Grafen, bestättigt, und dadurch in ein Reichs-Gesetz umgeschaffen worden sey [*].

Nahmen die Theilung und Einigung, die Ihr Vater seliget bey seinem Leben oder sie sich selber = = von und zueinander gesetzt haben = = und auch solche Theilung, die Sie noch thun werden = = oder etliche ꝛc.

[*] So raisonirte der Verfasser der Staatsschrift: Beantwortung der wahren Vorstellung der Erbfolgs-Ordnung in dem Burggrafthum Nürnberg. Wien 1778. S. 11.

Es ist klar, daß die Bestättigung allein nie ein Recht geben kann, sich wider den Willen der handelnden Theile in das Geschäft, welches bestättigt ward, einzumengen, noch weniger aber die beständige Fortdauer desselben zu verlangen; sie knüpft die Handlung nur fester, raubt einzelnen Gliedern, die sie anfechten oder entkräften wollen, gleichsam die Hoffnung des Schutzes bey dem Höhern, welcher bestättigte, und verschafft denen, die sie nachsuchten, das Recht, auf den Fall der Uebertrettung der bestättigten Handlung sich auf sie zu berufen und den Beystand zu erwarten, den der Höhere durch die Bestättigung zugesagt hat. Weiter geht der Wille und die Absicht derer, welche um Confirmation bitten, nicht, und ohne diesen läßt sich ein Recht des Bestättigers aus dem Vertrag andrer nicht denken.

Wenn also Kurfürst Albrecht die, aus Klugheit und um das Beste seiner Familie und Länder willen, nachgesuchte Bestättigung erhielt, so bekam sein Hausgesetz dadurch nicht erst seine Vollgültigkeit, sondern es wurde für die Zeit seiner Dauer, die allein von dem Willen des ganzen Haußes abhing, nur fester.

Es bleibt nach wie vor Familien-Satzung, mit dem einigen Unterschied, daß sie jetzt unter der Garantie von Kaiser und Reich stand, einer Garantie, die, ohne die Autonomie des Haußes zu beschränken, oder die Abänderung seiner Gesetze von der Bewilligung Kaisers und Reichs abhängig zu machen, dem implorirenden Theil gegen jede Beeinträchtigung derselben den wirksamsten Beystand verspricht.

§. 18.

§. 18.

Neueste Behauptung über die Dauer dieser Hauß-Ordnung.

Zwar giebt der gelehrte Herr Verfasser jenes Aufsatzes *), ungeachtet der zuerst gebrauchten allgemeinen Ausdrücke, daß der Wiedervereinigung der Burggräflichen Lande mit der Kurlinie die ältere Haußgesetze und die darauf sich gründende Ansprüche der nachgebohrnen Brüder des vorigen Königs, welche im Erlöschungsfall der beyden Fürstlichen Linien eingetretten seyn würden, im Wege zu stehen scheinen, in der Folge **) selbst zu, daß, da in der Albrechtischen Haußordnung kein Wort darüber vorkomme, „ob sie ein ewiges Haußgesetz seyn solle, der Beweis einer so ausgedehnten verbindlichen Wirkung derselben wirklich schwer zu führen gewesen seyn würde;" aber er nimmt dagegen als ausgemacht an, daß sie es durch den sogenannten Geraischen Vertrag wirklich geworden sey q).

Richtige Darstellung der Entstehung desselben und sorgfältige Prüfung seines Innhalts wird zeigen, ob sich die Behauptung rechtfertigen läßt.

q) Da ich mich an dem angeführten Ort meiner Staatskanzley nur kurz darüber geäußert habe: so sey mir erlaubt, in dieser Note unter Voraussetzung der eben daselbst berührten und von Herrn Dr. Vaz hier umständlicher ausgeführten Veranlassung des Geraischen Vertrages, meine Meinung über den Sinn desselben und des im Jahr 1603 zu dessen Bestättigung zwischen

---

*) Reusische Staats-Kanzley S. 173.
**) ebend. S. 175.

schen dem Kurfürsten und seinen zweyen Brüdern Christian und Grafen Ernst selbst errichteten Onolzbacher Vertrags umständlicher, im Zusammenhang den Lesern vorzulegen.

Nach wiederhohlter Prüfung dieser Verträge halte ich mich

1) versichert, daß die damahln lebenden Agnaten die Albrechtische Urkunde nicht nur als eine väterliche Verordnung zwischen Albrechts Söhnen, sondern als ein ewig gültiges Haußgesetz angesehen haben

Ob der Kurfürst eben so gedacht, eben so gehandelt hätte, wie er nach dem Geraischen und Onolzbachischen Vertrag dachte und handelte, wenn er nicht auf solche Art die zween höchstwichtigen Zwecke erreicht hätte, einmahln sich aus der gegenwärtigen Verlegenheit in Ansehung der Ansprüche seiner Brüder Christian und Joachim Ernst herauszuwickeln, und auf ewige Zeiten die Untheilbarkeit des ganzen damahl in der Mark besessenen Länder-Umfangs und sogar auch künftger Erwerbungen, denen man z. E. durch Erbverbrüderungen entgegen sehen konnte, der Kurlinie zu versichern, das ist eine andere Frage, die ich um so eher als zweifelhaft annehmen kann, als ich selbst die Frage von der fortdaurenden Wirkung der Albrechtischen Hauß-Constitution als höchst zweifelhaft erklärt habe. Aber darauf kömmt es jetzt nicht an, sondern darauf, wie sie dieselbe damahl, sey es nun aus Ueberzeugung, oder aus politischen Rücksichten wirklich verstanden und erklärt haben. Und hierüber läßt der ganze Gang der Sache und selbst der Innhalt des Geraischen Vertrags

nicht

nicht den geringsten Zweifel übrig. Schon in dem Streit mit seinen nachgebohrnen Brüdern behauptete der Kurfürst die fortdauernde Gültigkeit und verbindliche Kraft des Albrechtischen Haußgesetzes. Zu Gera und Magdeburg dachte man eben so. Der ganze Vertrag ist auf die Albrechtische Constitution gegründet. Selbst den von Albrechts Constitution abweichenden Verordnungen Joachims I. und II. gab man eine solche Deutung, welche die fortdauernde Gültigkeit der ersten mit letztern vereinbarlich machen sollte. (S. 25 Not. * und **). Auch der brüderliche Vertrag zu Onolzbach ruht auf gleichem Grunde. Und in dem = im Geraischen Vertrag vorgeschriebenen Revers, den alle Glieder des Brandenburgischen Haußes, ehe sie zur Regierung oder ihrem geordneten Deputat gelangen, beschwören sollen, wird gleichsam als die Grundlage desselben vorausgesetzt:

daß ihr älter Uranherr Kurfürst Albertus Achilles Germanicus — sub dato Kölln an der Spree am Mittwoch St. Matthiä Anno 1473 eine Verordnung gemacht habe — — wie es in ihrem Kur= und Fürstlichen Hauß mit der Succession von nun an zu ewigen Zeiten gehalten werden solle, und darauf die Durchl. hochgeb. Fürsten, Herr Joachim Friedrich — — und Herr Georg Friederich, solche ihre gnädige und hochvernünftige Verordnung sub dato N. N. erklärt, erneuert, wiederhohlt und bestättigt haben ꝛc.

Genug aber, daß wenigstens

2) in dem Geraischen und in dem Onolzbacher Vertrag das Albrechtische Hauß=Gesetz wirklich, ausdrücklich und oft wiederhohlt, für ein ewiges

Grund=

Grundgeſetz des Brandenburgiſchen Hauſes und
für die Entſcheidungsquelle auf alle künftige Suc-
ceſſions-Fälle erkläret wurde, und zwar ganz
eigentlich in der Abſicht dafür erkläret wurde, damit allen künftigen Succeſſions-Irrungen ein für
allemal vorgebeugt werden mögte. Die ſchon in
meiner Staatskanzeley ausgezogenen Stellen, welche auch zum Theil von dem Herrn Verfaſſer (unten §. 21. not. ** §. 25. 29.) eingerückt ſind,
beweiſen ſolches zu voller Ueberzeugung. Und
daß es gar nicht blos auf die Beylegung der damahl
zwiſchen dem Kurfürſten und ſeinen Brüdern obgewalteten Irrung angeſehen, ſondern vielmehr die
Abſicht der Paciſcenten auch auf alle weitere künftig ſich ereignende Succeſſionsfälle gerichtet geweſen
ſey, beweiſen nicht nur die ſo oft vorkommenden
Ausdrücke, daß es von nun an und zu ewigen
Zeiten nach der Albrechtiſchen Conſtitution gehalten
werden ſolle, und der von allen Gliedern des Markgräflichen Hauſes auszuſtellende Revers (§. 29.),
ſondern es iſt überdies mit klaren Worten in dem
Geraiſchen Vertrage ausgedrückt. „So haben
„Wir, wird der Kurfürſt darinn redend eingeführt,
„nicht unzeitig erwogen, allen künftigen Irrungen,
„ſo etwan aus Kurfürſten Joachim I. und II. wirk-
„licher Vergleichung und unſers gn. geliebten
„Herrn Vaters, weil. Kurfürſten Johannes Geor-
„gen Vornehmen nicht allein jetzo unter unſern Fr.
„geliebten Brüdern und Söhnen (mithin in den
„nächſtbevorſtehenden Erbfolgefällen) „ſonder auch
„ins künftig (d. h. in den erſt künftigen ſpätern Erb-
„folge-Fällen) „zu Abfall und gänzlicher Ruinirung
unſers Hauſes entſtehen könnten, vorzubauen, und
„es dahin zu richten, daß es bey Kurfürſt Alberti
„Achillis Verordnung ſowohlen in der Kur Bran-
„den

„denburg, als Franken von nun an bis zu ewigen
„Zeiten verbleiben soll, welches wir Marggraf
„Georg Friedrich — fährt sodann dieser fort —
„um mehrerer Erhaltung willen des Kurfürstl. Hau=
„ses Brandenburg Reputation und Hoheit uns auch
„nicht zwider seyn lassen, sondern aus oben ange=
„führten Ursachen gleichfalls für zuträglich erachtet.
„Und darum — erklären nun beyde zusammen —
„auf vorgehende weise Berathschlagung haben
„wir sämtlich unsern älter und Uranherrn, Kur=
„fürst Alberti Achillis Germanici offt berührte
„Verordnung hiemit nochmals erneuern, erklä=
„ren, bestättigen und confirmiren wollen, thun
„solches in Kraft dies Briefs wissentlich und wohl=
„bedächtlich, haben Uns auch dessen als die
„zween einzige regierende Kur= und Fürsten des
„Haußes Brandenburg, also endlich miteinander
„friedlich verglichen und wollen, daß nunmehro,
„hinführo, und zu ewigen Zeiten solcher jetzo an=
„gezogenen Verordnung und Disposition von Un=
„sern freundl. lieben Söhnen, Brüdern und Vet=
„tern, auch allen derselben Erben und Nachkom=
„men unverhindert gelebt und nachgesetzt werde."
Ich weiß nicht wie die Paciscenten sich deutli=
cher und stärker hätten ausdrücken können. Eben
so bündig hatten sie sich schon im Eingang einmü=
thig darüber erklärt, wovon die Stelle unten §. 29.
gelesen werden kann. Sie wiederhohlen es bey al=
len Gelegenheiten. Sie verbinden sogar alle ihre
Nachkommen zu Ausstellung eines förmlichen Re=
verses darüber. Sie erklären ihren Sinn auch
durch nähere Bestimmung, wie es in den näch=
sten Fällen, nämlich auf ihren Tod gehalten wer=
den solle. Alles stimmt zusammen. Alles dreht
sich um den einigen Punct, daß sowohl in der
Mark

Mark Brandenburg als in Franken schlechterdings es auf ewige Zeiten bey der Albrechtischen Verordnung sein Verbleiben haben müsse, womit auch der Vertrag zu Onolzbach übereinstimmt, welcher zugleich die wichtige Erklärung enthält, daß man zu Gera auf Kurfürst Alberti Disposition alles gegründet habe.

3) Vermög dieser Erklärung der Paciscenten wurden nun die Väterl. Verordnungen Albrechts zwischen seinen Söhnen, in Ansehung der gemachten Ländertheile, der Erbfolge, der Vormundschaft, der Versorgung der nicht regirenden Herren, der Ausstattung der Töchter u. s. w. wahre, auf alle seine Erben und Nachkommen verbindliche Haußgesetze. So haben die Paciscenten zu Gera, Magdeburg und Onolzbach die Sache angesehen und erklärt. Der ganze Innhalt dieser Haußgesetze spricht dafür. Besonders verdient eine Stelle des Geraischen Vertrags bemerkt zu werden worinn der Innhalt der Albrecht. Verordnung in Ansehung der gemachten Ländertheile und der Erbfolge kurz zusammengezogen wird. Nachdem nämlich solche pro pragmatica sanctione et lege publica erklärt worden war, so heißt es weiter:

„welche dann dieses Innhalts, daß, obwohlen Ihro hochselige Gnaden und Dero Gebrüdere gewilliget gehabt, daß Ihre Gnaden und Lbd. Lbd. Herr Vater Kurfürst Friedrich der erste, als primus acquirens in den Märckl. Landen zwey regierende Herrn, doch gleichwohl auf gewisse Maaß verordnet, so sollten doch hinführo, weilen nunmehr alle des ganzen Kur= und Fürstlichen Hauses Brandenburg, Land und Leut an Ihro hochseel. Gnaden allein kommen, und dieselbe deren einiger Regent und Herrscher worden, alle Mar-
kische

fische Land ohne einigen Unterschied zu ewigen Zeiten mit der Kur-Brandenburg unirt seyn und alle mit einander, darunter dann nicht weniger die neue Mark als andre Land begriffen, — — durch den Erstgebohrnen und ältesten Sohn, den Kurfürsten zu Brandenburg, als einen einzigen Herrn regiert werden. Im Fränkischen Fürstenthum aber haben Ihre Gnaden constituirt und versehen, daß zwoen regierende Herrn seyn sollen inmaßen daßelbe alles Ihrer Gnaden Verordnung weiter ausweißt.

Dieß ist also der = nun haußgesetzlich bestimmte Sinn der Albrechtischen Verordnung, bey welchem es nun zu ewigen Zeiten sein Verbleiben haben sollte.

4) Nach diesen Bestimmungen war es itzt gar nicht schwer diejenigen Fälle, die den Paciscenten am nächsten lagen, in Gemäsheit erwähnter Constitution zu entscheiden. Nämlich:

a) Die Ansprüche der nachgebohrnen Brüder des Kurfürsten auf den ihnen von ihrem Vater verschafften Ländertheil der Mark mußten als offenbar ungegründet angesehen und verworfen werden. Hingegen

b) erlangten sie auf den nahebevorstehenden Erlöschungsfall der Fürstl. regierenden Linie in Franken um so gegründetere eben dadurch schon anerkannte Ansprüche zur Regierungs Nachfolge in diesen Fürstenthümern. Denn da Albrecht die Fränk. Fürstenthümer nicht mit der Kur vereinigt, sondern in Ansehung derselben constituirt und versehen hat, daß zwey regierende Herrn seyn sollen, und es bey dieser Verordnung nun auch in Ansehung dieser Fürstenthümer auf ewige Zeiten sein Verbleiben haben sollen: so konnten dieselbe, da sie nach dem vorausgesehenen unbeerbten Todesfall

fall des Marggrafen Georg Friederich an die Kurlinie fallen mußten, nicht mit der Erstgeburt
derselben oder mit der derselben zustehenden Regierung der Kur und Mark Brandenburg vereinigt,
sondern sie mußten zween nachgebohrnen Gliedern
der Kurlinie und zwar denjenigen, welche das
nähere Erbfolge Recht daran hatten, mithin nicht
den nachgebohrnen Söhnen des Kurfürsten, sondern den beyden nach ältesten Brüdern desselben
zu Theil werden. Nur der Herzog in Preussen,
Markgraf Albrecht Friedrich hätte, ihnen im Wege stehen können, wenn er nicht aus dem = im Geraischen Vertrag angeführten Grunde (S. unten
§. 28.) ausgeschlossen worden wäre. Auf den
Fall, daß diese beyde Marggrafen den Tod Georg
Friedrichs nicht erleben sollten, mußten ihre ältesten männlichen Leibes = Erben eintretten und
erst nach gänzlicher Erldschung ihres Mannsstamms
konnte die Reihe an die jüngern Brüder der erwähnten beyden Marggrafen kommen. Wären
auch von diesen keine männliche Nachkommen
mehr vorhanden gewesen: so würde die Ordnung
die nachgebohrnen Söhne des Kurfürsten Joachim
Friedrich zur Regierungs Nachfolge in den Fränkischen Fürstenthümern gerufen haben, so, daß
immer die älteste nachgebohrne Linie die jüngere
ausgeschlossen haben würde. Und so haben die
Paciscenten die Sache in dem Geraischen Vertrage (in der §. 28. von dem Herrn Verfasser einge-
rückten Stelle) wirklich bestimmt.

Es ist also — die Kraft eines ewigen gültigen Haußgesetzes bey der Aebrecht. Verordnung
vorausgesetzt — so weit entfernt, daß der Kurfürst die beyden Fränk. Fürstenthümer mit der
Erstgeburt der Kurlinie hätte vereinigen können,

oder

oder daß die beyden Marggrafen Christian und
Joachim Ernst die Regierungs Nachfolge einer
willkührlichen und freywilligen Abtretung des Kurfürsten zu danken gehabt haben sollten, wie Herr
Dr. Waz die Sache so gerne vorstellen möchte,
daß sie vielmehr aus eigenem auf die Albrechtische
Verordnung, als ein ewiges Haußgesetz, sich
gründenden Recht dem Marggraf Georg Friederich nachfolgten.

Wie unzusammenhängend und widersprechend
würde es auch gewesen seyn, wenn er, der Kurfürst, welcher die fortdaurend verbindliche Kraft
der Albrechtischen Verordnung schon in Ansehung
der Disposition seines Vaters so standhaft behauptete, und mit seinem Vetter Georg Friederich für
nunmehro, hinführo und auf ewige Zeiten festsetzte, daß jener Verordnung von ihren Söhnen,
Brüdern und Vettern auch allen ihren Erben und
Nachkommen unverhindert gelebt und nachgesetzt
werden sollte, dieselbe selbst nicht hätte beobachten oder als verbindlich anerkennen wollen.
Nein! er sah es vielmehr als verbindliche Vorschrift jenes Haußgesetzes an, daß nach Marggrafen Georg Friedrichs Tod nicht er sondern seine beyden Brüder die Regierungsnachfolge erlangen müßten. Dieß sagt der ganze Innhalt des
Geraischen Vertrages von Anfang bis zu Ende.
Und damit stimmt auch der Onolzbachische Vertrag überein. Gleich im Eingang sagt der Kurfürst, daß zwischen ihm und Marggraf Georg
Friedrich zu Gera im Jahr 1598. die Nothdurft,
wie es von nun an und zu ewigen Zeiten in seinem
Kurhause solle gehalten werden, bedacht und zu
Papier gebracht worden sey, und daß man dabey
auf Kurfürsten Alberti Achillis Disposition alles
ge=

gegründet habe. Und am Schluß erklärt er aufs bündigste, daß er dem ganzen Innhalt dieses Vertrags stet, fest und unwiderruflich nachkommen, und insbesondere oftgedachten beyden Marggrafen Kraft des alt Väterlichen Herkommens und berührter Geraischer Verfassung das Burggrafthum Nürnberg, wie es am beständigsten seyn soll, überlassen haben wollte.

5) Mit allen diesen haben aber nun freylich die Paciscenten des Geraischen und des Onolzbachischen Vertrags zugleich auch auf alle künftige Zeiten durch Wort und That außer allen gegründeten Zweifel gesetzt, was in allen künftig etwa in Franken noch weiter erfolgenden Erlöschungs Fällen neuer = in jenen Fürstenthümern zur Regierung gelangender Linien für Erbfolge Grundsätze Statt finden müssen, wenn in der Kurlinie mehrere nicht regierende Agnaten vorhanden sind. Nichts kann klärer, nichts entschiedner seyn, als daß in jedem künftigen Fall, in welchem zwischen mehreren Agnaten des Kurhauses eben dieselben Verhältnisse eintreten würden, welche nach dem Tode Georg Friederichs vorhanden waren, nach dem Sinn und Willen der Paciscenten zu Gera, Magdeburg und Onolzbach auch eben dieselben Grundsätze statt finden müssen, nach welchen damahl die Erbfolge in Franken bestimmt wurde.

Die zu jeder Zeit regierende Kurlinie gewann ungemein viel bey diesem System. Sie konnte vermög der güldenen Bull nur in Ansehung der Kurlande auf Untheilbarkeit und ausschließliches Erbfolgerecht Anspruch machen. In Ansehung neu erworbener Länder aber, welche schon damahlen sehr beträchtlich waren, und noch weit ausgebreiteter wurden, hatten alle Agnaten gleiches Recht,

so=

so lange Albrechts Constitution nicht die Ausdehnung und Deutung erhielt, die ihr der Geraische und Onolzbachische Vertrag beylegte. Die nachgebohrnen Herren verlohren zwar eben dadurch sehr viel, indem der der Albrecht. Constitution beygelegte Sinn die Erstgeburts-Rechte auch auf die neuerworbenen und auf verschiedene künftig anfallende Länder ausdehnte. Sie brachten aber damit nur dem Flor ihres Haußes ein Opfer. Dagegen erlangte die gesammte Nachgeburt auf ewige Zeiten das gleichwohl immer noch sehr wichtige Recht, daß jederzeit die zwey nächst nachgebohrne Linien die Regierung der Fränk. Fürstenthümer haben, und deren Stelle, wenn solche erlöschen würden, immer wieder aus den nachgebohrnen Agnaten der Kurlinie ersetzt werden sollte; dahingegen die erfernten nachgebohrnen Branchen sich dem Ausspruch — der auch sicher jetzt nach dem Geraischen Vertrag keinen andern als diesen Sinn hat — unterwerfen müßten, daß nicht mehr als drey regierende Herren seyn sollen.

Nachdem ich hierdurch meine von Herrn Professor Baz bestrittene Meinung umständlich vorgelegt habe: so werde ich in der Folge um so weniger Ursache haben, die Aufmerksamkeit meiner Leser in Prüfung der gegenseitigen Meinung durch Noten zu unterbrechen.

§. 19.

Geraischer Vertrag.

Geschichte des Geraischen Vertrags.

Kurfürst Joachim I. hatte kurz vor seinem Ende unter 1555 seinen beyden Prinzen Joachim, der ihm in der Kur folgte, und Johann von Küstrin, unter den Marggrafen

fen der fünfte dieses Nahmens, eine letzte Willensverordnung errichtet, wornach jener die Alt-Mittel- und Uker-Mark, Prigniz, die Grafschaft Rupin, nebst der Kurwürde und der davon abhangenden Oberherrschaft über drey Bisthümer und zwo Grafschaften; dieser aber die Neumark nebst den Ländern Sternberg, Crossen, Cottbus, Peiz, und die Oberherrschaft über das Heermeisterthum und Sonneburg erhielt *). Diese Disposition war unstreitig dem Albrechtl. Haußgesetz zuwider r), das die Mark zu Brandenburg mit allen Landen und Zugehörungen, die dazu kommen und bracht seyn, dem Erstgebohrnen, als jedesmahligen Nachfolger in der Kur, zum ungetheilten Besitz und Regierung bestimmt hatte, und daher war Joachim sie anzuerkennen nicht schuldig. Der Gedanke aber, daß nach der ersten Theilung des Kurfürsten Friederich diese Lande unter dessen beyden Söhnen dieses Nahmens schon getheilt; daß die Neumark, Crossen und die Besitzungen in der Lausitz erst spätere Erwerbungen waren, und eine besondere Liebe gegen seinen Vater und Bruder waren vielleicht die Beweggründe, die ihn zu dieser Anerkennung vermochten.

Eine ähnliche wiewohl unerfüllt gebliebene Verordnung, wovon mir keine mehrere Umstände bekannt sind, machte auch Joachim II. **)

Sein

---

*) Samuel Buchholz Versuch einer Geschichte der Kur Brandenburg; Neue Geschichte III. Th. S. 331. folg.

**) Weder Pauli in seiner allgem. Preuß. Staatsgeschichte noch Buchholz gedenken derselben; der Geraische Vertrag aber
sagt

Sein Sohn und Kurfolger Johann Georg, der mit seiner dritten Gemahlin Elisabeth aus dem Anhalt. Hauße sieben Söhne erzeugte, war dem ältesten, Christian, vorzüglich geneigt, und wollte ihn auf Kosten des aus seiner ersten Ehe mit Sophie von Ligniz entsprossenen Kronprinzen, Joachim Friederich, die Neumark nebst Crossen und Cottbus zuwenden, so wie Johann von Cüstrin, nach dessen beerbten Tod sie wieder an die Kurlande gefallen war, sie inne gehabt hatte. Dahin ging ausdrücklich sein letzter Wille, worinne er auch noch seiner Gemahlin Witthum vergrösserte, und gegen die Vorschrift Albrechts*), dem damahls noch unmündigen Christian einen Vormund aus einem andern Hauße setzte.

1396

r) Nichts weniger, wenn man die Sache nach dem wirklichen wahren Sinn der Albrecht. Constitution beurtheilt. Vielmehr wird man eben diese Verordnung des Kurfürsten Joachims I. und die unweigerliche Anerkennung derselben von seinem Sohn Joachim II. und dem ganzen Brandenburgischen Hauße als einen Beweiß des Gegentheils ansehen und annehmen dürfen, daß, wenn nach dem wahren Sinn der Albrechtischen Constitution Joachim diese Befuguiß nicht gehabt hätte, er sich derselben auch nicht bedient ha-

F 2

---

sagt ausdrücklich, dann Kurfürst Ioachimi secundi Verordnung niemalen zu Werk gerichtet worden, auch nur ex certo capite geschehen, wie der Buchstaben ausweiset."

*) Ob der obgenannten Unsrer wehrentlicher Sohn einer stürbe und unmündige Kinder hinter ihm verlassen würde, so sollen seine wehrentliche Brüder derselben Kinder Vormünder seyn.

haben würde. Zuverläßig hatte Albrecht die von seinem Vater Friederich I. gemachte Theilung vor Augen und im Angedenken, als er seine Theilung entwarf, und über den künftigen Wohlstand seines Haußes dachte. Es wäre also unverzeihliche Nachläßigkeit, daß er ähnliche Theilungen unter den Nachkommen seines ältesten Sohnes nicht ausdrücklich bestimmt und deutlich untersagt hat, wenn er die Absicht hatte, daß die sämmtlichen Märkischen Lande ewig unzertrennt und in dem ungetheilten Besitz des Erstgebohrnen, als jedesmaligen Nachfolgers in der Kur, bleiben sollten. Davon findet sich aber in diesem ganzen Haußgesetz keine Spur, zum klaren Beweiß, daß Albrecht nicht daran dachte, eine solche Verordnung zu machen. Joachims I. Verordnung war also gar nicht Haußgesetzwidrig. Und das war wohl der einzige wahre Grund, warum weder Joachim der II. noch die übrigen Glieder des Haußes sich derselben entgegen setzten. (Man vergleich hiemit oben die Note l.) Wie man aber durch den Geraischen und Onolzbacher Vertrag das Albrecht. Haußgesetz verstanden und erklärt und nach solcher Erklärung Vertragsmäßig zu einem ewigen Haußgesetz gemacht habe, das habe ich in der vorgehenden Note bemerkt.

§. 20.

Fortsetzung.

Joachim Friedrich konnte bey den beträchtlichen Schulden, die damahls Kurbrandenburg drückten, eine solche Zertheilung der Lande nicht gleichgültig seyn; Er nahm also die väterliche Verordnung nicht an, und setzte sich

ſich ihr mit Nachdruck entgegen; Allein weder dieß noch die einſtimmige Meinung derer, welche Kurfürſt Johann Georg von Ritterſchaft, Räthen und Ständen über ſein Vorhaben zu Rathe zog *), vermochten ſeinen Willen zu ändern; Er legte ihn vielmehr, wiewohl verſchloſſen**), dem Kaiſer Rudolph vor, und erhielt deſſen Beſtättigung. Nach dem Tode ſeines Vaters berief der Kurfürſt Joachim Friedrich die Landſtände und erklärte ihnen, daß er die väterliche Verfügung nicht annehmen, noch zugeben könnte, daß ſeine Brüder einen andern Vormund als ihn hätten. Die Stände ließen ſich hierauf, als auf eine bloſe Familienſache, wie ſie ſagten, nicht ein, nur der Adel rieth in ſeiner Antwort dem Kurfürſten,

1598

---

*) Weil ſonderlich alle diejenigen, ſo von Ihrer Gn. in dieſem Werk von Ritterſchaft, Räthen und Ständen der Chur-Brandenburg in groſer Anzahl zu Rath gezogen, einmüthig und einhellig dahin geſchloſſen, und ſolchen Schluß Ihrer Gn. in Schriften unter ihrer eigenen Hand Subſcription übergeben haben, wie kein Exempel zu finden, daß ohne Willen der Sachen in Unſerm Hauſe in contrarium wäre diſponiret worden, daß auch ohne Unſern, als des älteſten, Conſens nichts beſtändiges zu verordnen". (Ger. Vertr.)

**) Die Politik des Kaiſerl. Hofs war damahls in Vergleichung mit der heutigen freylich etwas nachläßig, wie in der t. Staatskanzley S. 177. not. b) bemerkt wird. Doch berief ſich Joh. Georg ohne Zweifel darauf, daß J. Friederich III. ſchon 1473 alle künftige von Albrechts Nachkommen noch aufzurichtende Verordnungen voraus confirmirt habe, und K. Rudolph handelte doch nicht ganz ohne Politik, indem er die Beſtättigung nur mit der ausdrückl. Clauſul ſalvo jure tertii gab, die ſich dazumahl noch nicht wie heut zu Tag ſtillſchweigend verſtand, und die vielleicht erſt ſeit der Zeit aufkam.

sten, seinen Vetter den Markgraf Georg Friedrich, der schon vorher zwischen Vater und Sohn einen Vergleich versucht hatte, zum Mittler zu wählen. Dieß geschah auch, und diese beyde damahls allein regierende Herren im Brandenburgischen Hauße sandten noch in eben dem Jahre ihre Räthe nach Gera, um einen auf die Albrechtische Verordnung gebauten Aufsatz zu einen Vergleich und Familiengesetz zu machen. Bey einer persönlichen
1599 Zusammenkunft zu Magdeburg legte man ihnen denselben vor, er erhielt ihren wechselseitigen Beyfall, und sie bekräftigten ihn durch Siegel und Unterschrift *).

§. 21.

Fortsetzung.

Prinz Christian, den man zu dem zu Gera entworfenen und zu Magdeburg abgeschlossenen Vertrag nicht zuzog, und dem sein Innhalt noch unbekannt war s), protestirte nicht nur gegen denselben, sondern gegen alle von dem Kurfürsten in der Neumark gemachte Vorkehrungen, wie auch gegen die mit Pommern erneuerte Erbverbrüderung, suchte diese zu hintertreiben, und die Neufränkische Stände von der ihm nachtheiligen Erbhuldigung abzuhalten.

Bald darauf starb Georg Friederich, der letzte Bran-
1603 denburgische Fürst aus der ältern Fränkischen Linie, zu Anspach. Nach Albrechts Gesetz mußte sein Land an die Kurlinie fallen, und Joachim Friederich wäre Allein-Herrscher-

---

*) Buchholz S. 511. folg. Pauli S. 368.

ſcher der Brandenburgiſchen Lande geworden (§. 12) t) Um aber die Unzertrennlichkeit der Kurlande nebſt der davon abhangenden Hoheit, Glanz und Würde des Kurhaußes *), und die Vereinigung der ſeit Achilles erworbenen und noch zu erwerbenden Beſitzungen mit derſelben für jetzt und für die Zukunft zu ſichern; um Chriſtian von ſeinen auf das väterliche Teſtament gegründeten Anſprüchen an die Neumark ꝛc. abſtehen zu machen, und Friede und Einigkeit in dem Hauße herzuſtellen und zu befeſtigen; um möglichen neuen Forderungen ſeiner übrigen Brüder oder auch Söhne auszuweichen und zu verhindern, damit ſie dieſelben nicht mit den angeführten letzten Willensverordnungen ihrer Ahnherren rechtfertigen könnten **); aus dieſen Gründen, zu denen auch bringen-

F 4   de

---

*) Wie dann auch Kurfürſt Alberti Verordnung unter anderm mitbringt, daß alle Landſchaften und andere Herrlichkeiten der Kur Brandenburg vereint und einverleibt ſeyn und bleiben ſollen. Dahero dann nicht unzeitig, was ſowohl dieß falls als durch die Stifter vor Beſſerung erfolgt ſeyn mag, niemand als dem regierenden Kurfürſten gebührte, ſonderlich weil auch die onera, ſo ein Kurfürſt tragen muß, gröſſer worden, und dem ganzen Kurfürſtlichen Hauß daran zum höchſten gelegen, daß der Kurſtand bey ſeiner Reputation, Hoheit und Würde erhalten, und der jedesmahl regierende Kurfürſt ſolchen ſeinen hohen Stand nicht weniger als andere Kurfürſten der Nothdurft nach führen, welches aber bey Zertheilung und vornehmlich, da ohne das die Kur Brandenburg mit groſſer unträglicher Schuldenlaſt beſchweret iſt ꝛc.

*) So haben wir nicht unzeitig erwogen, allen künftigen Irrungen, ſo etwa aus Kurfürſt Joachimi primi et ſecundi willkührlichen Vergleichungen und weil. des Kurfürſt Johann Georg Vernehmen nicht allein jetzo unter unſern freundlich

ge

de Vorstellungen von Georg Friederich, der viel über den Kurfürst vermochte, gekommen seyn mögen, entschloß sich letzterer zu Unterzeichnung des Geraischen Vertrags und zu der darinn enthaltenen Abtrettung der ihm auf den Todesfall des Marggrafen angefallenen Fränkischen Fürstenthümer an seine beyden Halbbrüder Christian und Joachim Ernst.

s) Nach dem Eingang des Onolzbachischen Vertrages ist der zu Gera entworfene Vertrag noch in eben demselben Jahre nähmlich am 29. April 1599 den beyden Brüdern mitgetheilt worden.

t) Wie? Nach Albrechts Verordnung mußte sein Land an die Kurlinie fallen, und Joachim Friederich wäre Allein Herrscher der Brandenburgischen Lande geworden, und doch soll der Geraische Vertrag, vermög dessen sie nicht an den regierenden Herrn der Kurlinie fiel, sondern durch dessen zween nachgebohrne Brüder zwey neue Fürstliche regierende Linien gestiftet wurden, nach dem eigenen Urtheil des Herrn Verf. (§. 20) auf die Albrechtische Verordnung gebaut seyn? Wie ich die Sache ansehe, darüber habe ich mich theils schon erklärt, theils wird es in der Folge noch geschehen.

§. 22.

---

geliebten Brüdern und Söhnen, sondern auch inskünftge zu Abfall und gänzlicher Ruinirung unsers Haußes entstehen könnten, vorzubauen, und es dahin zu richten, daß es bey Kurfürst Alberti Achillis Verordnung sowohl in der Kur Brandenburg als Franken, von nun an zu ewigen Zeiten verbleiben solle.

§. 22.

Vertrag des Kurfürsten mit seinen Brüdern.

Zwischen diesen und den Kurfürsten, welche miteinander dem Leichenbegängniß Georg Friedrichs zu Anspach beywohnten, kam nun am 11. Jun. 1603 ein von dem Kurfürsten und ihnen, dann seinen zwey ältesten Söhnen, Johann Sigmund und Johann Georg, und dem Fürst Christian zu Anhalt unterzeichneter Vergleich zu Stande, worinnen die Marggrafen Christian und Joachim Ernst den Geraischen Vertrag unbedingt annehmen, dagegen aber allen Ansprüchen aus dem Testament des Kurfürsten Johann Georgs feyerlich entsagten *). Jener erhielt durch das Loos das Fürstenthum oberhalb Gebürgs, und ward der Stifter der Bayreuthischen, dieser das Fürstenthum unterhalb Gebürgs und stiftete die Ansbachische Linie.

§. 23.

Vorläufige Folgerung.

a) Aus der Geschichte des Vertrags.

Schon hieraus u) scheint zu erhellen, daß die Brüder des Kurfürsten Joachim Friederich vor dem Geraischen

---

*) Und obwohl Wir beyde Gebrüder und Wir Markgraf Christian insonderheit auf dato die Neumark angesprochen, daß Wir uns doch derselben Ansprach hiemit wirklich und gänzlichen aus wohlbedachtem Gemüth und rechter Wissenschaft auch angedeuteten Ursachen verziehen und begeben haben.

Diesen Geraischen Vertrag nebst der denselben bestättigten Vergleichs-Handlung s. in der gründl. Nachricht vom Kraisausschreibamt absonderl. in Franken. Leipzig 1741.

schen Vertrag die Vereinigung der beyden Markgrafschaften mit der Kur nach dem Tod Georg Friederichs weder bezweifelten, noch aus der Albrechtischen Haußsatzung auf den Besitz und die Regierung dieser Lande ein gegründetes Recht zu haben glaubten, eben so wenig, als der Kurfürst sich verpflichtet hielt, dieselbe an sie zu überlassen. Es läßt sich kaum denken, daß sie beyde und insbesondere Marggraf Christian den aus der väterlichen Willensverordnung angesprochenen Ländern so bereitwillig und ohne alle Widerrede entsagt hätten, wenn sie in jene ex pacto et providentia majorum succedirt wären, und daß sie sich über das, was in diesem Fall gar kein Vergleichs-Gegenstand war, sollten verglichen haben v).

u) Ich suche die Prämissen zu diesem Schlusse vergeblich.

v) Nach dem wahren Sinn der Albrechtischen Constitution mußten diese beyden Markgrafen es noch als sehr zweifelhaft ansehen, ob sie eine gegründete Ansprache an die ausschließliche Erbfolge in den Fränkischen Fürstenthümern haben. Der Buchstabe dieser Constitution gewährte ihnen solche gar nicht. Daß nach der Analogie derselben auch dieser Fall zu entscheiden gewesen wäre, und ihnen also aus diesem Grunde die Erbfolge ausschließlich hätte zufallen müssen, das würden sie schwerlich durchgesetzt haben. Nur alsdann kann die Analogie einer solchen eingeschränkten Verordnung fortdaurende Entscheidungs-Norm werden, wenn sie durch ausdrückliche Familien-Gesetze, wie hier durch den Geraischen und Onolzbachischen Vertrag, oder durch ein unwidersprechliches Herkommen des Haußes dazu erhoben wird. Nach der allgemeinen teutschen Erbfolge-Ordnung aber, welche

bey

bey dem Mangel einer besondern Haußgesetzlichen Norm hätte eintretten müssen, hätten weder sie noch der Kurfürst ein ausschließliches Erbfolgerecht ansprechen können, sondern sie und ihre sämmtlichen Brüder würden nach solcher gleiches Erbfolgerecht gehabt haben. Die zu Gera aufgestellte Theorie von der fortdaurend verbindlichen Kraft der Albrechtischen Constitution mußte ihnen also nicht nur sehr erwünscht seyn, sondern sie konnten auch ihre Ansprüche auf die neue Mark gar wohl dagegen aufgeben.

§. 24.

b) Aus dem Vertrag und der Vergleichshandlung.

Dieser Satz fließt aber auch theils aus dem Geraischen Vertrag, worinn der Kurfürst mit dem Markgrafen Georg Friederich, wegen der seinen beyden Brüdern nach dessen Tod in den Fürstenthümern zu überlassenden Erbfolge übereingekommen ist, und sie denselben durch seine Einwilligung erst verschafft hat, theils aus der Vergleichs- und Acceptations-Handlung des Kurfürsten und seiner Brüder, wo es heißt:

„Dahero Sr. Lbd. und Gn. hinterlassene Land und Leut des Burggrafthums zu Nürnberg unter und oberhalb Geburgs sich an — Unser hochlöblich Hauß Brandenburg erlediget w). Daß Wir Uns nach genugsamen Bedacht durch Unterhandlung — — Unsrer freundlich geliebten Söhne — — Herrn Johannes Sigismundi, Herrn Johann Georgen und Herrn Christiani, Fürsten zu Anhalt — aller Irrungen gänzlichen und zu Grund verglichen und vertragen ꝛc. Wir der Kurfürst wollen —

Mark-

Markgraf Christians und Markgraf Joachim Ernsts Lbd. Lbd. —— — das Burggrafthum Nürnberg und die darinn begriffene Lande unter und oberhalb Gebürgs, sammt allen ihren Pertinentien, Ein- und Zugehörungen, allermassen sie Unser in Gott ruhender Vetter innen gehabt, hiemit wie es am beständigsten geschehen soll, überlassen haben x). Ihro Lbd. Lbd. sollen dieselbe vor (statt) Uns und Unsere männliche eheliche Leibes-Lehens-Erben y) ohne Unser und der Unsrigen, wie auch derselbigen Nachkommen einige Verhinderung geruhiglich nützen und gebrauchen. Dagegen versprechen und zusagen Wir Markgraf Christian und Markgraf Joachim Ernst, daß Wir ebenmäßig schuldig seyn sollen und wollen, allen denselben fürstlich nachzuleben, immassen Wir dann dasselbige alles hiemit bey Fürstlichen Ehren, Treuen und Glauben wollen beliebt, acceptirt und angenommen haben."

w) In allweg; aber nicht an die Erstgeburt desselben. Zu dem hochlöblichen Hauß Brandenburg, an welches Land und Leut des Burggrafthums Nürnberg erledigt worden, gehörten die zween jüngern Brüder so gut, als ihr erstgebohrner Bruder. Dieser sagt in dem ganzen Vertrag nirgend, daß dieselbe ihm erblich zugefallen seyen.

x) Möchte doch der Herr Verf. die zum Beweis ausgehobenen Stellen immer unmangelhaft und in ihrem Zusammenhang vorgelegt haben! Diese Stelle lautet so:

„Wir wollen auch allem denjenigen (was der Geraische Vertrag enthält) stet, fest, fürstlicher, un-
wi-

widerruflich und ernstlich nachkommen, und insonderheit Marggraf Christian und Marggraf Joachim Ernst Lbd. Lbd. Kraft des altväterlichen Herkommens und berührter Geraischer Verfassung das Burggrafthum Nürnberg und die darinn begriffene Lande — — überlassen haben u. s. w." Also Kraft des Geraischen Vertrags — worinn, wie der Kurfürst im Eingang sagt, auf Kurfürst Alberti Achillis hochlöblichen Gedächtniß Disposition alles gegründet — und vermög des altväterlichen Herkommens überließ der Kurfürst seinen Brüdern die Fränkischen Fürstenthümer, nicht aus freyer Willkühr, wie der Herr Verf. es vorzustellen sucht. Und dieß mußte er thun, sobald er Albrechts Verordnung als ein ewiges Haußgesetz ansah. Wenn der Herr Prof. Baz die Sache aus diesem Gesichtspunkt in Erwägung zieht, wird er auch nicht mehr in Versuchung stehen, der folgenden Stelle die Deutung zu geben, als ob die neue Regenten der Fränkischen Fürstenthümer solche statt der Kurfürsten besitzen sollen. Vergl. folgende Note.

y) Wahrscheinlich ist diese Stelle in dem Original so gefaßt:

„vor (ante) uns und unsern männlichen ehelichen Leibes-Lehens-Erben"

und wollen alsdann so viel sagen, daß die zween jüngern Brüder mit Ausschließung des Kurfürsten und seiner Linie in den Fränkischen Fürstenthümern succediren sollen.

§. 25.

§. 25.

Innhalt des Geraischen Haußvertrags.

a) **Er wiederhohlt und bestättigt Albrechts Verordnung.**

Was nun den Innhalt dieses Familien-Gesetzes betrifft, so wird darinn die Albrechtische Verordnung, die dem ganzen Geraischen Vertrag zur Grundlage dient, wiederhohlt und bestättigt. Was also in jener von deren Zweck, nähmlich dem Glanz, der Würde und Hoheit des Haußes, der mit der Schwächung und Zertheilung der Lande nicht bestehen kann, gesagt ist, findet sich auch hier:

„Daß die Menschen — je tapferer dieselbe ihrem Herkommen nach geartet — sich und die ihres Nahmens, Standes und Schildes bey ihnen — durch sich selbst erlangten oder durch ihre Voreltern, auf sie gestammte Hoheit, Dignität und Würde fort und fort — erhalten und zu noch weitern Aufnehmen mehr Gelegenheit an die Hand bringen, insonderheit aber allen künftigen Abfall und Verringerung solches ihres hohen Standes, und das entweder mit Schwächung oder Zertheilung ihrer Güter und Vermögens, dadurch die Hoheit und Würde eines Geschlechts nicht erhalten werden könne, oder in andere Wege darzu Anlaß und Ursach geben könnte, verhüten mögen, welcher angebohrnen Affektion nach, zu Erhaltung und Aufnehmung Königl. Kurfürstl. und anderer Häußer, auch die eingepflanzte Liebe der Eltern gegen Kinder, wenn sie gleich gerne anders setzen und verordnen wollten, offtermahls restringirt und eingezogen

gen werden muß. — Derowegen weil jetziger Zeit die Läufte nicht gelinder, sondern beschwerlicher werden, und um soviel mehr dahin sorgfältig zu sehen, damit Unser Hauß bey ohnedieß obliegenden schweren Sachen und Geschäften — nicht in Abfall kommen möge; So haben Wir in alle Weeg einmüthig dafür geachtet, des Kurfürst Alberti Achillis Verordnung — von nun an zu ewigen Zeiten zu halten."

Was in jener über die Theilung und Regierung des ganzen Brandenburgischen Haußes, über die Vereinigung der Länder jenes einzelnen Haupttheils und insbesondere sämmtlicher Märkischen Lande mit der Kur zu einem Ganzen; über die Erbfolge in der Kur und den beyden Fürstenthümern zu Franken und auf dem Gebürg verordnet worden, wird gleichfalls in diesem erneuert, gelegenheitlich auch der von dem Vater, Grosvater und Urgrosvater Joachim Friederichs errichteten Verordnungen und Zertheilung der Märkischen Lande Erwähnung gethan *),

die-

---

*) Und obwohl Unser des Kurf. in Gott ruhender Elter und Groß=Herr Vater, Jachimus primus et secundus etlichermaßen von Kurfürst Alberti Verordnung abgeschritten, so haben Ihrer doch Gn. Gn. Lbd. Lbd. beyderseits dieselbe in effectu confirmirt und bestättiget indem Kurfürst Jachimus primus selbst gesetzt, daß es also zu ewigen Zeiten soll gehalten werden; Kurfürst Joachimus secundus aber hat nicht allein solche des Herrn Großvaters und Vaters Willen wiederhohlet, sondern auch selbst gestanden, daß solche hochbetheuerte an rechtgeschwornen Eidesstatt angelobte väterliche Verträge allwege in ihrem Werth und Bestand vestiglich und unverrückt bleiben, und denselben hierdurch (durch Ihr Gn. mit Dero Söhnen willkührlich getroffene Vergleichung) nichts benommen werden solle. Es ist auch nicht allein in

Jh-

diese als Abweichung von der Albrechtischen erklärt und behauptet, daß dergleichen Verordnungen und willkühr-liche Vergleichungen ohne Einwilligung der Interessenten nicht bestehen, den Nachkommen nie nachtheilig sind, noch sie verbinden können, nicht dagegen zu han-deln **).

§. 26.

b) Er erstreckt sie auf neu erworbene Länder und Rechte.

Ferner verordnet der Geraische Vertrag, daß das Albrechtische Gesetz wegen der Unzertrennlichkeit der Mär-kischen Lande von der Kur auch von den seither erworbe-nen Landen, Anwartschaften und Meliorationen zu ver-stehen, und darauf auszudehnen sey;

„Daß auch alle die Land, Städt und Schlösser mit ihrer aller und jeden Ehren, Würden, Nutzen, Renten, Pachten, Zinnsen, Gülden, Herrlichkeit und Pertinentien die zu der Mark Brandenburg kom-men und bracht seyn, sammt dem Herzogthum Cros-sen

---

Ihrer Gn. Verordnung, sondern auch in derselben, so von Unserm des Kurfürsten Herrn Vater löblichen Gedächtniß vorgenommen werden wollen, die Besserung der Kur Bran-denburg vor die Ursache berührter Aenderung präsuppo-nirt."

**) Denn es ist Ihr Gn. und Lbd. beyderseits geschehene und vorgenommene Veränderung mit gutem Wissen und Willen der Söhne, wie erwähnet, zugegangen, und weil es in derselben Willen und Willkühr gestanden, und sonsten von niemand widersprochen worden, hat zwar solche willkührliche Verwilligung illis consentientibus, sed non posteritati können präjudiciren, daß sie darwider nichts haben handeln mögen."

sen und allen erlangten Anwartungen nachfolgender Fürstenthümer, als Pommern, Mecklenburg, Hollstein, Anhalt, Braunschweig, Lünneburg und dergleichen, welche zuvor zum Theil von der Kur Brandenburg zu Lehn gangen, vor einen Theil zustehen und bleiben sollen. —— —— Dahero dann nicht unzeitig, was sowohl durch die Landschaften als durch die Stifter vor Besserung erfolgt seyn mag, niemand als dem regierenden Kurfürsten gebühret.

§. 27.

c) Er enthält mancherley neue Verordnungen.

Er zeichnet sich auch durch verschiedene neue und schöne Satzungen aus. Nach ihn soll die Evangelisch-lutherische Lehre in den Brandenburgischen Landen rein erhalten, „die Justiz männiglichen gleichmässig administrirt, die Reverse den Landschaften gegeben, die getreue gehorsame Unterthanen, die allbereits bey der Herrschaft gar viel gethan, mit neuen Auflagen nicht beschweret, und bey ihren Freyheiten und alten Herkommen gelassen, geschützt und gehandhabt werden;“ von den berührten anwartenden Fürstenthümern, da eines oder mehrere künftig an die Kur Brandenburg kommen, soll einem jeden der andern Fürsten und Marggrafen zu Brandenburg, die mit gewissen Landen, Leuten oder Stiftern nicht versehen, und doch ihres Unterhalts und Deputatshalben auf die Kur und Mark Brandenburg, gewiesen sind, eine leibliche erträgliche Erstattung geschehen, Pommern und Mecklenburg ausgenommen, die ohne einige Erstattung dem jedesmahl regierenden Kurfürsten vorausblei-

G

bleiben." Das Herzogthum Preußen soll nach dem Tod des blödsinnigen Herzogs Albrecht Friederich und wenn derselbe keine männliche Erben nachließe, dem Kurfürsten Joachim Friedrich oder dessen ältesten Sohn, und wenn dieser und seine Erben nicht mehr wären, dem jedesmahligen Kurfolger zufallen, und das Herzogthum Jägerndorf stets bey dem männlichen Stamm der Kurlinie bleiben.

Ausserdem macht sich noch der Kurfürst gegen seine beyden Brüder für sich, seinen Kurprinzen und alle Kurfolger verbindlich, einen seiner übrigen fünf Brüder statt des Deputats zu dem Großmeisterthum zu befördern, und zwey andern, so lange dieselbe mit gewissen Landen und Stiftern nicht versehen, nach zurückgelegtem achtzehnjährigen Alter, so wie seinen eigenen Söhnen und Nachkommen in der Mark, aus den Einkünften der Kurlande jährlich 6000 Thaler zu reichen, auch seine Töchter und Schwestern standesmäßig zu unterhalten, und mit 20000 fl. Dagegen aber verpflichten sich seine beyde Brüder für sich und ihre Nachfolger in den Marggräflichen Landen, nicht nur für die Unterhaltung und das Deputat ihrer Söhne, für ihrer Töchter Ausfertigung und das jeder zu reichende Heurathgut von 12000 fl. zu sorgen, sondern versprechen auch

"weil damahls der jungen Herrn, so in der Kur und Mark Brandenburg mit dem Deputat zu versehen sind, aus göttlichem mildreichem Seegen eine ziemliche Anzahl vorhanden war,"

und der Unterhalt Aller dem Kurfürsten zu schwer fiel, ihre zwey jüngste Brüder mit achtzehn Jahren zu sich zu nehmen und fürstlich zu unterhalten. §. 28.

§. 28.

Wovon die merkwürdigsten sind.

a) Von der Erbfolge.

Die zu meinem Zweck wichtigsten Verordnungen des Geraischen Vertrages aber sind die, welche die Erbfolge, wie es nähmlich nach dem Tod des Kurfürsten und des Marggrafen Georg Friederich in gesammten Landen des Brandenburgischen Haußes zu halten sey, und dann den, von jedem Prinzen, der zur Regierung oder dem ausgesetzten Deputat gelanget, zu leistenden Revers betreffen. In der ersten:

„Nach Unserem eines oder des andern Tod aber, sezzen, ordnen und wollen Wir, daß es damit nachfolgendergestalt unterschiedlich gehalten werden solle:"

„Nähmlichen wenn Wir Joachim Friederich — Churfürst ꝛc. mit Tod abgingen, daß alsdann Unserem ältesten eheleiblichen Sohn, Marggraf Johann Sigismunden und seinen männlichen ehelichen Leibes-Erben absteigender Linie — — oder in Mangel derselben dem andern Unserm ältesten Sohn, und also in Ewigkeit der gülbenen Bulla nach, allwegen dem Kurfürst die Mark und Kur Brandenburg wie die in Unseren Kreißen begriffen, sowohl die Alte- Mittel- Uker- und Neu-Mark, als auch die Prignitz, Grafschaft Rupin, Land zu Sterneberg ꝛc. wie ingleichen die Bisthümer Brandenburg, Havelberg, Cotbus (es würden dann dieselbe zu Unserer jüngern Söhne Deputat gebraucht) mit allen ihren Landen —

vor einen Theil zustehen und bleiben sollen; "Hergegen was Uns Marggraf Georg Friederich zu Brandenburg berührt, nachdem des —— Herrn Albrecht Friederichen, Marggrafen zu Brandenburg, in Preußen ꝛc. Herzogs ꝛc. von Weiland Kaiser Maximiliano secundo erlangte Restitution und derselben Erklärung unter andern vermag, und in sich hält, daß S. L. auf den äußersten Fall, und wofern nach aller jetzt lebender Marggrafen tödtlichen Abgang keine männliche Leibes-Lehens-Erben mehr vorhanden seyn würden, alsdann und eher nicht zu Ihren verlassenen Reichslehen und Regalien die gesammte Hand und Lehensfolge gestattet werden soll, alles fernern Innhalts angeregter kaiserlichen Erklärung zu Praga vom 29. May 1571 datirt, so sollen, wenn Wir —— künftig —— ohne männliche Leibes lebendiger Erben verstürben, Unsere Fürstenthum und Lande des Burggrafthums zu Nürnberg unter und oberhalb des Gebürgs mit —— aller seiner Zugehörung geistlicher und weltlicher, mit allen Ehren, Würden, Nutzungen, Rechten, Zinnßen, Gülden, allermassen wie wir dasselbe als Reichslehen innen gehabt nichts ausgenommen, Unsern des Kurfürsten freundlichen lieben Brüdern und Unsern Vettern, nähmlich Marggraf Christian und Marggraf Joachim Ernsten, oder da sie Unsern Tod nicht erleben, ihren jedes ältesten männlichen ehelichen Leibes-Erben absteigender Linie, oder in Mangel derselben, den andern ihren nächsten Brüder- und Lehensagnaten hienach folgen und zugehen, also und dergestalt, daß in solchem

chem Unserm Fürstenthum des Burggrafthums zu Nürnberg den Altväterlichen Verträgen und sonderlich Kurfürst Alberti oberwähnter Disposition nach jedesmahl mehr nicht, als zwey regierende Herren seyn, welche dasselbe Unser Fürstenthum sammt allen innhabenden geistlichen Gütern, Stiften und Klöstern durchs Loos auf zween gleiche Theil unter sich theilen, und welches Theil ihr jeden durch das Loos zufällt, er solches vor seinen Theil unweicherlichen annehmen, innen haben und behalten solle, ohne männiglichs Einrede oder Verhinderung; doch sollen alle Bergwerke —— auch das Kaiserliche Landgericht des Burggrafthums Nürnberg, nächstgedachten Unsern zweyen freundlich lieben Vettern —— oder derselben männlichen ehelichen Leibes-Erben oder Gebrüdern wie obgemelt, so dieselbe zwey Theil in Franken und Gebürge innen haben werden, und ihren männlichen Leibes-Lehens-Erben gleich zustehen, auf daß sie dieselben neben ihren Landen und Leuten desto baß handhaben, schützen, schirmen und erhalten mögen rc."
willigte der Kurfürst aus den oben angeführten Ursachen (§. 21) und nur auf erhaltene Zusicherung der Herzogthümer Preußen und Jägerndorf und gegen Entledigung der Verbindlichkeit, seine zwey jüngsten Brüder zu versorgen, in die Ueberlassung der Fürstenthümer des Burggrafthums an seine Brüder ein. Die dabey bezweckte Hauptabsicht, Ruhe und Einigkeit herzustellen, das Ansehen und die Hoheit des Kurhauses zu erhalten, und einer sonst fast unvermeidlichen Theilung und Zersplitterung der Kurlande kräftig zu begegnen, wurde auch glücklich erreicht.

§. 29.

§. 29.

b) Von dem Revers.

In der zwoten, die den Revers enthält:

„Wir von Gottes Gnaden N. N. Marggraf zu Brandenburg, in Preußen ꝛc. Herzog ꝛc. hiermit vor Uns, Unsere Erben und Nachkommen öffentlich urkunden und bekennen, nachdem weiland unser Elter und Anherr Churfürst Albertus Achilles Germanicus — 1473 eine Verordnung gemacht, welche auch von Kaiser Friederichen dem Dritten im offenem Reichstag confirmirt und bestättigt ist, wie es in Unserem Kur- und Fürstlichen Hauße mit der Succession und sonsten von nun an zu ewigen Zeiten gehalten werden solle, und darauf — Herr Joachim Friedrich des H. R. Reichs Erzkämmerer und Kurfürst und Herr Georg Friedrich — sothane Ihrer Gn. hochvernünftge Verordnung erkläret, erneuert, wiederholet und bestättiget, deren Innhalt Wir dann nicht allein genugsam berichtet — so gereden geloben und versprechen wir aus rechter guter Wissenschafft und eigener Bewegniß, in Betrachtung, daß solches alles unserm ganzen Hauße und zu desselben Erhaltung vernünftig, treulich und wohlgemeint ist von Uns ꝛc. — solche Ordnungen und wie Ihre Gnaden und Lbd. — dieselbe erkläret ꝛc. zu halten — Und ob jemand darwider seyn oder thun wollte, so wollen Wir dagegen bey Unsern freundlich lieben Brüdern und Vettern, dem Kurfürsten und Marggrafen zu Brandenburg, so Kurfürst Alberti Ver-

orb.

ordnungen und Unsers Herrn Vettern, Bruder und Vettern Erklärungen nachleben, getreulich vertretten, und mit Landen, Leuten und allem Unserem Vermögen ernstlich bey einander stehen und halten, ohne einige Exception, wie die Nahmen haben mögen, alles getreulich und ungefährlich,"
macht sich jeder Marggraf für sich, seine Erben, Stamm- und Nachkommen an eines rechten geschwornen Eidesstatt, voraus verbindlich, die von dem Kurfürsten und dem Marggrafen erklärte, erneuerte, wiederhohlte und bestättigte Verordnung seines Ahnherrn, Albertus Achilles, so wie sie von diesem erklärt worden, in allen Stücken, Punkten, Artikeln und Innhaltungen stets fest und unverbrüchlich zu halten."
Dieser Revers nebst folgenden Stellen:
„So haben Wir in alle Weege einmüthig dafür geachtet, daß Kurfürst Alberti Achilles Verordnung, welche auch Kaiser Friedrich der dritte auf den Reichstag in aller Stände Versammlung mit derselben Vorwissen, Bewilligung und Vollwort confirmirt hat, wie ingleichen mit Vorbewußt, Confens und Vollwort Ihrer Gn. Söhne gemacht ist, vor Uns und Unsern Nachkommen von nun an zu ewigen Zeiten zu halten, wie dann dieselbe pro pacto, statuto familiae, quod transit in formam contractus, ja weil dieselbige dergestalt, wie angezogen, confirmirt, pro pragmatica sanctione et lege publica zu achten. Da wir vigore und nach Innhalt Churfürst Alberti hochvernünftiger und anderer Verordnung und Union der ganzen

Kur Brandenburg und darzu gehörigen Land und Leuten einiger Regierer und Herrscher seyn, so haben Wir nicht unzeitig erwogen —— es dahin zu richten, daß es bey jener Verordnung sowohl in der Kur Brandenburg als Franken von nun an zu ewigen Zeiten verbleiben solle; welche Wir Marggraf Georg Friederich um mehrerer Erhaltung willen des Kurfürstlichen Haußes Brandenburg Reputation und Hoheit Uns auch nicht zuwider seyn laßen, sondern aus oben angeführten Ursachen, nemlich um allen künftgen Irrungen, die aus willkührlichen Vergleichungen und Zertheilung der Lande, zu Abfall und gänzlicher Ruinirung des Haußes entstehen könnten, vorzubauen, gleichfalls für zuträglich erachtet wird. Und darum auf vorhergehende reife Berathschlagung haben Wir oftberührte Verordnung hiemit nochmahls erneuren, erklären, bestättigen und confirmiren wollen. Haben Uns auch also entlich miteinander freundlich verglichen und wollen, daß nunmehr hinführo und zu ewigen Zeiten solcher jetzo angezogenen Disposition und Verordnung von Unsern freundlichen lieben Söhnen, Brüdern und Vettern auch allen derselben Erben und Nachkommen unverhindert gelebt und nachgesetzt werde"

scheinet zwar die von meinem Herrn Gegner angenommene Meinung zu begünstigen, daß nemlich der Geraische Vertrag die Albrechtische Verordnung zu einen ewigen Grundgesetz gemacht z), folglich alle Wiedervereinigung der Kur- und Fürstenthümer in einer Person aufgehoben habe. Allein immer schmeichle ich mir noch, denselben vom Gegentheil zu überzeugen. z) Wie?

z) Wie? scheinen denn alle diese Stellen nur die Albrechtische Verordnung zu einem ewigen Grundgesetz des Haußes zu machen? oder ist es als entschieden anzusehen, daß sie solche wirklich dafür erklären? Jedem unbefangenen Leser sollte doch sein Wahrheitsgefühl keinen Augenblick darüber in Zweifel lassen. Die Paciscenten zu Gera und Magdeburg verordnen: „daß ein jeder ihrer Söhn, Brüder und Vetter und „all derselben Nachkommen — unter welche doch wohl Könige Friederich II und Friedrich Wilhelm und die Königliche Prinzen Heinrich und Ferdinand auch gehören werden — „ehe einer oder der andere zur Regie„rung oder dem geordneten Deputat gelassen, schul„dig seyn, sich auf obenerwähnte Art zu reversiren" und es soll noch zweifelhaft seyn, ob Albrechts Haußgesetz ein ewiges Haußgesetz sey? Die Paciscenten erklären im ganzen Vertrag auf allen Seiten, daß die Albrechtische Verordnung von nun an und zu ewigen Zeiten gehalten werden soll, daß es bey derselben sowohl in der Kur Brandenburg als in Franken von nun an und zu ewigen Zeiten verbleiben solle; sie wollen daß nunmehro, hinführo und zu ewigen Zeiten solcher Verordnung und Disposition von ihren freundlich lieben Söhnen, Brüdern und Vettern auch allen derselben Erben und Nachkommen unverhindert gelebt und nachgesetzt werde: und es soll nun doch nur scheinen, als ob der Geraische Vertrag die Albrechtische Verordnung zu einen ewigen Grundgesetz gemacht habe. Das ist mir so unbegreiflich, als es mir nothwendig auch die von Herrn Dr. Baz am Ende dieses Paragraphen gemachte Aeußerung seyn muß, daß er sich immer schmeichle, mich vom Gegentheil zu überzeugen.

Ich werde auch nicht nöthig haben die in den folgenden §§. ausgeführte nähere Beleuchtung und Entwickelung des Vertrags zu widerlegen. Ich befürchte selbst, meinen Lesern damit beschwerlich zu werden, da sie aus dem bisher gesagten Stof genug haben, um die Bündigkeit oder Unrichtigkeit der Schlüsse des Herrn Verfassers zu prüfen, welche mich sonst nöthigen würden, jeden §. mit Noten zu begleiten.

§. 30.

Nähere Beleuchtung und Entwickelung des Vertrags.

Daran läßt sich wohl nach der bisherigen Ausführung nicht zweifeln, daß der Geraische Vertrag der bedrängten Lage und den besondern Verhältnissen des Kurfürsten Joachim Friedrich zu dem Kurhauße und den Märkischen Landen seinen Ursprung verdankt: daß er sowohl gegen die Ansprüche seiner Brüder auf einen Theil dieser Lande, als gegen die jetzige und künftige Zersplitterung derselben ein Auskunftsmittel, und somit für den Glanz und das Ansehen des Kurfürstlichen Haußes eine Stütze seyn sollte. Da aber die damahligen Irrungen des Kurfürsten mit seinen Brüdern nur durch eine Ländertheilung zu beseitigen waren; so ließ sich der Kurfürst, um der Unzertrennlichkeit der Kurlande willen, die Fortdauer der in dem Albrechtischen Gesetz und der bisherigen Observanz gegründeten Theilung, die sonst mit dem Tod Georg Friedrichs aufgehört hätte, gefallen. Schon die Entstehung und der Zweck dieses Familiengesetzes zeigen demnach, daß die Wiedervereinigung der Kur= und Fürstlichen Lande sowohl überhaupt, als selbst nach der Meinung der Paciscenten wider die Albrechtische Verordnung nicht anstieß, gegen welche dieselbe auch durchaus nichts verord=

ordnen, sondern die sie nur erneuern, erklären und bestättigen wollten.

§. 31.
Erneuert und erklärt Albrechts Gesetz und warum?

Eine solche Erneuerung war nöthig, denn die Vorfahren des Kurfürsten Joachim Friedrich hatten in ihren Verordnungen das Achillische Gesetz von der Unzertrennlichkeit der Kurlande überschritten; sein Herr Vater hatte sogar gegen seinen, des Kurprinzen, Willen die gemachte Disposition als rechtmäßig durchzusetzen, gesucht folglich jene treffliche Familien-Satzung entweder aus dem Gesicht verlohren, oder sie unrichtig verstanden. Deswegen wurde sie jezt in dem Geraischen Vertrag, den die Umstände und mit ihm eine Ländertheilung nothwendig machten, erneuert, bestättiget und dahin erklärt, daß jede Zersplitterung der Kur- und Fürstlichen Lande

„wie es in Unsern Kur- und Fürstlichen Hauße
„mit der Succession und sonsten gehalten werden
„solle"

mit jener unvereinbar, jede Verordnung, wodurch sie geschehe, ohne die Einwilligung der Successionsfähigen Mitglieder, ungültig, oder mit deren Einwilligung doch für die Nachkommen unverbindlich sey, und diesen freystehe, sich auf Albrechts Verordnung zu berufen, wornach gar keine Ländertheilung *), oder wenigstens keine andere

---

*) Man wende nicht ein, Kaiser Friedrich III. hat doch schon künftige Theilungen voraus bestättigt; also müssen sie statt fin-

dere erlaubt sey, als welche das ganze Kur-und Fürstliche Brandenburgische Hauß durch ein neues Gesetz beliebt hatte. Dahin und nicht weiter geht die Erklärung derselben durch das neuere Familien-Pact. Nur gegen willkührliche Vergleichungen und Theilbarkeit der drey Hauptlande oder Theile, nicht gegen deren Vereinigung ist sie gerichtet.

§. 32.
Fortsetzung.

Es war sehr klug von dem Kurfürsten und dem Marggrafen gehandelt, ihren Vertrag auf jene Haußordnung zu gründen, theils, weil man erwarten konnte, daß er bey den übrigen Gliedern des Haußes um so eher Eingang gewinnen, theils weil dadurch den übrigen 5 Brüdern und den Söhnen des Kurfürsten eine weitere Theilung anzusprechen und zu bewirken gleichsam rechtlich unmöglich gemacht, und keine Veranlassung zu Mißgunst und Unzufriedenheit über die den Marggrafen Christian und Joachim Ernst abgetrettene Lande gegeben würde.

§. 33.

---

finden. Ich antworte, man muß diese Worte der Bestättigungs-Bulle, die eigentlich nur von neuen Ordnungen und Satzungen sprechen, entweder von Theilungen verstehen, die das ganze Hauß macht welches den Theilenden an ihrer versammelten Hand unschädlich seyn soll oder sie reimen sich mit der Erklärung dieses Haußgesetzes durch den Geraischen Vertrag nicht, und können um so weniger dagegen angeführt werden, da sie etwas bestättigen, was weder nachgesucht worden, noch in der Haupt-Urkunde, welche bestättigt ward, befindlich ist.

§. 33.

Seine Erklärung über jenes Gesetz hebt die Länder-Vereinigung,

a) weder ausdrücklich.

Es läßt sich kaum denken, daß die Paciscenten durch die Erklärung eines ältern Haußgesetzes etwas hätten ausdrücken und verordnen wollen, was in diesem nicht enthalten war. Wenn man aber auch gegen alle Gründe der Wahrscheinlichkeit annehmen wollte, daß sie wirklich in jenem Gesetz die beyden Fürstenthümer auf immer von der Kur getrennt und deren Wiedervereinigung mit der Kurlinie auf ewig verbothen geglaubt hätten; so wäre doch unerklärlich, warum der Geraische Vertrag, der die übrigen Verordnungen Albrechts so umständlich angeführt und so deutlich vorgetragen hat, gerade der Disposition von der Wiedervereinigung keine Erwähnung sollte gethan und bey seiner Absicht jenes Haußgesetz zu erklären, es gerade da, wo es einer Erklärung so sehr bedurfte, nicht dahin erklärt habe, daß die vorgeschriebene Theilung der Lande in Kur- und Fürstliche, letztere von erstern auf ewig abgerissen und auf immer für andere Fürsten, als die Kurfolger, bestimmt habe.

§. 34.

b) noch stillschweigend auf.

Aber wozu eine ausdrükliche Erkläruug, da sie stillschweigend gegeben, oder da durch die wirkliche Ueberlassung und Abtrettung der Fürstlichen Lande an die beyden

Marg-

Marggrafen zugleich bewiesen war, daß deren Wiedervereinigung mit der Kur nicht statt haben könne? — Dieser Einwurf hätte einigen Schein, wenn die Marggrafen ohne besondere Veranlassung in den Besitz dieser Lande gekommen wären, wenn man sich nicht darüber besonders verglichen und sie nicht erst gegen Abstehung von aller Ansprache an einen Theil der Kurlande und gegen andere erhaltene Vortheile abgetreten hätte. Die Paciscenten, besonders der Kurfürst, betrachtete nach Georg Friedrichs Tod die Fürstenthümer als ihm angefallene Lande, und konnte nur in dieser Rücksicht sie zu Ausgleichung und Abfindung für andere Ansprüche gebrauchen. Der Grundsatz der Wiedervereinigung derselben mit der Kur war also erste Bedingung, nothwendige Voraussetzung bey dem Geraischen Vertrag, und Joachim Friedrich machte davon für den eintretenden Fall nur deswegen keine Anwendung, und ließ die bisherige Trennung derselben nach der Vorschrift Albrechts fortwähren, um damit die Forderungen seiner beyden Brüder, die Unzertrennlichkeit der Kurlande und die Ruhe des Brandenburgischen Haußes zu erkaufen.

§. 35.

Nicht die angeführte Stellen;

Betrachtet man aber den Revers und die übrigen angeführten Stellen (§. 29.), nach welchen eine ewige Trennung der Lande statt finden soll, etwas genauer und in ihrem Zusammenhang, so sagt die erste derselben:

„So haben Wir in allweg einmüthig dafür geachtet ꝛc."

offen-

offenbar nichts weiter, als daß kein Kurfürst die Märkischen Lande, kein Marggraf aber eines der beyden Fürstenthümer, er mag sie nun beyde, wie Georg Friedrich oder nur eines derselben besitzen, je soll zerstückeln und theilen, oder mehr als einen Regenten darinn aufstellen können.

„Und aber wie vor gehört, weiland Kurfürst Alberti Disposition und Ordnung nach, mehr nicht als drey regierende Herren, seyn sollen. Dies allein versprechen sie und ihre Nachkommen ewig zu halten."

Da aber, wie gezeigt worden ist, und das neueste Beyspiel Georg Friedrichs beweiset, die von Albrecht gemachte Abtheilung des Burggrafthums in zwey Fürstenthümer nicht stets zwey Regenten unumgänglich nothwendig macht, sondern deren Vereinigung in der Person eines Einigen zuläßt; so muß diese auch in der Person des Kurfürsten statt haben, weil Albrecht das Gegentheil nicht verordnet, und die Kurlinie weder hier zurückgesetzt hat, noch bey seiner Absicht, die Hoheit und das Ansehen des Kurhauses zu erhalten und zu befördern, zurücksetzen konnte.

§. 36.

Fortsetzung.

In der zwoten Stelle wird zu Vermeidung aller künftigen Irrungen, die durch willkührliche Vergleiche und Theilungen, wie die Erfahrung lehrte, zum Nachtheil und Verfall des Kurbrandenburgischen Haußes entstehen können, verordnet, daß hinführo zu ewigen Zeiten dem Albrechtischen Gesetz gelebt und nachgesetzt werde.

de. Dann folgen die auf den Todesfall des Kurfürsten und Marggrafen gemachte und bereits angezeigte Verordnungen. Was sagt nun hier der Geraische Vertrag anders, als: willkührliche Vergleiche und Theilungen entzweyen die Glieder, schwächen die Macht des Hauses, bringen dasselbe um seine Hoheit und Würde; sie sollen also, wie Albrecht schon wollte, und wie sein Wille hier erneuert, näher bestimmt, und gegen die Einwendungen, die sich etwa aus der Kaiserlichen Bestättigung für diese Theilungen dürfte ableiten lassen, gerettet wird, vermieden, und die itzt hergestellte Ruhe und Eintracht durch sie nicht weiter gestört werden. aa)

aa) Daß dieß der Geraische Vertrag sage, begehre ich nicht in Zweifel zu ziehen. Nur ist dieß nicht der vollständige Innhalt dieses Vertrages.

§. 37.

Nicht der Revers beweisen dagegen.

Eben hierauf beziehet sich auch der Revers, worinn sich jeder Marggraf zu Brandenburg verpflichtet, den Albrechtischen Willen

„in Betrachtung, daß er dem ganzen Hauß zu dessen Erhaltung vernünftig, treulich und wohlgemeint ist"

so wie er in diesem Geraischen Vertrag erklärt worden, unverbrüchlich zu halten, und zum Voraus sich anheischig macht, gegen jeden, der dawider seyn oder thun wollte, mit den übrigen Brüdern des Haußes gemeinschaftliche Sache zu machen. Er schärft jedem die
Pflicht

Pflicht der Untheilbarkeit der Kur- und Fürstlichen Lande ein, und berührt die Vereinigung letzterer mit der Kur, die unter dem Verbot der Theilung durchaus nicht begriffen seyn kann, mit keiner Sylbe. Inzwischen geben die Worte:

„wie es in Unserm Kur- und Fürstlichen Hauße mit der Succession und sonsten von nun an zu ewigen Zeiten gehalten werden solle"

nicht undeutlich zu erkennen, daß die durch Albrecht bestimmte Ländertheilung und wechselseitige Erbfolge nur so lange währen soll, als zwey Häußer vorhanden sind, auf den Fall aber, da das eine derselben in seiner durch Albrechts Söhne, oder nach dem Geraischen Vertrag, durch Christian und Joachim Ernst gestifteten Linie aussterben wird, nicht auszudehnen sey bb).

bb) Ich überlasse ganz der Prüfung meiner Leser, ob den Worten:

wie es in Unserm Kur- und Fürstlichen Hauße mit der Succession und sonsten von nun an zu ewigen Zeiten gehalten werden sollte"

die einschränkende Deutung zu lassen, die ihnen der Herr Verf. hier gibt. Die Worte: „in Un-
„serm Kur- und Fürstlichen Hauße" unterstützen diese Erklärung um so weniger, als die Worte: „und Fürstliches Hauß" nicht bloß auf die damahl vorhandene in den Fränkischen Fürstenthümern regierende Linie sich beziehen können. Nur der erstgebohrne Regent des ganzen Haußes war Kurfürst. Alle andere Glieder desselben sollen selbst nach dem Geraischen Vertrag nur den Fürstlichen Titel führen. Das Hauß selbst würde auch, wenn in Franken keine Fürstliche Linie existirte,

H. doch

doch immer mit dieser Benennung: Unser Kur= und Fürstliches Hauß, zu belegen gewesen seyn. Und zur Zeit des Geraischen Vertrages konnte man noch nicht von den Fürstlichen Häußern der Marggrafen Christian und Joachim Ernst insbesondere sprechen. Nach dem Sinn den der Herr Verf. darinn sucht, war als abgesonderte Fürstliche Linie nur die auf der Erlbschung gestandene Linie des Marggrafen Georg Friedrich damahln vorhanden. Auf solche schränkt sich aber jener Ausdruck gewiß nicht ein. Wenn also der Geraische Vertrag bestimmt, wie es zu ewigen Zeiten in dem Kur=und Fürstlichen Hauße Brandenburg gehalten werden solle, so sind darunter sicher alle künftig erst neu zu bildende regierende Fürstliche Linien mit verstanden.

§. 38.

Vielmehr gibt eine andere Stelle einen Beweißgrund dafür.

Aber vielleicht sollten diese Fürstenthümer wenigstens von jetzt oder der Zeit des Geraischen Vertrags an, auf immer von den Kurlanden getrennt seyn? Dieß kann man ohne einen strengen aus ihm zu führenden Beweiß nicht annehmen, dazu aber gibt derselbe eben so wenig Stof, daß sich daraus vielmehr das Gegentheil herleiten läßt. In jener Stelle nemlich, wo es heißt:

„So sollen — Unsere Fürstenthum und Lande des Burggrafthums zu Nürnberg unter und oberhalb Gebirgs — Unsern des Kurfürsten freundlichen lieben Brüdern — oder da sie Unsern Tod nicht erleben, ihren jedes ältesten männlichen Leibes Erben absteigender Linie, oder in Man-

Mangel derselben, den andern ihren nächsten Brüdern und Lehens-Agnaten hienach folgen und zu gehen"

werden die beyden Marggrafen und ihre Erstgeburt, oder vielmehr der älteste ihrer Söhne, und wenn sie ohne männliche Erben verstürben, ihre andere zwey nachälteste oder nächste Brüder und Lehens-Agnaten zur Erbfolge gerufen.

Da nun dieser letzte Fall nicht eintrat, sondern Christian und Joachim Ernst neue Linien stifteten, und da die Nachkommenschaft jener Brüder der beyden Marggrafen, an welche die Succession wegen ermangelnder Bedingung nicht kam, auch darauf keine Ansprüche machen konnte, so mußte, Kraft der angeführten Stelle, im Fall der Erlöschung dieser beyden Linien die Vereinigung der Fürstenthümer mit der Kurlinie erfolgen. Sollte diese Vereinigung nicht statt finden, so hätte sie bey der Abtretung der Fürstenthümer durch Joachim ausdrücklich verbothen und aufgehoben werden müssen, so hätte die Abtretung der Lande nicht an bestimmte Personen geschehen können, nach deren Tod sie nothwendig an diejenige Linie, welche sie damahls abtrat, zurückfallen mußten; cc) Man würde selbst dieß anzunehmen geneigt seyn, wenn keine besondere und bringende Ursachen des Geraischen Vertrags bekannt wären, um wie vielmehr jetzt, da dieselbe so umständlich bemerkt worden sind.

cc) Der ganze Beweiß aus der hier angeführten Stelle verschwindet, wenn man dieselbe in ihrer Verbindung ansieht. Nachdem die Pacifcenten in den bündigsten Ausdrücken fast bis zum Ekel wiederhohlt hatten, daß die Albrechtische Verordnung ein ewig gültiges Hauß-

gesetz seyn sollte; so giengen sie in ihren nähern Bestimmungen auf die nächsten Erbfolge = Fälle in der Kurlinie sowohl als in der Fürstlichen Linie über. Sie erklären, daß, so lange sie beyde leben, jeder der innhabenden Lande regierender Herr seyn und bleiben wolle. „Nach unserm eines und des andern Tod aber" (fahren sie dann weiter fort:) „setzen, ord=
„nen, und wollen wir, daß es damit nachfolgender=
„gestalt unterschiedlich gehalten werden soll. Näm=
„lichen, wenn wir Joachim Friedrich, Marggraf zu
„Brandenburg 2c. künftiger Zeit nach Gottes Willen
„mit Tod abgiengen, daß alsdann u. s. w. — —
„Hingegen, was Uns Marggraf Georg Friederichen
„zu Brandenburg berührt — — so sollen, wenn
„wir, nächstgedachter Marggraf Georg Friedrich zu
„Brandenburg künftig nach Gottes gnädigen Willen
„ohne männliche Leibes lebendige Erben verstürben,
„Unsere Fürstenthum und Lande u. s. w." wie die Stelle bey Herren Prof. Baz ausgezogen ist.

Nach dieser Verbindung konnten nun freylich in Rücksicht auf die nächsten zween Erbfolge = Fälle die benannte Personen namentlich bestimmt werden, welches in Rücksicht auf künftige Fälle nicht möglich war.

In der oben schon angeführten Stelle sagt der Kurfürst ausdrücklich: Er habe nicht unzeitig erwogen, „allen künftigen Irrungen, so etwann — —
„nicht allein jetzo unter unsern freundlich geliebten
„Brüdern und Söhnen, sondern auch ins künftig zu
„Abfall und gänzlicher Ruinirung unsers Haußes
„entstehen könnten, vorzubauen, und es dahin zu
„richten, daß es bey Kurfürst Alberti Achillis Ver=
„ordnung sowohl in der Kur Brandenburg, als in
„Franken, von nun an bis zu ewigen Zeiten verblei=
„ben soll."

Durch

Durch die von dem Herrn Verf. §. 27. und hier wieder angeführte Verordnung wurde nun näher bestimmt, wie es in Gemäßheit der Albrechtischen Verordnung jetzo unter den Brüdern und Söhnen des Kurfürsten gehalten werden sollte. Wie es aber inskünftig zu halten sey, darüber müßten wohl die Paciscenten es bey der allgemeinen Regel bewenden lassen, da sie die Fälle, wie sie sich wirklich ereignen würden, nicht voraussehen konnten.

Die Unrichtigkeit der von dem Herrn Verf. aus jener — selbst nach den Worten des Vertrags nur auf die nächsten zween Todesfälle gerichteten Verordnung gezogenen Schluß=Folge fället von selbst in die Augen.

Uebrigens ist derselbe auch hiebey aus der unrichtigen, mit dem Geraischen Vertrage ganz unvereinbarlichen Idee ausgegangen, als ob die Marggrafen Christian und Joachim Ernst die Erbfolge in die Fränkischen Fürstenthümer der freywilligen Abtretung ihres Bruders des Kurfürsten zu danken gehabt hätten.

§. 39.

Kein Pactum Fridericianum war zu dieser Wiedervereinigung nöthig dd),

Nimmermehr hätten die nachgebohrnen Glieder und Linien des Kurbrandenburgischen Haußes die Wiedervereinigung der Fürstenthümer mit der Kurlinie oder Primogenitur nur mit einigem Schein Rechtens aus den Haußgesetzen anzufechten vermocht: sie konnten nicht, wie einst Christian und Joachim Ernst, einen Theil der Märkischen Lande aus einer väterlichen Willensverordnung ansprechen und damit einen zweyten Geraischen

Vertrag schaffen; solchen Ansprüchen hatte der erste auf immer begegnet, ohne deswegen den Fall der Wiedervereinigung der damahls eintrat, für die Zukunft auszuschließen oder unmöglich zu machen; derselbe mußte daher nach Aussterben der beyden Marggräflichen Linien wieder eintreten. Nicht bloß die Natur der Erbfolge-Ordnung unter Erlauchten überhaupt ee) heischt diese Vereinigung; auch die Haußgesetze, wie ich gezeigt habe, nemlich der Geraische Vertrag und sein Fundament die Albrechtische Verordnung, sowohl ihrem Sinn und Geist, als gewissermassen auch ihrem Innhalt nach, sprechen und entscheiden dafür, und kein rechtlicher Grund spricht dagegen. Kein pactum Fridericianum war also nöthig, um sie zu begründen, oder die einzige rechtliche Schwierigkeit, wie sich der jenseitige Herr Verfasser ausdruckt, aus dem Weg zu räumen, und gewiß wäre sie ohne diesen Vertrag, wie jetzt mit demselben erfolgt. Was schon den Haußverträgen gemäß war, dazu hatte man keine ängstliche Vorbereitung, keine künstlich ausgedachte Plane nöthig. Und ob ich gleich jenes Pactum, das meines Wissens gar nicht offenkündig geworden, nie eingesehen habe, so ist es mir doch höchst unwahrscheinlich, daß Friedrich der Große sein und der Kurlinie Recht der Wiedervereinigung aus den Haußverträgen nicht sollte gekannt, und es erst durch einen neuen Vertrag zu erhalten gesucht haben. Glaublicher ist mirs, daß er es dadurch nur erneuren, befestigen und mit andern darinn wahrscheinlich getroffenen wichtigen Verordnungen verbinden wollte.

dd)

dd) Aus den von mir bisher in den Noten ausgeführten Sätzen fließt gerade das entgegengesetzte Resultat. Ein neuer Familien=Vertrag — hieße er nun pactum fridericianum, oder wie er sonst immer wollte — war unumgänglich nöthig, um die ausschließliche Erbfolge der Erstgeburt der Kurlinie in den Fränkischen Fürstenthümern zu begründen. Die ältern Haußgesetze haben nirgend das Erstgeburtsrecht der Kurlinie auf diese Fürstenthümer ausgedehnt. Hätte der Geraische Vertrag nicht den Sinn, den ich ihm beygelegt habe, so würde eher das gemeine Erbfolge=system zwischen den Gliedern des Brandenburgischen Haußes in Anwendung gekommen, als ein Erstgeburtsrecht der Kurlinie eingetreten seyn.

ee) Die Natur der Erbfolge=Ordnung unter Erlauchten überhaupt? In diese Behauptung kann ich mich nicht finden. Ich kenne diese gemeine Erbfolge=Ordnung erlauchter Personen nicht, nach welcher Erstgeburtsrecht in der Erbfolge statt finden soll, ohne durch ein besonderes Haußgesetz ausdrücklich oder stillschweigend eingeführt worden zu seyn.

§. 40.

Aber aus verschiedenen Ursachen räthlich.

Es reimte sich ganz mit der tiefen Menschenkenntniß und ächten Politik Friedrichs, sich und die Kurlinie gegen den möglichen, wenn auch noch so ungegründeten Widerspruch, auf diesen Fall sicher zu stellen.

Die zu Anfang dieses Jahrhunderts von dem Reichs= Hofrath geschehene Loszählung der beyden Bayreuthischen Prinzen, Georg Friedrich Karls und Albrechts Wolfgangs, von jenem gedoppelten freywilligen Eid, womit

1715

dieselbe bey reifem Verstand und nach Erwägung der Sache denjenigen Tractat feyerlich beschworen und förmlich anerkannt hatten, den der apanagirte Marggraf Christian Heinrich, ihr Vater, mit König Friedrich I. eingieng, und worinn er gegen erhaltene beträchtliche Vortheile zu Gunsten des Königs und dessen Linie für sich und seine Nachkommen dem Recht der Erbfolge in den Fürstenthümern des Burggrafthums völlig entsagte, und es an den König abtrat —— diese Loszählung von einer Eidesverbindlichkeit, die sich vielleicht nur aus Gründen rechtfertigen läßt, worauf weder Klage noch Erkenntniß damahls sich stützten, daß nemlich der 1703 gebohrne dritte Prinz Friedrich Ernst nicht eingewilliget, und des Vaters Bruder Carl August dieser Verzichts- und Cessions-Handlung stets widersprechen und sogar darüber bey dem Reichshofrath Klage erhoben hatte, brachte Friedrich den Großen ohne Zweifel auf den Gedanken, daß die Vereinigung dieser Fürstenthümer mit dem Kurhauße dem Kaiserlichen Hof nicht anständig, und zu besorgen sey, es möchte derselbe seiner Zeit jede auch noch so unscheinbare Einwendung gegen das Recht der Wiedervereinigung dazu gebrauchen, um diese, so lang es seyn könnte, zu hintertreiben.

§. 41.

Wahrscheinliche Absicht dieses Vertrags.

Die Klugheit Friedrichs erlaubte nicht, diesen Fall abzuwarten*), er schloß daher mit beyden regierenden
Marg-

---

*) Er dachte damahls, wie im Jahr 1773, wo er unter andern zu dem Freyherrn von Swieten gesagt haben soll: Tant

Marggrafen des Burggrafthums, Friedrich und Carl Wilhelm Friedrich, unter Beystimmung seiner beyden 1752 Brüder, der Königlichen Prinzen Heinrich und Ferdinand den — nach dem Haupt-Paciscenten genannten Vertrag, setzte dadurch sich und die Kurlinie gegen allen Widerspruch von Seiten seiner Agnaten sicher, und machte dem Oestreichischen Hauß es auf den Fall der Wiedervereinigung der Lande beynahe unmöglich, unter irgend einem Vorwand von Recht sich dagegen zu setzen. Friedrich wählte dazu den schicklichsten Zeitpunkt, wo seine Herren Brüder noch ohne Nachkommenschafft, folglich Herren und Meister waren, jedem ihrer wirklichen oder vermeintlichen Rechte mit Gültigkeit zu entsagen, und wo also, wenn sie auch in der Folge männliche Erben erhielten, von Seiten und Nahmens derselben kein gegründeter Widerspruch statt finden konnte, indem diese zwar nicht ihrem Vater, aber doch immer vermittelst desselben, als ihres Rechts Ableiters, auf sie succediren ff).

ff) Es würde mich zu weit führen, wenn ich mich auch auf die hier berührte theoretische Frage ausbreiten wollte.

§. 42.

Wirkung desselben.

Nun da sämmtliche Glieder des Brandenburgischen Haußes über die Wiedervereinigung einverstanden wa-

---

Tant que mon neveu vit, je ne songe pas à le depouiller, et je ne veux pas m'aggrandir aux dépens de mes parens. Mais le cas de sa mort peut arriver, et il est toujour bon de s'être etendu d'avance sur ce qui pourroit d'ailleurs occasionner des troubles.

waren, war nirgendher ein Widerspruch zu besorgen, oder, wenn er demungeachtet wie zur Zeit des Bairischen Erbfolgekriegs aus Eifersucht und andern sogenannten politischen, aber unstichhaltigen Gründen gemacht wurde; so konnte darauf in der würdigen und Krafftvollen Sprache, wie damahls geschah, geantwortet werden.

Man hatte, was bey jenem Cessions- und Renunciations-Traktat 1703 nicht ganz der Fall war, außer dem Recht auch die Zufriedenheit und den einstimmigen Willen der Familie auf seiner Seite, und dieß mag vielleicht auch damahls den König Friedrich Wilhelm, welcher von der Reichshofrathischen Eideslozzählung meineidiger Prinzen auf die Aufhebung und Vernichtung des ganzen Traktats mit allen daraus entstehenden Folgen den natürlichen Schluß machen konnte, zu dem Vergleich*) bewogen haben, worinn er für sich und seine Erben von dem aus jenem zwischen seinem Herrn Vater König Friedrich I. und Christian Heinrich errichteten Vertrag erworbenem Erbfolge-Recht abstand.

„Nach-

---

*) Der ganze Receß, die Kaiserliche Bestättigung desselben vom 3ten Aug. 1723, das auf den fränkischen Krais erkannte protectorium und conservatorium, und die erlassene Auxiliatorien an Kur Braunschweig und Hessen-Cassel, um deren Erlassung an diese Höfe, welche schon laut des Recesses Executoren und Garants seyn sollten, Markgraf Georg Friedrich Carl wegen des ihm von dem König gemachte Vorwurfs, daß es ihm mit der Erfüllung dieses neuen Vergleichs, so wenig wie 1703 ein rechter Ernst sey, den Kaiser jetzt insbesondere bat; Alles dieses findet sich beysammen in den Betrachtungen über die Successions-Ordnung in den Brandenburgischen Fürstenthümern 1778. Beylage V. VI. VII. VIII.

„Nachdem (sagt Friedrich Wilhelm) über das unterm 23. Nov. 1703 wegen der Succeſſion errichtete Pactum einige Irrungen entſtanden, ſo auch endlich zur rechtlichen Conteſtation gediehen, Wir der König in Preußen aber zu Bezeugung Unſerer Königlichen Generoſitaet und zu Retablirung guten Vernehmens und Verſtändniſſes in dem Hauße, auch zu Vorkommung allerhand Unruhe und Weiterungen, die daraus im Heil. Röm. Reich zu des gemeinen Weſens höchſtem Nachtheil und Schaden hätten entſtehen können, Uns erklärt haben, von mehr angeregtem pacto ſucceſſorio —— —— abzuſtehen, ſolchergeſtalt, daß Wir Uns gegen den Herrn Marggrafen, Ihre Söhne, auch gegenwärtige und zukünftige Fürſtliche Leibes-Lehens-Erben deſſen weiter nicht gebrauchen, ſondern ſelbiges für Uns und Unſere Krone und Kur-Erben jedoch anderſt nicht, als unter gewiſſen in gegenwärtigem Receſs umſtändlich exprimirten Conditionen außer fernerer Verbindlichkeit geſetzt wiſſen wollen."

§. 43.

Insbeſondere im Jahr 1773.

Friedrich der Große konnte deswegen die Erklärung der Kaiſerin Königin Maria Thereſia von 11. Aug. 1778*), dieſelbe mochte ſich nun auf wirkliche oder nur zum Schein angenommene Ueberzeugung gründen, daß die Vereinigung der beyden Marggrafſchaften mit der Primogenitur des Kurhauſes ſo lange nicht ſtatt habe, als

---

*) ſ. Reuß. Staatsk. im ausgef. Th. S. 190.

als darinn nachgebohrne Prinzen sich finden, ohne Ungerechtigkeit gegen sich selbst, nicht annehmen; er konnte allen weitern von dadurch gefährdeter Reichswohlfarth, von aufgehobenem Gleichgewicht, von Zerreissung bisheriger und Eintrettung neuer bedenklicher Verhältnisse im Fränkischen und den benachbarten Kraißen entlehnten und herbeygezogenen Gründen, keinen andern Werth geben, als den sie verdienen, nähmlich auf sie, als auf solche, welche die Todtenglocke von Recht und Gerechtigkeit sind, keine Rücksicht zu nehmen, auf seiner guten Sache fest zu beharren, und den seinem Charakter natürlichen Schluß zu fassen, einst wenn diese Fürstenthümer mit den Kurlanden vereiniget würden, sich so zu betragen, daß dabey die Rückerinnerung jener ursprünglich eigennützigen Besorgnisse verschwände.

§. 44.

Freymüthiges Raisonnement über die Meinung des jenseitigen Herrn Verfassers gg).

Der Herr Verfasser des mehrgedachten Aufsatzes verweise mich hier nicht auf einen andern *), der nach dem Styl zu urtheilen, aus der nähmlichen Feder geflossen ist. Ich habe ihn gleichfalls sorgfältig gelesen, und glaube, daß er auf gewisse Art zu meinem Zweck dient; denn ich sehe das Verfahren des Preußischen Hofes bey der Besitznehmung der beyden Fürstenthümer, welche auf die aus eigener Bewegung geschehene und unerwartete Abtrettung derselben an das Kurhauß von dem noch leben-

---

*) im angef. Th. XIV Abschn. S. 305 folg.

benben, und jetzt in Engeland privatisirenden Marggrafen erfolgte, (zu dessen Rechtfertigung der von allen Umständen genau unterrichtete und unpartheische Mann manches anführen könnte) weder für ein alt hergebrachtes Haußsystem oder einen gewissen Haß und Antipathie der Geschäftsmänner, noch weniger sehe ich es mit dem jenseitigen Herrn Verfasser für erste Furcht des mächtigen Bündnisses zwischen Preußen und Oesterreich, sondern vielmehr als eine zu Verwahrung angestammter Gerechtsame für nothwendig gehaltene Vorsicht an. Daß aber damit keineswegs ein Mißbrauch der Macht oder eine gewaltsame Durchsetzung jener Gerechtsame beabsichtigt worden, dieß haben der Erfolg und die wiederhohlten öffentlich geschehenen Erklärungen des Preußischen Hofes nicht undeutlich gezeigt.

gg) Der Herr Verfasser geht hier auf einen ganz andern Gegenstand — die gewaltsame Auftritte bey der Besitznehmung der Brandenburgischen Fürstenthümer in Franken über. Ich verliehre hiebey kein Wort, sondern überlasse dem Wahrheitsgefühl unserer gemeinschaftlichen Leser, ob sie jene Auftritte, welche ohnehin inzwischen durch ungleich größere Begebenheiten aus der Aufmerksamkeit des Publikums verdrängt worden sind, mehr aus gleichem Gesichtspunct mit mir ansehen oder ihren Beyfall auf die Seite der Widerlegung neigen werden.

§. 45.
Fortsetzung.

Schon die ganze Behutsamkeit und Freyheit, mit der das Berliner Ministerium nach jener Meinung bis gegen 1792 zu Werke ging, und die Stille, mit der

die

die erwähnte Länderabtrettung behandelt wurde, reimt sich nicht mit dieser letztern Behauptung wohl zusammen, überhaupt aber däucht mir in der von dem Herrn Verfasser als richtig angenommen und als bewiesen vorausgesetzten Idee, daß die Vereinigung der Marggrafschaften mit der Kurlinie gegen den Geraischen Vertrag sey, einer Idee die man dem Preußischen Hof selbst untergeschoben zu sehen glaubt, der ganze Aufschluß zu der künstlichen Vorbereitung zu den mancherley politischen Operationen, womit der 1703 angeblich gefaßte Rundungs- und Vergrößerungs-Plan bis auf wirklich erfolgte Abtretung der Marggrafschaften ununterbrochen und ängstlich verfolgt worden seyn solle, zu den verschiedenen Hypothesen, die jener Gelehrte sich bildet, und zu dem Geist des Mißtrauens zu liegen, womit er bis auf das neuere Bündniß der beyden Mächte, alle Weege der Vereinigung gegen das scheel dazu sehende Oestreichische Hauß als unsicher schildert, als sie aber dennoch unwidersprochen erfolgte, sie für ungezweifelte Folge jenes Aufsehen machenden Bundes ansieht, und damit eine traurige Ahnung für künftige Reichsverfassung und Reichsständische Freyheit verbindet.

§. 46.

Besonders in Hinsicht auf die Teschner Friedens-Clausul.

Es ist zwar unläugbar, daß der Preußische Hof, und besonders der verstorbene große König auf eine künftig unwidersprochene Vereinigung der Fürstlichen mit den Kurlanden bedacht war, und deswegen manche Unterhandlung pflog; aber es ist eben so ausgemacht, daß er

dem

dem Haue Oestreich nie ein Recht diese zu verhindern, oder in sie einzuwilligen, einräumte *), und daß er mit seinem weit blickenden politischen Auge seinen Zweck im Teschner Frieden ganz erreicht zu haben nicht zweifelte.

Die demselben in der Beytritts- und Einwilligungs-Akte des deutschen Reichs angehängte Clausul **) konnte ihm um so weniger bedenklich scheinen, weil sie die Folge von mehreren im Friedensschluß übergangenen Ansprüchen ***) nicht aber von darinn außer Zweifel gesetzten Rech-

---

*) Denn im Teschner Frieden heißt es Art. 10. „Da über das Recht Sr. Königlichen Majestät in Preußen, die Fürstenthümer Bayreuth und Anspach bey Erlöschung der Linie, die sie gegenwärtig besitzt, mit der Primogenitur Dero Hauses zu vereinigen, verschiedene Zweifel sind aufgeworfen worden; so verbindet sich der Kaiserin Königin Majestät für sich, Ihre Erben und Nachfolger sich niemahl widersetzen zu wollen, daß die besagte Anspach- und Bayreuthischen Lande mit der Primogenitur des Kurfürstenthums Brandenburg vereiniget werden, und sie damit nach Wohlgefallen schalten können.

**) Daß des Reichs Beytritt und Einwilligung (jedoch unter der bedinglichen Voraussetzung und Zuversicht zu ertheilen sey, daß sothaner Friedensschluß) wie es sich von selbsten verstehe, den Rechten des Reichs, den westphälischen für beyde Religionstheile mit wechselsweisen gleichen Rechten bestehenden Frieden und übrigen Reichsgrundsätzen oder jemand andern an seinen erweislichen und gehörigen Orten gebührendermaßen auszutragenden Recht für jetzt und künftighin in keinem Fall zum Nachtheil gereichen möge und solle. Von dieser Klausul sagt Gerstlacher in seiner Abhandlung von den Gesetzen, Ordnungen Friedensschlüssen rc. III B. S. 445.: „Wer alles bisher angeführte reiflich überlegt, „wird finden, daß so wie Unser Text gefaßt ist, die aller-„seitige Vota und Meinungen sehr weislich miteinander ver-„einiget werden."

***) Z. E. die Ansprüche des Schwäbischen Kreises wegen Donauwörth, der Mecklenburgischen Ritterschaft und der Stadt Ro-

Rechten, wie jene Vereinigung, war, und weil dieser Monarch nach seinen bekannten gerechten Gesinnungen jenen Ansprüchen, wenn sie erwiesen und gegründet seyn sollten, gar nicht entgegen, sondern nur der Meinung gewesen, daß der Vorbehalt derselben nicht in das Reichsgutachten gehöre *). Und wenn auch der Umstand, daß der Wiener Hof durch seinen Gesandten diese Clausul anfänglich begünstigte, da er doch 1670 standhaft behauptet und es durchgesetzt hatte, "daß die Einverleibung einer Reservation in ein Conclusum und in ein Reichsgutachten nicht styli, vielmehr von böser Consequenz sey, etwas auffallen muß, so ist es doch, wenn man je daraus auf ein besonderes und eigenes dabey gehabtes Interesse dieses Hofs schließen will, weit natürlicher

---

Rostock wegen des dem Herzog zu Mecklenburg im Frieden ertheilten privilegii de non appellando illimitati, der Herren Grafen von Schönburg, des Bißthums Augspurg ꝛc.

*) Ob es zwar (so lautete die Kurbrandenburgische Aeußerung) die Meinung nicht habe, erwiesenen oder gegründeten Ansprüchen oder Vorstellungen entgegen zu seyn; so könne man doch für dießmahl in Ermanglung gänzlicher Instruction über die einzelne Nebengeschäfte, worüber in den von zwey auswärtigen Kronen vermittelten Teschner Friedensschluß gar nicht transigirt worden, und welche meistens altioris indaginis auch zum Theil anhero nicht gehörig oder nicht hinlänglich ausgetragen wären, unmöglich sich herauslassen, wohl aber wünschen und gewärtigen, daß davon in einem bevorstehenden Reichsgutachten noch zur Zeit keine Erwähnung geschehen, vielmehr dieselbe mit allen darauf Bezug habenden Verwahrungen, Vorbehalten oder Erläuterungen zur besondern Untersuchung oder Erlediggung an Ort und Stelle, wohin sie gehören, um so mehr verwiesen werden möchten, als man sich lediglich nach der Ordnung an die beyde kaiserliche Commissions-Dekrete zu halten habe.

cher anzunehmen, daß er diese Clausul, wofür er doch
selbst nicht stimmte, wegen seiner darinn abgetrettenen
Rechte und Ansprüche *), als wegen der künftigen Erbfolge in den Fränkischen Fürstenthümern in Vorschlag gebracht habe, und daß dieselbe vorzüglich gegen deren
Vereinigung mit den Kurlanden gerichtet gewesen seyn
soll. Außerdem sind aber auch für diese Clausul solche
Kurfürstliche und Fürstliche Stimmen in Anzahl gefallen,
von denen ein gewisses Sympathisiren mit den Wünschen
des Wiener Hofs als Beweggrund derselben sich durchaus
nicht argwohnen läßt.

§. 47.
Auf die Verbindung mit dem Wiener Hof.

Nach dem Teschner Frieden war wegen der künftigen
Vereinigung der Fürstenthümer ganz kein Widerspruch
zu besorgen, der Berliner Hof hatte also deswegen keine
Ursache, einen Freundschafts- und Verbindungs-Traktat
mit dem zu Wien einzugehen, und so wenig die entgegen gesetzte Meinung sich mit Gründen der Politik ver-
einbaren, oder daraus herleiten läßt, so unwahrscheinlich machen diese es auch, daß (wie doch in jenem Aufsatz
als unbezweifelt angenommen wird) die Besitzergreifung
der Fürstenthümer durch Kur Brandenburg Folge einer
deshalb vorher mit Oestreich getroffenen freundschaftlichen
Uebereinkunft gewesen sey. Ich sehe nicht ein, was sich
gegen die von dem Marggrafen bey dem vollen Besitz seiner

---

*) Wie z. E. der Böhmischen Rechte über die Schönburgischen
Herrschaften an die Kur Sachsen rc.

J

ner Gesundheit freywillig und förmlich geschehene Niederlegung der Regierung und Abtretung seiner Fürstlichen Lande in die Hände des Kurfürsten, dem sie nach dem Tode des Marggrafen ohnedem angefallen wären, einwenden liße. Eine seltene und wegen des Verhältnisses des Marggrafen als Herrn zu seinem Land, und als Regenten zu seinen Unterthanen ganz unerwartete folglich auffallende Begebenheit war es immer; aber so wenig eine gegründete Besorgniß von Unruhe oder auswärtigem Widerstand auf den Fall der Ländervereinigung durch Erbfolge eintretten konnte, eben so wenig war etwas auf den unverhofften Fall derselben durch Abtrettung zu fürchten. Vernünftiger Weise darf man auch annehmen, daß der Marggraf nur mit einiger Hoffnung eigener standesmäßiger Nachkommenschaft diesen Schritt nicht gethan haben würde, ungeachtet selbst bey der gegentheiligen Voraussetzung aller Politik mit dem weiten Spielraume, den der Herr Verfasser ihr auch gibt, dießmahl eine Veränderung zu bewirken schwerlich vermocht hätte.

§. 48.
Und endlich auf die Wichtigkeit der Erwerbung.

Höchstwichtig für den Berliner Hof war allerdings diese Erwerbung, aber Familienverbindung und darauf gegründete Familiengesetzgebung ließen sie längst als nothwendig und rechtmäßig erwarten, ließen die, welchen die Vergrößerung des Brandenburgischen Haußes nie gleichgültig war, zwar wünschen, daß die mehrerwähnte Vereinigung nie oder doch sobald nicht statt finden möchte, konnten sie wohl auch vermögen, auf Mittel zu sinnen,

um

um das Vereinigungsrecht nach jener Gesetzgebung zu erschüttern, und damit ihren Widerspruch in den Augen Europens scheinbar zu machen; Allein nachdem einmahl diese Vereinigung durch einen feyerlichen Völkervertrag außer allem Zweifel gesetzt, und von mehrern Mächten gegen jeden Anspruch sicher gestellt war, so war es auch um alle rechtlose bloß politische Gründe geschehen, und dann blieb ohne große Gefahr zu laufen nichts übrig, als die gute oder schlimme Folgen dieser Vereinigung für Deutschland den persönlichen Eigenschaften der Brandenburgischen Herrscher, und der unsichtbaren Leitung einer ewigen Vorsehung, die alles im Gleichgewichte erhält, ruhig zu überlassen. Bange Ahndungen, unsichere Entzifferung einer furchtbaren Zukunft aus einem gleich unsichern politischen Calcul trüben unnöthigerweise den Blick in dieselbe, untergraben den heitern Muth, erregen nicht selten ungerechtes Mißtrauen, und hindern die Zusammensicht und Harmonie der Menschen und Völker hh).

Ferne seyen sie uns! ferne jedem Patrioten, der für sein Vaterland das Beste hofft, und sich wafnet mit Stärke des Geistes und Klugheit gegen kommendes Uebel!

hh) Auch hierüber mag dem Gefühl meiner Leser überlassen bleiben, ob sie mehr mit jenen bangen Ahndungen sympathisiren, oder mit dem Herrn Verfasser in das heitere: Ferne seyen sie uns! einstimmig werden. Eben so wenig gedenke ich auch weder dem vernünftigem Urtheil, noch dem politischen Ahndungsvermögen deutscher Patrioten darüber vorzugreifen was sie etwa aus den neuesten ganz Europa erschütternden Begebenheiten, aus den contrastirenden

Schicksalen zweyer großen Staaten Europens, aus dem thätigen Antheil des Berliner Hofes an denselben und aus den rechtlichen und politischen Grundsätzen, welche derselbe zu Rechtfertigung seiner Schritte in seinen öffentlichen Erklärungen geäußert hat, so wie überhaupt, aus der ganzen gegenwärtigen Situation aller öffentlichen Verhältnisse für Aussichten in Rücksicht auf das Wohl unsers deutschen Vaterlandes und auf die Erhaltung seiner Verfassung herzuleiten gut finden werden.

Den Glauben an die persönliche gute Eigenschaften ganzer Regentenstämme hat, soviel ich weis, die Politik eben sowohl als die Geschichte längst abgelegt. Darinn wird sie also schwerlich je einen hinreichenden Beruhigungsgrund finden. Mit um so innigerer Ueberzeugung hingegen unterschreibe ich es, daß auch dem Politiker bey frohen Blicken in die Zukunft, wie bey trüben Aussichten in dieselbe, immer Ursachen genug übrig bleiben, in der unsichtbaren Leitung der ewigen Vorsehung, welche auch über Völker und Thronen nach tief liegenden Gründen Gerechtigkeit übt, ihren letztern Beruhigungsgrund zu finden.

Rechtfertigung meiner Entwicklung der Brandenburgischen Haußverträge ꝛc. gegen deren Critik im XXXII. Theil der deutschen Staats-Kanzley. von Herrn Dr. Baz.

Meine vor kurzem erschienene und der deutschen Staats-Kanzley eingerückte Entwicklung ꝛc. wurde, wie ich voraussehen konnte, von meinem gelehrten Herrn Gegner in den beygefügten Bemerkungen ziemlich genau geprüft und etwas strenge beurtheilt. Ob nun und in wie ferne dadurch meine Sätze entkräftet und die entgegengesetzte dargethan, ob ich immer richtig verstanden und wirklich widerlegt worden, ob also meine angenommene Meinung noch ganz, oder nur zum Theil oder gar nicht bestehe? darüber kann nur das unterrichtete und unbefangene Publikum sprechen. Deswegen erhält es hier noch das Wesentliche der gegnerischen Aeußerungen über einzelne Paragraphen nebst meiner Rechtfertigung.

Zum §. 9.

Albrecht (waren meine Worte) glaubte seine Söhne und sämmtliche Lande am besten berathen, wenn letztere nie in mehr als in die drey ausgezeichnete Theile zertrennt, und wenn von seinen Söhnen, er möchte deren auch noch so viele überkommen, nie mehr als drey deren Regenten würden. Hierauf äußert mein Herr Gegner:

„Daß

„Daß die von Albrecht besessenen Länder nach seinem Tod nicht in mehr als drey Theile getheilt werden sollen, das liegt in der Albrechtischen Verordnung. Daß aber in Rücksicht auf alle künftige Zeiten nie mehr als die von ihm gemachte drey Ländertheile bestehen, und alle andere und weitere Theilung allen seinen Nachkommen untersagt seyn solle, das finde ich nicht."

Nirgend behauptete ich, daß Albrecht alle andere und weitere Theilung allen seinen Nachkommen untersagt habe. Um sich davon zu überzeugen, vergleiche man das Ende des §. 13 und §. 15. Ich glaube sogar, daß dieser Kurfürst sich nicht für berechtiget hielt, dieß zu thun. Nur von seinen Söhnen und ihr jegliches männlichen ehelichen Leibeserben wollte er seine gemachte Theilung gehalten wissen, dem ganzen Hauß aber, falls sich dasselbe einst zu einer neuen Theilung entschlöße, sollte die seinige, die er der Lage und dem Wohl der Länder angemessen fand, nur zum Muster und zur Nachahmung dienen.

Wenn nun zu dem §. 9. weiter bemerkt wird;

„Nicht deswegen weil Albrecht wollte, daß nicht oder gar nie mehr als drey regierende Linien seyn sollen, sondern deswegen, weil er eben so bestimmt wollte, daß, wo möglich, nicht nur zwey, sondern drey regierende Linien seines Haußes seyn sollten, verordnete er, daß wenn einer der drey gesetzten Regenten ohne männliche Nachkommen vor ihm sterben würde, immer der nachfolgende in dessen Stelle rücken solle."

So

So stimme ich dieser wirklich genaueren Analyse vollkommen bey. Daß übrigens mein Sinn eben dahin ging, erhellet aus meinen Worten im folgenden §. 10. „Albrecht schloß alle Ländervereinigung so lange aus, als in allen drey Linien männliche Nachkommenschaft vorhanden seyn würde."

Zum §. 10.

In diesem §. glaube ich deutlich genug gesagt zu haben, was ich unter dem Ausdruck Linealfolge verstand, und begreife nicht, wie ich hier mißverstanden werden konnte. Daß ich damit nicht sagen wollte: Albrecht habe, als er seine drey ältesten Söhne zu Stiftern eigener Linien machte, auch für jede einzelne Linie die Ordnung, wie deren Glieder in dem einzelnen Ländertheil succediren sollen, bestimmt, zeigt ja die Aufschrift und der Innhalt des unmittelbar folgenden §. ganz augenscheinlich. Nichts desto weniger bin ich noch überzeugt, daß die Verfügung Albrechts:

„Und ob zu Fällen käme, daß der genannten unser Söhne einer oder zween mit Tod abgingen, und einer oder mehr männlicher Leibes-Lehens-Erben hinter ihnen verlassen würden, so soll jeglicher Sohn seinen Vater erben."

nicht mit dem Herrn Verfasser bloß so zu verstehen sey, daß die Söhne eines jeglichen ihren Vater erben sollen, und, wenn ein Vater mehrere Söhne hinterließe, dem zweyten, dritten ꝛc. eben sowohl als dem ersten das Erbfolgerecht zustehe, weil Jeder Sohn seines Vaters ist. Dieß war ja schon gemeinen Rechts, und eine besondere Verordnung hierüber wäre ungeräumt und überflüßig ge-

J 4 we-

wesen. Allein dieselbe war zweckmäßig, wenn man entweder sie so erklärt: daß auch von mehreren Söhnen immer nur je einer (jeglicher) seinen Vater erben, oder ihm succediren, die Bestimmung und Auswahl des Nachfolgers aber von dem Vater der mehreren Söhne abhängen solle; oder, welche Erklärung mir noch natürlicher scheint, wenn man annimmt: Albrecht habe dadurch, um seine gemachte Theilung unverändert zu erhalten, eines Theils das Erbrecht jedes Sohns, (seines Enkels) des einzelnen wie der mehreren, auf den seinem Vater zugeschiedenen Haupttheil beschränken, andern Theils aber, jeden seiner drey Söhne von der Miterbung desjenigen Haupttheils, dessen Anfall ein etwa vor Albrecht schon verstorbener Sohn nicht erlebte, ausschließen wollen. Daher verordnet er auf jenen Fall: daß wenn einer seiner drey Söhne bey seinem Leben stärbe, seine Theilung in drey Theile, wenn er anders noch drey Söhne hätte, fortwähren, folglich der durch diesen Tod erledigte Theil nicht auf die zwey andern Brüder oder deren Söhne, sondern auf den vierten Bruder kommen sollte; auf diesen Fall aber: daß jeder seiner Enkel, nicht ihn den Großvater, sondern als Sohn seinen Vater erbe, wie wenn dieser schon wirklich in seinen Theil succedirt wäre.

Nach dieser letzteren Erklärung würden die Worte: so soll jeglicher Sohn seinen Vater erben, weder für eine Successions-Ordnung, noch gegen dieselbe oder für eine gleiche Erbfolge nach gemeinem Recht etwas beweisen; sie würden nur das Sammteigenthum bezeichnen, das jeglichem, oder einem wie allen, oder der

gan-

ganzen männlichen ehelichen Descendenz an dem durch Erbrecht auf sie devolvirten Haupttheil des Vaters ausschließlich zusteht; damit hängt aber eine wirklich gleichzeitige Erbfolge und Innhabung dieses Ländertheils nicht nothwendig zusammen, und hier um so weniger, da Albrecht von seinen genannten, d. i. seinen drey Söhnen, also auch von dem ältesten dem Kurfürsten spricht, dem doch nach einer andern Stelle nicht dessen mehrere Söhne, sondern nur der älteste succedirte, ob gleich jeglicher auch in dieser Kurlinie seinen Vater erbte.

„Wie ungereimt (wird nun dagegen eingewendet,) wäre es gewesen, wenn Albrecht wirklich verordnet hätte, daß, wenn seine Söhne vor oder nach seinem Tode mit Hinterlassung mehrerer Söhne sterben würden, von solchen und deren Nachkommen immer nur Einer in der Regierung nachfolgen solle, ohne zu bestimmen, ob Erstgeburts-Erbfolge oder Seniorat oder Minorat, kurz was für eine Art der Erbfolge Statt finden solle. Hätte er nicht in dem Augenblick, in welchem er den Wohlstand seines Haußes begründen, und Ruhe, Friede und Einigkeit unter seinen Nachkommen befestigen wollte, vielmehr den Zunder zu einem unauslöschlichen Feuer innerer Uneinigkeit in seine Familie gelegt? Und wie läßt sich solches von einem vernünftigen Fürsten und wohlgesinnten Vater nur denken?"

Allein gesetzt auch, Albrecht hätte sich, (woran ich doch zweifle) für befugt gehalten, nicht bloß für seine

Sohns, sondern auch für deren Abkunft, eine bestimmte Successions-Ordnung festzusetzen, so scheint er mir dadurch, daß er es nicht that, vielmehr klug als tadelswerth gehandelt zu haben. Da einmahl ausgemacht war, daß nur Einer succediren sollte, kommt es mir vernünftiger vor, die Wahl des Regenten und Nachfolgers dem jeweiligen Vater, der die Talente, Fähigkeiten und Eigenschaften seiner Söhne am besten kennen und bey dem man voraussehen muß, daß er nicht nach Vorliebe, sondern für das Wohl des Hauses handeln werde, ganz zu überlassen, als den Regenten schon zum voraus nach der Erstgeburt, dem Seniorat, dem Minorat ꝛc. zu bestimmen. Die Ruhe, die Einigkeit und der Wohlstand eines Hauses läuft meines Erachtens nicht sowohl durch den Mangel einer für immer festgesetzten Erbfolge-Ordnung, als dadurch Gefahr, wenn die Glieder eines Hauses von der Recht- und Zweckmäßigkeit der Verordnung, wornach nur Einer die Landesfolge hat, nicht überzeugt, und daran, daß alle übrige gegen Einen in der Succession zurückstehen müssen, noch nicht gewöhnt sind. Bey beyden, der ausschliessenden Erbfolge eines Einigen und der Bestimmung seiner Person, vermag aber das Ansehen eines unter seinen Söhnen disponirenden Vaters unstreitig das meiste; sein auf das Wohl der Familie gegründeter Wille gewinnt bey ihnen am leichtesten Eingang; sie folgen demselben; er dient den Nachkommen zum Beyspiel, und so erzeugt sich daraus allmählig die Meinung von Nothwendigkeit dieser oder jener bestimmten Erbfolgeart, wodurch die ursprünglich besondere Erbeinigungen zwischen Vater und Söhnen nach und nach

nach Regel für künftige Generationen werden. Daher beruht die Successions-Ordnung der meisten Familien auf Observanz, und wo wir auch darüber ausdrückliche Verordnungen finden, da bestand sie schon vorher durch Gewohnheit, und wurde nur durch jene bestättigt.

Zum §. 11.

Hier wird die Bemerkung gemacht:

„Und auch in Ansehung der Kurlinie oder vielmehr der Linie seines ältesten Sohnes ist hier nicht von der **Erbfolge in die Länder**, sondern nur von **Führung des Zepters und des Titels eines Erzkämmerers und Kurfürsten die Rede.**"

Nun folgen die Gesez-Stellen, die ich nicht noch einmal abdrucken lassen will; dann heißt es weiter:

„Aber in einer Stelle wird so wenig als in der andern eine Verordnung gemacht, wie es mit der Erbfolge in dem der Kurlinie zugeschiedenen **Ländertheil** zu halten sey. Eben daraus, daß Albrecht hier in Absicht auf Führung des Zepters und der Kurwürde so deutlich und bestimmt sich ausdrückt, ohne des seinem ältesten Sohne zugedachten **Ländertheils** zu gedenken, oder sonsten in Ansehung desselben gleiche Verordnung zu machen, ersieht man vielmehr ganz klar, daß es sicher gar nicht in seiner Absicht lag, jene Verordnung auch auf den Ländertheil auszudehnen. Ich begreife daher nicht, wie der Herr Verfasser aus der ersten Stelle solches herleiten kann."

Und

Und ich begreife nicht wie der Herr Verfasser mir zur Last legen kann, daß ich dieß daraus hergeleitet habe. Meine Worte sind die:

„Wie es mit der Erbfolge in dem jeder einzelnen Linie ausschließlich zugeschiedenen Ländertheil zu halten sey, und wer, wenn darinn mehrere Söhne am Leben, succediren soll, darüber ist mit Ausnahme der Kurlinie, von welcher es heißt: und ob der Kurfürst mit Tod abgieng, soll sein ältester leiblicher Sohn, ob er einen oder mehr hinter ihme verließ —— den Zepter führen: nichts besonders bestimmt, sondern nur überhaupt verordnet worden 2c."

Die von mir selbst beygesezte Gesetzesworte lassen sich ja offenbar nur auf den letzten Satz: und wer 2c. beziehen, indeß über den ersten: wie es 2c. nach meiner Aeusserung nichts besonders bestimmt worden ist. Albrecht hatte nicht nöthig des seinem ältesten Sohn zugedachten Ländertheils hier noch einmal zu erwähnen, denn dieß war unmittelbar vorher bey der Theilung der Lande unter seine drey Söhne ausführlich geschehen, worauf erst weiter verordnet wurde, daß seine Söhne und ihre Erben einen Titel gebrauchen, der Marggraf Hanns aber als der Kurfürst, und nach ihm sein ältester leiblicher Sohn, und wenn er ohne Mannserben stärbe, derjenige von Albrechts Söhnen, der die Mark inne haben wird, den Zepter führen und sich des Heil. Röm. Reichs Erzkämmerer und Kurfürst 2c. schreiben soll.

Hier-

Hierauf sagte ich weiter: Albrecht habe nur überhaupt verordnet, daß die gemachte Theilung auch zwischen der Descendenz der drey Söhne oder zwischen den drey Linien wie zwischen ihren Stiftern bestehen, keine Linie also ihren Theil als ein besonderes Ganze weiter zertheilen soll: und führte als Beleg hiezu aus seiner Satzung die Worte an:

„Daß die drey Theil mit denselben unsern drey Söhnen und ihr jegliches männlichen ehelichen Leibeserben gehalten werden sollen."

Dagegen wendet der Herr Verfasser ein:

„Diese Stelle beweißt meines Erachtens nicht was daraus hergeleitet wird — — Und wie Albrecht vorher jeden der drey Theile dem namentlich genannten Sohn und dessen männlichen ehelichen Leibeserben zuschied, so thut er es auch hier, indem er ebenfalls der auf den angenommenen Fall vorhandenen drey Söhne und ihr jegliches männlicher leiblicher ehelicher Erben Erwähnung thut. Etwas neues hier zu verordnen, lag gar nicht in der Absicht Albrechts, wie auch die beygefügten Worte: „wie vorstehet" zu erkennen geben."

Unläugbar hängt die von mir angeführte Stelle mit dem was vorausgeht auf das genaueste zusammen; ich behauptete auch nicht das Gegentheil, führte aber, was vorausging, deswegen nicht an, weil ich glaubte, daß schon in den angezogenen Worten das liege, was ich daraus folgerte. Da nun dem widersprochen wird, so muß ich die ganze Stelle ausheben:

„Und

„Und ob zu Fällen käme, daß der genannten unser Söhne einer oder zween mit Tod abgiengen, und einen oder mehr männlicher Leibes-Lehens-Erben hinter ihnen verlassen würden, so soll jeglicher Sohn seinen Vater erben, ob es doch ehe wir mit Tod abgangen seyn, zu dem Fall kommen soll, gleichwohlen nach unserm Tod jeglicher ehelicher Sohn seinen Vater erben, obwohlen derselbe sein Vater ehe dann wir mit Tod abgegangen wäre; wo aber geschehe, daß der obgenannten unser drey Söhn einer oder mehr, die wir jetzund haben, bey unserm Leben stürbe, und nicht männliche eheliche Erben hinter ihm verließe, so wollen wir doch wo wir anders dannoch drey Söhne haben, daß die drey Theile mit denselben unsern dreyen Söhnen und ihr jegliches männliches leiblichen ehelichen Erben gehalten werden sollen, wie vorsteht."

Albrecht verordnet hier ganz deutlich: daß seine gemachte Theilung nicht nur unter seinen drey Söhnen, sondern auch unter der männlichen ehelichen Descendenz eines jeden derselben bestehen solle. Er will also, folgerte ich, daß kein Sohn noch seine Descendenz den ihm zugeschiebenen Theil weiter zertheile, weil sonst gegen seine Absicht mehr als drey Theile entstanden wären. Damit aber sein Theilungsgesetz auch noch dann bleibe, wann einer seiner drey Söhne vor ihm mit Nachlassung mehrerer Mannserben stärbe, so bestimmt er zugleich, daß jeglicher seinen Vater erbe. Hätte er dieß nicht ge-

gethan, sondern jedem Sohn ein eigenes Erbe, mithin auch ein Recht auf Theilung zugestanden, so hätte er seine auf das Wohl des Hauses sich beziehende Verordnung fast in dem Augenblicke wo er sie machte, wieder vernichtet.

Zum §. 13.

Gegen diesen §. wo ich aus der Natur und Beschaffenheit der Albrechtischen Verordnung zeigte, daß sein Sinn nicht auf eine immerwährende Absonderung der abgetheilten Lande gegangen sey, wird geäußert:

„Dieser weise Fürst —— —— bestimmte die nächsten Fälle und begnügte sich damit. Dieß ist aber auch alles, was sich darüber sagen läßt. So ist dann die Frage wie es gehalten werden soll, wenn die getheilte Länder nach Erlöschung zweyer Linien in der dritten wieder vereiniget werden würden, und ob alsdann, wenn in dieser mehrere Brüder vorhanden seyn sollten, wieder zwey oder drey regierende Linien errichtet werden sollen, nicht ausdrücklich bestimmt worden. In diesem Stillschweigen über künftige Fälle eine tiefliegende Absicht und wohl gar einen Beweis kluger Vorsicht zu finden, das ist mir nicht eben so leicht, als es dem Verfasser geworden zu seyn scheint."

Daß Albrecht bloß die nächsten Fälle bestimmte, gebe ich zu; nur deucht mir, daß, bey seiner Verfügung: es sollten, wenn nur zwey seiner Söhne am Leben, auch nur zwey Theile, die Kurlande der eine, und die zu Franken und auf dem Gebürg der andere; wenn aber nur einer existirte, sämmtliche Lande

ein

ein Ganzes seyn, es offenbar unter diese **nächsten Fälle** gehörte, das zu verordnen, wovon ich in diesem §. sprach, wenn es anders Albrecht um eine beständige Trennung der abgetheilten Lande und um die **Fortdauer** von zwey oder drey regierenden Linien und nicht vielmehr. darum zu thun war, daß **nicht mehr als drey Linien und nicht mehr als drey Theile** seyn sollten. Deswegen hatte er auch nicht nöthig den in der Bemerkung enthaltenen Fall nahmhaft zu machen. Uebrigens habe ich, wie ich doch beschuldiget werde, Albrechts Stillschweigen über künftige Fälle einer tiefliegenden Absicht nirgend zugeschrieben.

Zum §. 14.

Man hielt sich auch (sagte ich) in der Folge an den klaren Buchstaben dieser Haußordnung; denn als der dritte Sohn Albrechts, **Sigmund**, ohne männliche Erben starb ꝛc. wurden die beyden Fürstenthümer unter und ober dem Geburg vereiniget.

„Ueber die, (wird dagegen eingewendet) **nach dem Tode des Stifters** sich ereignende mögliche Erbfälle enthält die Albrechtische Verordnung außer allgemeinen Bestimmungen ganz **keinen Buchstaben**, an den man sich halten konnte. Vielweniger ist es der Fall, daß man sich an den klaren Buchstaben derselben hätte halten können. — — Selbst dieser erste Fall, der sich durch den Tod Sigmunds schon 1495, neun Jahre nach Albrechts Tod, ereignete, ist mit **ausdrücklichen** Worten in der Albrechtischen Haußordnung nicht entschieden, denn Albrecht verordnet nur, wie es gehalten werden solle, wenn vor seinem Tode

Tode seine Söhne bis auf zwey sterben, oder so tief geistlich werden würden, daß sie nicht mehr zur Welt zurückkehren könnten, daß nähmlich alsdann die beyden Fürstenthümer ob- und unterhalb dem Gebürg nur ein en Haupttheil ausmachen, sollen: Auf den Fall aber, wenn sich solcher nach seinem Tod zutragen würde, enthält dieselbe keine Bestimmung. Freylich aber lag auf diesem Fall der Sinn und Wille des Vaters so nahe, daß man wohl keinen Augenblick daran zweifelte, daß jetzt eben sowohl, als wenn Sigmund vor demselben gestorben wäre, die beyden Fränkischen Fürstenthümer zusammen einen Haupttheil ausmachen müßten."

Der klare Buchstabe der Verordnung ist:
„ließen wir aber nicht mehr, denn zwey weltliche Söhne, und die andern wären mit Tod abgangen, daß sie nicht männliche eheliche Erben hinter ihnen verlassen hätten, und daß die übrige unsere Söhne, so tief geistlich worden wären, daß sie nimmer wehrentlich werden möchten, so soll die Mark ein Theil, und beede Land zu Franken und uff dem Gebürg der ander Theil seyn, und soll der ältist unser Söhne die Wahl haben zu nehmen, welchen der jetztgenannten Theil einen er will ——— Und ob es zu dem Fall käme ——— daß nicht mehr dann ein Sohn wehrentlich, und die anderen so tief geistlich worden, daß sie nicht wehrentlich werden möchten, so soll derselbe wehrentliche Sohn und seine Erben die Land in der Mark zu

K   Bran-

Brandenburg, auch zu Franken und auf dem Gebürg alle mit allen ihren Zugehörungen besitzen inn haben und behalten."

Jener erste Fall ereignete sich mit dem Tod Sigmunds; das Albrechtische Gesetz wurde darauf angewendet, und die beyden Fränkischen Fürstenthümer wurden in der Person des Marggrafen Friedrich unter dem Gebürg, des zweyten Sohn Albrechts, ein Theil. Konnte ich nun hier nicht mit Wahrheit sagen: man hielte sich an den klaren Buchstaben dieser Haußordnung? Fast scheint mir der Herr Verfasser selbst das Unrecht seines Tadels gefühlt zu haben, und dadurch auf den subtilen Unterschied gerathen zu seyn, daß die Stelle nur davon rede, wie es vor, nicht wie es nach dem Tod Albrechts zu halten sey. Allein nicht zu gedenken, daß dieser Unterschied auf den zweyten Fall selbst nach den Worten nicht anwendbar ist, also nach Albrechts Absicht gewiß auch in dem ersten nicht gemacht werden darf; so kann ich den sichersten Beweis, daß es hierauf gar nicht ankomme, aus dem Eingang dieser Haußordnung führen, wo es heißt:

"Seyn wir nicht mit kleiner Sorgfältigkeit fürträchtig, sie (die Söhne) bey unserm Leben, nach unserm höchsten und besten Verständniß auch zu versorgen und fürzunehmen, wie es dieweilen wir leben, und nach unserm Tod mit denselben unsern Söhnen und Kindern —— und auch mit dem Churfürstenthum und Fürstenthum und Landen; die wir nach unserm Tod lassen, bestehen und gehalten werden soll."

Der zweyte Fall trat unter dem ermeldten Marggrafen Friedrich ein. Dieser Fürst, schrieb ich, ein Vater vieler Söhne, errichtete unter ihnen eine nicht nur im Geist, sondern großentheils in den Worten der Albrechtischen abgefaßten Verordnung, kraft welcher sein ältester Sohn Casimir das Land oberhalb Gebürgs, der zweyte Georg aber das Land unterhalb Gebürgs erhielt; ich führte zugleich daraus eine Stelle an, welche, verglichen mit der Gesetzstelle Albrechts, meine Behauptung unstreitig rechtfertigt. Jene fängt an:

„Daß nicht mehr dann zween der ältesten Söhne der obgenannten zween Landen wehrentlich regierende Fürsten seyn sollen. — —"

Diese:

„Doch daß nicht mehr dann drey der ältesten unserer Söhne der obgenannten dreyen Landen weltlich regierende Fürsten seyn."

In jener heißt es weiter fast übereinstimmend mit dieser nach den obangezogenen Worten:

„Und wenn es sich begebe, daß die Mark zu Brandenburg ꝛc. — — wiederum an uns und unsere Söhne komme, so soll dieselbe ein Theil und die beyde unsere Land zu Franken und auf dem Gebürg der andere Theil seyn, und soll der älteste unserer Söhne die Wahl haben, zu nehmen der jetzt genannten Theile einen welchen er will."

Eben so ist die bey dem §. 12. angeführte Stelle: und ob zu Fällen käme ꝛc. hier wörtlich zu lesen.

Bey diesem zweyten Fall wird bemerkt:

„Die

„Dieser wurde durch ein neues Haußgesetz bestimmt. Ob, wenn solches nicht geschehen wäre, dennoch die zween ältesten Söhne Friedrichs allein in den beyden Fürstenthümern ihrem Vater nachgefolgt wären; ob deren jüngere Brüder solches gutwillig zugegeben; ob sie nicht vielmehr auf gleiches Erbrecht Anspruch gemacht haben würden, und wie die Sache von dem höchsten Reichsgericht etwa angesehen worden wäre, besonders, ob man das Albrechtische Haußgesetz auch auf diesen in demselben offenbar nicht ausgedruckten Fall anzuwenden gesucht, oder dasselbe für unanwendbar gehalten haben würde, das alles bleibt ewig unentschieden, da das neue Haußgesetz eintrat, in welchem die Erbfolge nach Friedrichs Tode bestimmt wurde. Herr D. Batz sagt selbst §. 11; das Albrechtische Haußgesetz enthalte keine Successionsordnung für einzelne Linien. Nach seinen eigenen Grundsätzen ist es also unmöglich, daß man sich in diesem Fall an den klaren Buchstaben des Albrechtischen Haußgesetzes hätte halten können."

Wie es ohne dieß neue Haußgesetz bey den vielen Söhnen Friedrichs gegangen seyn würde, das kann man freylich nicht wissen. Daß aber nach der Albrechtischen Satzung, die allein durch das ganze Kur- und Fürstliche Hauß hierinn abgeändert werden konnte, nicht mehr als zween derselben in die zwey Fürstenthümer succediren konnten, das halte ich für ausgemacht. Nur hatte dieselbe nicht bestimmt, sondern der Klugheit

des

des Fürstenvaters im Einverständniß mit seinen Söhnen sowohl überlassen, ob diese einmahl vereinigte Haupttheile es bleiben und einen, oder wieder getrennt und zwey Regenten haben, als auch, durch wen sie regiert werden sollten. Friedrich folgte hierinn dem Beyspiel seines Vaters und ordnete in seinem Theilungsgesetz von 1507 daß die zu einem Fürstenthum vereinigte Lande:

„Und dieweil wir nun desselben unsers Fürstenthums Land und Leut einiger Regierer und Fürst sind."

nach seinem Tode wieder getrennt, und

„zwischen seinen zween ältesten Söhnen Markgraf Casimir und Markgraf Georg, oder ihr jedes männlich Lehens-Erben, ob sie davor abgangen wären, und die hinter ihnen verlassen, auf ein Loos getheilet würden."

Man hielt sich also sowohl in dem ersten Fall in Absicht auf die Vereinigung der Lande, als in dem zweyten in Absicht auf die Theilung an den klaren Buchstaben der Albrechtischen Verordnung. In Absicht auf Successions-Ordnung sagte ich ja selbst, daß sie nichts bestimme. Wie konnte daher der gelehrte Herr Verfasser, da die Wortverbindung im §. 14 dieses nicht fordert, den klaren Buchstaben auch auf dieselbe von mir angewendet behaupten und hier einen Widerspruch finden?

Nach der weitern Note zu meinen Worten: Im Jahr 1557 starb Albrecht mit dem Beynahmen Alcibiades, Casimirs Sohn, unbeerbt:

„Es lebten zwar damahls auch noch zween Vaters
Brüder des verstorbenen Marggrafen Albrecht,
wovon aber der Eine, nehmlich der Herzog Albrecht
in Preußen, bekanntlich in der Reichsacht, der
andere aber, der Marggraf Wilhelm, Erzbischof in
Riga war. In der Disposition des Marggrafen
Friedrich waren aber seine zween ältesten Söhne
Marggraf Casimir und Marggraf Georg und
deren eheliche männliche Leibes-Erben
mit Ausschließung aller übrigen Söhne, dergestalt in Gemeinschaft zu Erben der Lande zu Franken und auf dem Gebürg ernannt, daß sie nur der
Nutzungen halber das Land zu theilen befugt seyn
sollten. Nach Albrechts Tode mußte also dessen
Landesantheil nun an den Marggrafen Georg fallen, wenn auch gleich der Herzog Albrecht nicht
in der Reichsacht, und sein Bruder Wilhelm
nicht schon Erzbischof gewesen wäre."

sollte man glauben, als ob die Disposition Friedrichs und die Theilung der Lande unter seine beyde älteste Söhne etwas ganz besonderes enthielte, welches doch nicht ist: sie stimmt vielmehr, wie ich versichern kann, mit den vorhergehenden Theilungen überein.

„Doch so mögen — heißt es darinn — nach unserm Tode diese jetztgemeldten zwey Land zu Franken und auf dem Gebürg mit ihrem Aufheben,
Nutzungen, Zinsen, Renten und Gülten zwischen
den obgemeldten zweyen ältesten Söhnen, oder
ihr jedes männlich Lehenserben, ob sie davor abgangen wären, und die hinter ihnen verlassen, auf
ein

ein Loos getheilet werden, und sich alsdann jeder seines Theils Nutzungen zu seinem Willen gebrauchen; und alle Bergwerk, die man in beyden Landen itzunder hat, oder hinführo gefunden werden, auch das Kaiserliche Landgericht zu Nürnberg, Wildbänne, Gleit, Zoll, auch all andere Fürstliche Obrigkeit und Herrlichkeit, hohe und niedere Halsgericht ungetheilet bleiben, und sollen die obgemeldten unsere zween Söhne solche unsere beyde Land einmüthiglich, samentlich und ungesondert miteinander regieren, es sollen sich auch die gemeldte und andere unsere Söhne eines Titels gebrauchen und schreiben, und Helm und Schild gleich führen."

In der Albrechtischen Verordnung z. E. lautet die Stelle so:

"Und die beyden jetztgenannten Land zu Franken und auf dem Gebürge, sollen zwischen den andern unsern zweyen Söhnen Markgraf Friedrichen und Markgraf Sigmunden, oder ihr jedes männliche eheliche Erben, ob sie davor abgangen wären und die hinter ihnen verließen, nach unserm Tode uff ein Loos getheilet werden, und welches ihr jedem durch das Loos zufällt soll er für seinen Theil annehmen, innhaben und behalten —— —— Doch so sollen alle Bergwerke ꝛc. auch das Kaiserliche Landgericht zu Nürnberg den zweyen unsern Söhnen — und ihren männlichen ehelichen Erben g l e i c h zustehen, —— es sollen sich auch ꝛc."

Die Worte der ersten Stelle:

"Und"

„Und sollen die obgemeldte unsere zween Söhne solche unsere beyde Land einmüthiglich, samtlich und ungesondert miteinander regieren."

beziehen sich nicht auf die unmittelbar vorhergehende, sondern darauf, wenn sie nicht theilen, und sich der Erlaubniß zu theilen, die ihnen in den Worten: doch so mögen ꝛc. gegeben wird nicht bedienen; diesen aber geht vorher:

„So uns der allmächtige Gott von dieser Welt gefordert hätte, daß alsdann unsere Fürstenthumb des Landes zu Franken und auf dem Gebürg — — auf unsere zween ältesten Söhne, nehmlich Markgraf Casimir und Markgraf Georgen und ihre eheliche männliche Lehens-Erben, kommen, stehen und bleiben sollen, ohne Irrung, Einrede und Verhinderniß anderer unserer Söhne, Töchtern und männiglich; doch so mögen ꝛc."

Auch hier folgte Friedrich dem Achilles, der sich nach Errichtung seiner Haußordnung von seinen beyden Söhnen Friedrich und Sigmund versprechen ließ *):

„Daß sie sich nach unserm Tode — — unserer Seele zu gut, ihr Lebtag lang unterstehen sollen und wollen, ungetrennt bey einander zu bleiben, einander getreulich zu helfen und zu rathen, in allen ihren Sachen zu regieren und zu handeln ihnen selbst, und ihren Landen und Leuten zu

---

*) Gundlings Deduktion in den Beylagen Lit. R. R.

zu gut nach ihrer besten Verständniß; ob aber geschehe, das Gott wende, das sich die Leufft verändern, und sie nicht bey einander bleiben möchten oder wollen, daß sie dann — — ihr Loos werfen, und ihrer Theilung nachkommen, wie wir das gesetzt haben, nach laut der versiegelten Theilbriefe darüber ausgangen getreulich und ungeferlich."

Die Theilung Friedrichs geschah keineswegs mit Ausschließung sondern bloß mit Nachsetzung aller übrigen Söhne, gerade wie die Albrechtische, laut der Worte:

„Wo aber geschehe, daß der genannten unser Söhne einer bey unserm Leben stürbe, und nicht männliche eheliche Erben hinter ihm ließe, so ist unser Meinung, ordnen setzen und wollen wir, daß alsdann unser ältester Sohn nach ihm, der geistlich worden seyn sollt, zu dem verstorben Theil kommen (also nicht sein Bruder, der den andern Theil hatte, oder dessen Söhne) und dabey bleiben — — und soll damit hinführo also gehalten werden von einem unsrer Söhne uff den andern, doch das nicht mehr dann zween der ältesten unser Söhne der obgenannten zweyen Landen wehrentlich Regiment Fürsten seyn."

Und es mußte daher das Land unterhalb Gebürgs nach dem ohne Mannserben erfolgten Tod des ältesten Sohn Casimirs, Albrechts, ohne die Reichsacht, auf dessen Vaters Bruder gleiches Nahmens, als den nachältesten

ſten Sohn, nachdem ſie aber gegen ihn verhängt war, auf den weiteren Sohn Wilhelm offenbar und nothwendig fallen, wenn dieſer ſein Erzbisthum in Riga hätte verlaſſen und wehrentlich werden wollen.

„Wo auch der obgenannt unſer älteſten zween Söhnen Markgraf Caſimir und Markgraf Georg einer ohne männliche eheliche Erben dieweil wir leben abgieng, ſo mag der älteſte unſer Sohn darnach (ſo er will wehrentlich werden) *) an des verſtorbenen Theil kommen, damit allewegen zween wehrentlich bleiben, und demſelbigen ſoll des verſtorben wehrentlich Bruders Theil folgen und werden."

Auch hier kam wieder die Verordnung des Albrechtſchen Statuts, die in den Theilbrief Friedrichs aufgenommen wurde,

„Und ob zu Fällen käme, daß der genannten unſer Söhne einer mit Tode abgieng, und einen oder mehr männliche Lehens-Erben hinter ihm verlaſſen würde, ſo ſoll jeglicher Sohn ſeinen Vater erben ꝛc."

nach der oben von mir gegebenen Erklärung, auf gewiſſe Art in Anwendung, und unſtreitig hätte ohne die beſondern angezeigten Verhältniſſe der nachälteſten Söhne Caſimirs die Vereinigung des Landes unterhalb Gebürgs mit dem Land oberhalb Gebürgs in der Perſon Georg

---

*) Denn damahls war Albrecht Großmeiſter des Deutſchen Ordens und noch nicht Herzog in Preußen.

Georg Friedrichs ihres Neffen nicht statt finden können. Georg Friedrich setzte daher im Geraischen Vertrag mit Recht den Grund der Ausschliessung des Herzog Albrechts und seines blödsinnigen Sohns Albert Friedrichs in die Reichsacht, wovon letzterer nur in so fern von Kaiser Max. II. restituirt wurde:

>,,Daß ihm auf den äussersten Fall, und wofern nach allen jetztlebenden Markgrafen töblichen Abgang keine männliche Leibes-Lehens-Erben, mehr vorhanden seyn würden, alsdann und eher nicht zu den verlassenen Reichs-Lehen und Regalien die gesammte Land- und Lehensfolge gestattet werden soll."

Zum §. 15.

Hier äusserte ich: daß nach dem Albrechtischen Gesetz die Fränkische Lande nicht eher mit der Primogenitur vereinigt werden, oder an die Kurlinie fallen sollten, als bis die beyden Fürstlichen Linien in successionsfähigen Prinzen erloschen wären; daß aber auf diesen Fall der Beherrscher der Kurlande auch Herr der beyden Fürstenthümer des Burggrafthums seyn sollte, er mochte nun durch männliche Descendenten wieder besondere Linien gestiftet, oder zur Zeit des Anfalls der Lande regierungsfähige Agnaten und Abkömmlinge aus der Kurfürstlichen Stamm- oder Hauptlinie haben ɾc. Gegen dieß ist nun der Haupt-Einwurf und das neue Argument *)

des

---

*) Wäre dasselbe schon in dem ersten Aufsatz vorgelegt worden, so hätte ich schon in meiner Entwickelung darauf geantwortet.

des gelehrten Herrn Verfassers eigentlich gerichtet. Er sagt:

„Auf einmahl wird hier als entschieden angenommen und vorausgesetzt, was eigentlich zu beweisen war. Denn das ist ja offenbar das Thema probandum, daß nach Erlöschung der beeden Fürstlichen Linien deren Lande an den einigen Beherrscher der Kurlande fallen sollen, wenn gleich zur Zeit des Anfalls regierungsfähige Agnaten und Abkömmlinge aus der Kurfürstlichen Stamm- oder Hauptlinie vorhanden wären. Statt zu beweisen, schlägt der Herr Verfasser, wenn ich es geradezu sagen darf, hier den Weg ein, durch einen Machtspruch zu behaupten, daß nach dem Albrechtischen Gesetz es sich so verhalte. Bisher hat derselbe seine Sätze aus diesem Haußgesetz mit Anführung beweisender Stellen zu belegen gesucht. Hier weicht er bey dem Hauptsatze, wovon gerade die Frage ist, davon ab. In der That ist aber auch in Albrechts Haußgesetz nicht eine Spur davon anzutreffen, wie nach dem Tode seiner Söhne und nach der erst in künftigen Generationen erfolgenden Erlöschung der beeden Fürstlichen Linien es mit der Erbfolge gehalten werden solle? Daß alsdann die Fränkische Fürstenthümer an die Kurlinie fallen müssen, das versteht sich von selbst. Ob sie aber in solchem Fall mit der Primogenitur dieser Linie vereinigt werden sollen, wie der Herr Verfasser annimmt, oder, ob

nach)

nach der Analogie des Albrechtischen Haußgesetzes wieder zwo neue Fürstliche regierende Linien des Haußes errichtet werden sollen, wie die Stifter des Geraischen und Onolzbachischen Vertrags dafür gehalten und auf künftige Zeiten wirklich festgesetzt haben *), oder ob die Grundsätze des gemeinen Erbfolgerechts der erlauchten Häußer Deutschlands eintretten mußten: darüber äussert sich jenes Haußgesetz schlechterdings nicht. Aber eben deswegen kann auch keine Entscheidung weniger statt finden, als diejenige, die der Herr Verfasser annimmt. Denn diese müßte nothwendig in einer besondern haußgesetzlichen Norm ihren Grund haben. Fehlt es daran, wie in gegenwärtigem Fall, so fehlt es auch an allem rechtlichen Grunde zu einer solchen von dem gemeinen Erbfolgesystem abweichenden Entscheidung."

Es würde meiner Einsicht, so geringe sie auch ist, zu nahe getreten seyn, oder mir den Fleiß, den man auf jede Arbeit verwenden soll, absprechen heissen, wenn man glauben könnte, daß ich diesen Einwurf mir gar nicht sollte gedacht, oder meine Sätze so wenig aneinander gereihet haben, daß dadurch meine Meinung ganz bloß gestellt und nur als Machtspruch erscheinen würde. Daher muß ich mich hierüber umständlich erklären.

Albrecht

---

*) Hievon ist der Herr Verfasser, wie unten gezeigt werden soll, den Beweis, alles angeführten ungeachtet, schuldig geblieben.

Albrecht verordnete nur, daß so lange drey Söhne, oder von jedem derselben männliche eheliche Nachkommen lebten, auch die drey Theile bestehen; aber er verordnete nicht, daß diese drey Theile auch alsdann bleibend seyn sollten, wenn ein und der andere Sohn mit seiner Descendenz, oder wenn eine oder die andere durch seine drey Söhne gestiftete Linie absterben würde. Hätte er dieß gewollt; so hätten ihn die zwey deutlich in seinem Gesetz bestimmten Fälle, wie es nähmlich gehalten werden soll, wenn zwey oder nur ein weltlicher Sohn vorhanden wäre, nothwendig auf eine dieß ausdrückende Verfügung leiten müssen, und unfehlbar würde er dann bey der Gesetzstelle:

„Und ob es zu dem Fall käme, daß nicht mehr dann ein Sohn wehrentlich — — so soll derselbe und seine Erben die Land in der Mark zu Brandenburg auch zu Franken und auf dem Gebürg alle mit allen ihren Zugehörungen besitzen, inne haben und behalten."

oder anderwärts etwas geäussert haben, was seinen Willen von der Fortdauer der in einer Hand vereinigten, und so bald möglich wieder an eigene Fürsten zu überlassenden Theile, verriethe. Da er dieß aber nicht that, so glaube ich nebst dem, was ich hierüber §. 13. meiner Entwickelung gesagt habe, mit Recht behaupten zu können, daß nach seiner Absicht die drey Ländertheile sich mit den Linien wieder auflösen, und zu einem Ganzen vereinigen sollten. Denn offenbar wurden sie nur in Beziehung auf die drey Söhne und deren Abkunft, oder auf die drey Linien gemacht, und stets mit diesen drey Linien,

nien, nie aber mit mehreren Personen in einer einzelnen Linie in Verhältniß gesetzt. Wenigstens enthält Albrechts Verordnung durchaus keinen Grund für die Permanenz der drey Theile, wenn in der überlebenden einzigen Linie, der sie anfallen, mehrere Personen sich finden. Zu Unterstützung meiner Meinung, wornach ich mit Erlöschung der beyden Fürstlichen Linien alle Lande in die Hände der Primogenitur der Kurlinie oder des Besitzers der Kurlande gab, konnte ich freylich aus Albrechts Theilbrief keine Belege anführen, weil er deren keine enthält. Allein mit dessen Geist, der die Untheilbarkeit der Lande und den Flor und das Aufnehmen des Brandenburgischen Haußes sichtbarlich athmet, weiß ich es nicht zu reimen, wie an den erledigten Landen andere in der Kurlinie befindliche Glieder ausser dem Kurfürsten miterben könnten. Ich glaubte aus der Verordnung nach ihrem ganzen Zusammenhang den Schluß ziehen zu dürfen: Albrecht disponirte über die drey Ländertheile nur in Beziehung auf die drey Linien, also wollte er nur drey Theile, so ferne drey Linien sind, und daher that er wohlbedächtlich, (denn der Fall lag zu nahe um vergessen, und war zu wichtig, um mit Stillschweigen übergangen zu werden) nur der Landesfolge der Linien unter sich, und nicht der Succession einzelner Personen in einzelnen Linien Meldung; folglich würde man sein Gesetz unrichtig deuten, wenn man die drey Theile auch auf diesen Fall ausdehnen, man würde seine herrschende Idee von Untheilbarkeit vernichten, wenn man annehmen wollte, daß den noch unberathenen oder unversorgten Gliedern der Kurlinie ein weiteres Recht gegen

gen den Kurfürsten zustünde, als von den Nutzungen der nun nicht mehr getheilten Lande durch ihn berathen zu werden.

Die beyden Fränkischen Fürstenthümer verlohren als besondere Theile mit den beyden Linien, für die sie bestimmt waren, ihr Daseyn; sie vereinigten sich nun mit den Landen der überlebenden dritten und zufällig mit der Kurlinie; und es war natürlich, daß darinn der Kurfürst über sie herrschte, weil Albrecht nur die mehreren Regenten für mehrere Theile bestimmt, und die Dauer der letzteren an die Dauer der Linien und nicht der Personen in einer Linie geknüpft hat.

Wenn der Anspruch der regierungsfähigen Agnaten und Abkömmlinge aus der Kurfürstlichen Stamm- oder Hauptlinie auf die derselben angefallenen Lande neben dem Recht des Kurfürsten bestehen sollte, müßte vorher ihre Befugniß: die Vereinigung oder Consolidation der Fürstlichen mit den Märkischen und Kurlanden zu hindern, und die Fortdauer der beyden Fürstenthümer, als besonderer Theile, für besondere Regenten auch nach Erlöschung der Fürstlichen Linien, dargethan werden. Hörten aber, wie ich davon überzeugt bin, mit den Linien auch die denselben zugeschiedenen Theile auf, so konnte ohne den Willen des Haupts des Brandenburgischen Haußes, oder in der Ereigniß des zeitigen Kurfürsten, weder die Albrechtische Theilung fortwähren, noch eine neue erfolgen; und der Kurfürst ward jetzt Alleinherrscher der vereinigten Lande, nicht als Erstgebohrner oder kraft des in der Kurlinie eingeführten Erstgeburtsrechts, welches ich nirgend behauptete,

son-

sondern weil er, da Albrecht nach Linien und nicht nach Personen getheilt und aus jeder Linie nur eine Person, des getheilten, wie des vereinigten Ganzen zum Herrscher gesetzt hat — zur Zeit der Vereinigung der einzige Regent des dritten Landes in der dritten Linie, und nur zufällig in der Kurlinie war.

Diese Entscheidung fließt meines Erachtens nothwendig aus dem Gesetz der Untheilbarkeit der Lande, welches der Haußordnung Albrechts zum Grunde liegt. Die Erbfolge des gemeinen Rechts, gegründet auf Theilbarkeit und auf Gleichzeitigkeit der Rechte unter den Erben, kann hier nicht eintreten, weil Albrecht nur für seine drey Söhne und deren Abkunft drey untheilbare Lande als abgesonderte aber nicht abgerissene Theile vom Ganzen bestimmte, und aus der Descendenz eines jeden immer nur einen zum Regenten setzte. In der Kurlinie mußte er, was vielleicht sonst nicht geschehen wäre, um des Reichsgrundgesetzes der güldenen Bulle willen, dem ältesten Sohn seines ältesten Sohns, „ob er einen oder mehr hinter ihm verließ" den Besitz der Kurlande zusichern, aber in den beeden Fürstlichen Linien überließ er unter mehreren männlichen successionsfähigen Erben die Bestimmung des Landesregenten dem jedesmahligen Haupt der Linie oder des Haußes.

Allein wenn man dem ungeachtet mit meinem Herrn Gegner annehmen wollte, daß, da Albrecht weder ausdrücklich verordnet, wie es mit den Fränkischen Fürstenthümern zu halten sey, wenn die Fürstliche Linie aus-

ster-

sterben und in der Kurlinie mehrere successionsfähige Agnaten vorhanden seyn würden — noch auch darinn die Erbfolge nach dem Erstgeburtsrecht festgesetzt habe — dießfalls auch keine andere Vererbung der Fürstlichen Lande als nach Grundsätzen der gemeinen Erbfolge hätte statt finden, mithin jenen Agnaten ihr Successionsrecht nicht bestritten werden können; so erlaube mir der unbefangene Leser zu dem obigen noch zu bemerken.

Entweder hätte sich dieß Erbfolgerecht auf die Länder selbst und deren Substanz, oder nur auf die Nutzungen erstreckt. Im ersten Fall wären dann die beyden Fürstenthümer in so viel Theile als erbfähige Glieder, den Kurfürsten mitgerechnet, zerstückt, oder aber von diesen sämmtlich inne gehabt und regiert worden. Jenes hätte augenscheinlich der durch Albrecht bezweckten Untheilbarkeit, dieses seiner Verordnung widersprochen, daß in den beyden Landen zu Franken, nur so lange sie getrennt sind, zwey Regenten seyn sollen.

Soll sich aber die Succession der Agnaten nur auf die Nutzungen der Lande beschränken, so schließt dieselbe die Vereinigung der Fürstlichen mit den Kurlanden und deren Regierung durch den Beherrscher der Mark keineswegs aus.

Endlich könnte man auch gegen das System des Herrn Verfassers ohne Ungereimtheit annehmen, daß, so wie die Erbfolge nach dem Erstgeburtsrecht in den Fränkischen Fürstenthümern, so viel wenigstens mir bekännt ist, durch Observanz oder die stillschweigende Einwilligung der Familienglieder eingeführt und in dem Geraischen Vertrag bestättigt worden, das Brandenburgische Hauß

Hauß gleichfalls schon vor dem Geraischen Vertrag es als rechtlich entschieden und für bekannt angenommen habe, daß nur dem Erstgebohrnen in dem Kurhauße oder dem Kurfürsten nach Erlöschung des Fürstlichen die Erbfolge gebühre. Wenigstens ließe sich dieser Behauptung aus dem ganzen Verhalten der Glieder des Haußes bey und nach Errichtung dieses Vertrags (§. 19. 23.) kein geringer Grad von Wahrscheinlichkeit geben, und der Beweis des Gegentheils würde nicht der leichteste seyn.

Zum §. 18.

Da ich am Ende desselben von dem Herrn Verfasser gesagt habe, daß er als ausgemacht annehme, die Albrechtische Haußordnung, worinnen kein Wort darüber vorkomme „ob sie ein ewiges Haußgesetz auch für alle künftige Erbfolge-Fälle unter seinen Nachkommen seyn solle" seye dieß durch den sogenannten Geraischen Vertrag wirklich geworden; so bemerkt er hierüber:

Nach wiederholter Prüfung des Geraischen- und des 1603 zu dessen Bestätigung zwischen dem Kurfürsten und seinen zweyen Brüdern, Christian und Joachim, errichteten Onolzbacher Vertrags halte ich mich

1) versichert, daß die damahl lebenden Agnaten die Albrechtische Urkunde nicht nur als eine väterliche Verordnung zwischen Albrechts Söhnen, sondern als ein ewig gültiges Haußgesetz angesehen haben. — —

— — Hierüber läßt der ganze Gang der Sache und selbst der Innhalt des Geraischen Vertrags nicht den geringsten Zweifel übrig. Schon in dem Streit mit seinen nachgebohrnen Brüdern behauptet der Kurfürst die fortdaurende Gültigkeit und verbindliche Kraft des Albrechtischen Haußgesetzes. Zu Gera und Magdeburg dachte man eben so. Der ganze Vertrag ist auf die Albrechtische Constitution gegründet. Selbst den von Albrechts Constitution abweichenden Verordnungen Joachims I. und II. gab man eine solche Deutung, welche die fortdaurende Gültigkeit der erstern mit letztern vereinbarlich machen sollte (§. 25. Not. 8.) Auch der brüderliche Vertrag zu Onolzbach ruht auf gleichem Grunde. Und in dem im Geraischen Vertrag vorgeschriebenen Revers, den alle Glieder des Brandenburgischen Haußes, ehe sie zur Regierung oder ihrem geordneten Deputat gelangen, beschwören sollen, wird gleichsam als die Grundlage desselben vorausgesetzt,

„daß ihr älter Uranherr Kurfürst Albertus Achilles Germanicus —— —— eine Verordnung gemacht habe — wie es in ihrem Chur- und Fürstlichen Hauß von nun an zu ewigen Zeiten gehalten werden solle, und darauf die Durchl. Hochgeb. Fürsten, Herr Joachim Friedrich —— —— und Herr Georg Friedrich, solche ihre gnädige und hochvernünftige Verordnung von dato N. N. erklärt erneuert, wiederholt und bestätigt haben 2c."

Genug aber, daß wenigstens

2) in

2) in dem Geraischen und in dem Onolzbacher Vertrag das Albrechtische Haußgesetz wirklich ausdrücklich und oft wiederholt, für ewiges Grundgesetz des Brandenburgischen Haußes und für die Entscheidungsquelle auf alle künftige Successionsfälle erklärt wurde, und zwar ganz eigentlich in der Absicht dafür erklärt wurde, damit allen künftigen Successions-Irrungen ein für allemahl vorgebeugt werden mögte. Die schon in meiner Staats-Kanzley ausgezogenen Stellen —— —— beweisen solches zu voller Ueberzeugung. Und daß es gar nicht bloß auf die Beylegung der damahl zwischen dem Kurfürsten und seinen Brüdern obgewalteten Irrung angesehen, sondern vielmehr die Absicht der Paciscenten auch auf alle weitere künftig sich ereignende Successionsfälle gerichtet gewesen sey, beweisen nicht nur die so oft vorkommenden Ausdrükke, daß es von nun an und zu ewigen Zeiten nach der Albrechtischen Constitution gehalten werden solle, und der von allen Gliedern des Marggräflichen Haußes auszustellende Revers (§. 29.), sondern es ist überdieß mit klaren Worten in dem Geraischen Vertrage ausgedrückt. „Da wir ꝛc. —— —— so haben wir ꝛc." f. §. 29.

Ich weiß nicht wie die Paciscenten sich deutlicher, bündiger und stärker hätten ausdrücken können. —— —— Alles drehet sich um den einigen Punkt, daß sowohl in der Mark Brandenburg als in Franken schlechterdings es auf ewige Zeiten bey der Albrechtischen Verordnung sein Verbleiben haben müsse. Womit auch der Vertrag zu Onolzbach übereinstimmt, welcher zugleich die wichtige Erklärung enthält, daß man zu Gera auf Kurfürst Alberts Disposition alles gegründet habe.

3) Vermög dieser Erklärung der Paciscenten wurden nun die väterlichen Verordnungen Albrechts zwischen seinen Söhnen in Ansehung der gemachten Ländertheile, der Erbfolge, der Vormundschaft, der Versorgung der nicht regierenden Herren, der Ausstattung der Töchter ꝛc. nachher für alle seine Erben und Nachkommen verbindliche Haußgesetze. So haben die Paciscenten zu Gera, Magdeburg und Onolzbach die Sache angesehen und erkläret. Der ganze Innhalt der Haußgesetze spricht dafür. Besonders verdient eine Stelle des Geraischen Vertrags bemerkt zu werden, worinn der Innhalt der Albrechtischen Verordnung in Ansehung der gemachten Ländertheile und der Erbfolge kurz zusammengezogen wird. Nachdem nähmlich solche pro pragmatica sanctione et lege publica erklärt worden war, so heißt es weiter:

„Welche dann dieses Innhalts, daß obwohlen Ihro hochseelige Gnaden und Dero Gebrüdere gewilliget gehabt, daß Ihre Gnaden und Lbd. Lbd. Herr Vater Churfürst Friedrich der erste als primus acquirens in den Märkischen Landen zwey regierende Herren, doch

doch gleichwohl auf gewisse Maas verordnet, so sollten doch hinführo, weilen nunmehr alle des ganzen Chur- und Fürstlichen Haußes Brandenburg, Land und Leut an Jhro hochseelige Gnaden allein kommen, und dieselbe deren einiger Regent und Herrscher worden, alle Märkische Land ohne einigen Unterschied zu ewigen Zeiten mit der Chur Brandenburg unirt seyn, und alle miteinander, darunter denn nicht weniger die neue Mark als andere Land begriffen — — durch den Erstgebohrnen und ältesten Sohn den Churfürsten zu Brandenburg, als einen einzigen Herrn regiert werden. Im Fränkischen Fürstenthum aber haben Ihre Gnaden constituirt und versehen, daß zween regierende Herrn seyn sollen, immaßen dasselbe alles Ihrer Gnaden Verordnung weiter ausweißt."

Dieß ist also der nun haußgesetzlich bestimmte Sinn der Albrechtischen Verordnung, bey welcher es nun und zu ewigen Zeiten sein Verbleiben haben sollte.

Darinn sind wir ganz einverstanden, und ich habe es in meiner Schrift oft genug wiederhohlt, daß dem Geraischen Vertrag die Albrechtische Constitution zur Grundlage diente; daß man in diesem wie in dem Onolzbacher brüderlichen Verein sich auf sie als auf das Fundament immer bezog; daß es nach der Meinung der Paciscenten und damahls lebenden Agnaten sowohl in der Kur Brandendenburg als Franken auf ewige Zeiten bey derselben verbleiben sollte, und daß es endlich nicht bloß um die Beylegung des Successions-Streits des Kurfürsten mit seinen beyden Brüdern, sondern auch darum zu thun war, künftigen willkührlichen Vergleichungen, Theilungen und daraus entstehenden Successions-Irrungen zu begegnen (§. 31. 36.) Wenn aber der Herr Verfasser aus der Erklärung der Paciscenten, wornach die väterlichen Verordnungen Albrechts zwischen seinen Söhnen nachher für alle seine Erben und Nachkommen verbindliche Haußgesetze geworden seyen, und wozu die letztere Stelle hauptsächlich mit zum Beweis dienen soll, weiter folgert, daß also nach dem unbeerbten Tod des Marggrafen Georg Friedrich keine Vereinigung der beyden Marggrafschaften mit der Erstgeburt der Kurlinie habe statt finden können; so bin ich noch fest überzeugt, daß weder in dem Albrechtischen Haußgesetz noch in dem Geraischen Vertrag irgend eine Stelle zu finden ist, wodurch diese Meinung befriedigend gerechtfertiget werden könnte. Damit mich aber der Vorwurf eines gethanen Machtspruchs nicht wieder treffe, sey es mir erlaubt, noch eine kurze doch genaue Uebersicht des Geraischen Vertrags, so weit er hieher gehört, nebst einigen Bemerkungen anzuhängen.

Im Eingang des Onolzbacher Vertrags führten Kurfürst Joachim Friedrich und seine beyden Brüder, Christian und Joachim Ernst, die unter ihnen nach dem Tod ihres Herrn Vaters Johann Georg der Landestheilung halber entstandene Differenzien an, und bemerken zugleich, daß sie nach der durch den Tod des

Marg-

Marggrafen Georg Friedrich erfolgten Erledigung des Burggrafthums Nürnberg unter und oberhalb Gebürgs an das Hauß Brandenburg sich zum Besten desselben nach genugsamen Bedacht aller Irrungen gänzlich und zu Grund verglichen und vertragen hätten. Dann heißt es weiter:

„Und weilen zwischen uns dem Churfürsten und Marggrafen Georg Friedrichen Lbd. zu Gerau 1598. die Nothdurft, wie es von nun an und zu ewigen Zeiten in unserm hochlöblichen Churhauß solle gehalten werden, durch unsere allerseits vornehme geheime Räthe auf Instruction und Vollmacht bedacht und zu Papier bracht, und auf Churfürst Alberti Achillis Disposition alles gegründet, hernacher 1599. zu Magdeburg bey unsers des Churfürsten und unsers seeligen Vetters Lbd. persönlicher Zusammenkunft revidirt und unterm 29. April in selbigem Jahr uns beeden Brüdern communicirt worden ist. Und aber dieselbige Handlung und Verfassung (ob sie wohl nicht allerdings autentisiret) also bewandt, daß sie auf Churfürst Alberti Disposition, wie angezogen, fundirt, und allen Irrungen klare Maas gibt, wie denn dieselbige von Wort zu Wort also lautet."

Man sieht hieraus einmahl die Veranlassung und den Hauptzweck des Vertrags, so wie ich ihn angegeben, nähmlich die Theilbarkeit der Kurlande, den Ansprüchen an einen Theil derselben von den Agnaten des Kurhaußes, und den daher rührenden gegenwärtigen und künftigen Irrungen zu begegnen; dann aber zeigen die

Worte: wie es ꝛc. offenbar, daß es in dieser Rücksicht den beyden Haupt-Paciscenten um ein dauerhaftes
und ewig währendes Regulativ in dem Kurhauß oder
in den Kurlanden durch Erklärung der Albrechtischen Verordnung zu thun war. Der beyden Fürstenthümer oder des Fürstlichen Haußes wurde,
da es zu dem Geraer Vertrag keine Veranlassung gab,
hier gar nicht gedacht.

Der Geraische Vertrag beginnt gleichfalls damit,
daß die Güter- und Ländertheilung mit der Hoheit und
Würde eines Haußes nicht bestehe, und daß zu dem Ende
„Albrecht als einziger Regent und Herrscher aller des
Kur- und Fürstlichen Haußes Brandenburg Land und
Leut eine Satzung und Vereinigung vor alters hochver-
nünftig aufgericht, damit die Geschlecht und Häußer in bestem Wohlstand erhalten und allem Abfall
und Vereinigung vorgebauet werden möchte;".
deßwegen, fahren die beyden Fürsten fort — „hätten sie
einmüthig dafür geachtet, daß Albrechts Verordnung
von ihnen und ihren Nachkommen zu ewigen Zeiten zu
halten wäre." Nun führen sie kurz den Innhalt derselben, in den Worten: „welche dann dieses Innhalts ꝛc."
(s. oben) an, und sagen, daß zwar die Kurfürsten
Joachim I. und II. einigemahl davon abgegangen wären,
jedoch in effectu sie bestätiget hätten, und daß die von
letzterem mit seinen Söhnen willkührlich getroffene Vergleichung, als von niemand widersprochen, zwar den
einstimmenden Theilen, aber nicht den Nachkommen prä-
judicirt hätte. Auch wäre die neue Mark, ein Perti-
nenzstück der Kur, mit dem Tod des Johann wieder an
die-

dieselbe gefallen und dadurch Albrechts Constitution von der Einheit der Kurlande in ihre Erfüllung gekommen. Diese verordnete Untheilbarkeit und Einheit seye allein der Grund gewesen, warum er der Kurfürst in die Disposition seines Herrn Vaters Johann Georg nicht eingewilliget habe; da er aber jetzt durch dessen Tod kraft des Albrechtischen Gesetzes einziger Herrscher der ganzen Kur Brandenburg und dazu gehöriger Land und Leute geworden, so haben wir, fährt er fort, nicht unzeitig erwogen:

"Allen künftigen Irrungen, so etwa aus Churfürsten Ioachimi primi et secundi willkührlicher Vergleichung und weyland Churfürst Johannes Georgen Vornehmen nicht allein jetzo unter unsern — — Brüdern und Söhnen, sondern auch inskünftig zu Abfall und gänzlicher Ruinirung unsers Haußes entstehen könnten, vorzubauen, und es dahin zu richten, daß es bey Churfürst Alberti Achillis Verordnung sowohlen in der Chur Brandenburg, als Franken von nun an, bis zu ewigen Zeiten verbleiben soll, welches wir Markgraf Georg Friedrich, um mehrer Erhaltung willen des Churfürstlichen Haußes Brandenburg Reputation und Hoheit, uns auch nicht zuwider seyn lassen, sondern aus obangeführten Ursachen gleichfalls für zuträglich erachtet, und darum auf vorgehende reife Berathschlagung haben wir = • • • Alberti oftberührte Verordnung hiemit nochmahls erneuren, erklären, bestätigen und confirmiren wollen, thun sol-

solches hiemit in Kraft dieses Briefs wissentlich und wohlbedächtlich, haben uns auch dessen, als die zween einzige regierende Chur- und Fürsten des Haußes Brandenburg, also endlich miteinander friedlich verglichen und wollen, daß nunmehr hinführo und zu ewigen Zeiten, solcher Verordnung von unsern lieben Söhnen, Brüdern und Vettern auch allen derselben Erben und Nachkommen unverhindert gelebet und nachgesetzt werde.‟

Bestätigt nicht auch dieses meine obige Behauptung? Und wie läßt es sich auch nach der Wortverbindung nur reimen, daß die Paciscenten in eben der Stelle, wo sie den Abfall und gänzlichen Ruin des Kurhaußes von willkührlichen Vergleichungen und Theilungen der Kurlande fürchten, und deswegen zu Erhaltung seiner Hoheit die durch Albrechts Constitution verordnete Untheilbarkeit derselben auf ewige Zeiten festsetzen, und in dieser Hinsicht zum ewigen Haußgesetz machen, bey den Fürstlichen Landen zu Franken etwas anders als eben diese Untheilbarkeit jedes einzelnen Fürstenthums disponirt, oder zu disponiren die Absicht gehabt haben sollten. Von da gehen sie auf die Landesfolge über, die in der Kur und allen neuerworbenen Landen nach Joachim Friedrichs Tod sein ältester Sohn und „dessen männliche eheliche Leibeserben absteigender Linie, „ob er deren — — hinter ihme verließe, oder im „Mangel desselben sein anderer ältester Sohn und also in „Ewigkeit der güldenen Bulle nach immer der Churfürst; „in Franken aber, nach Georg Friedrichs Ableben, Chri-„stian und Joachim Ernst, oder wenn sie vor ihm stür-
„ben;

„ben, ihres jeder ältester männlicher ehelicher Leibeserbe
„absteigender Linie oder im Mangel desselben die andere
„ihre nächste Gebrüdere und Lehens-Agnaten haben sol-
„len, also und dergestalt, daß in solchem Fürstenthum
„des Burggrafthums Nürnberg den altväterlichen Ver-
„trägen und sonderlich Churfürst Alberti Disposition nach,
„jedesmahl mehr nicht als zween regieren-
„de Herren seyen." Weil aber der Kurfürst sieben Brüder hatte, und nach Albrechts Haußordnung
doch mehr nicht als drey regierende Herren seyn sollten,
welche die andere ihre Brüder oder Vettern, so mit Land
und Leuten oder geistlichen Stiftern nicht versehen, jährlich mit einem gewissen Deputat zu versorgen und zu bedenken hätten, so treffen die Contrahenten wegen dieses
Unterhalts der unberathenen Agnaten die weitere nöthige
Verfügungen und schreiben sodann den, von jedem Sohn,
Bruder und Vetter und all deren Nachkommen, vor ihrer Zulassung zur Regierung oder zu dem geordneten Deputat, auszustellenden Revers vor (§. 29.) In demselben wird sich nun wieder auf Albrechts Constitution berufen, welche bestimme: „wie es in dem Kur- und
Fürstlichen Hauße mit der Succession und sonsten
von nun an zu ewigen Zeiten gehalten werden solle" und es wird von jedem Glied des Brandenburgischen Haußes deren pünktliche Befolgung nach
der von den Paciscenten ihr gegebenen Erklärung zugesichert. Dieser Revers war nothwendig, um zu verhindern, daß in dem Kur- und Fürstlichen Hauße keine neue
Theilungs-Verträge, oder sogenannte willkührliche
Vergleichungen, folglich auch keine Successions-Ir-
run-

rungen entstünden. Nur dieß und nichts weiter kann aus den Worten des Reverses mit einiger Strenge gefolgert werden; nirgend aber kommt eine Sylbe vor, wodurch die Absicht der Paciscenten: die Vereinigung der Fürstenthümer mit der Primogenitur in der Kurlinie auszuschliessen, sich nur wahrscheinlich machen, ich will nicht sagen, beweisen ließe..

Nun wird zu diesem §. weiter bemerkt:

4) Nach diesen Bestimmungen war es jetzt gar nicht schwer, diejenigen Fälle, die den Paciscenten am nächsten lagen, in Gemäßheit erwähnter Constitution zu entscheiden. Nähmlich:

a) Die Ansprüche der nachgebohrnen Brüder des Kurfürsten auf den ihnen von ihrem Vater verschafften Ländertheil der Mark mußten als offenbar ungegründet angesehen und verworfen werden.

Die Neumark hatte Kurfürst Johann Georg in seiner Disposition dem Christian allein verschaft, mithin konnte Joachim Ernst aus derselben sie nicht ansprechen, und er gründete auch darauf seine Ansprüche nicht. Zwar ist unstreitig, daß dieselbe nach der durch die Paciscenten gemachten Erklärung von Albrechts Statut nicht statt fanden, weil nach eben derselben ihr Fundament, die väterliche Disposition ungültig war. Nur glaube ich; daß diese Erklärung auch ohne die Ueberlassung der beyden Fürstenthümer an sich immer gültig gewesen ist, ungeachtet sie bey der damahligen von mir geschilderten Lage und den Verhältnissen des Kur-Brandenburgischen Haußes

(§. 34.)

(§. 34.) dafür nicht erkannt und der Zweck nicht erreicht worden seyn würde; daß also der Kurfürst, wie der Marggraf die Lande zu Franken vielmehr aus denen in meiner Entwicklung angeführten politischen Gründen, als aus der Meinung einer nach Albrechts Gesetz aufliegenden Schuldigkeit, den Marggrafen Christian und Joachim Friedrich verschafft haben.

b) Hingegen erlangten sie auf den nahe bevorgestandenen Erlöschungsfall der Fürstlich regierenden Linie in Franken um so gegründetere eben dadurch schon anerkannte Ansprüche zur Regierungsnachfolge in diesen Fürstenthümern. Denn da Albrecht die Fränkischen Fürstenthümer nicht mit der Kur vereinigt, sondern in Ansehung derselben constituirt und versehen hat, daß zween regierende Herren seyn sollen, und es bey dieser Verordnung nun auch in Ansehung dieser Fürstenthümer auf ewige Zeiten sein Verbleiben haben solle: so konnten dieselben, da sie nach dem vorausgesehenen unbeerbten Todesfall des Marggrafen Georg Friedrich an die Kurlinie fallen mußten, nicht mit der Erstgeburt derselben oder mit der derselben zustehenden Regierung der Kur- und Mark Brandenburg vereinigt, sondern sie mußten zween nachgebohrnen Gliedern der Kurlinie und zwar denjenigen, welche das nähere Erbfolgerecht daran hatten, mithin nicht den nachgebohrnen Söhnen des Kurfürsten sondern den beeden nachältesten Brüdern desselben zu Theil werden. Nur der Herzog in Preus-

Preußen, Marggraf Albrecht Friedrich, hätte ihnen im Weg stehen können, wenn er nicht aus dem im Geraischen Vertrag angeführten Grunde ausgeschlossen worden wäre. Auf den Fall, daß diese beyde Marggrafen den Tod Georg Friedrichs nicht erleben sollten, mußten ihre ältesten männlichen Leibeserben eintreten; und erst nach gänzlicher Erlöschung ihres Mannsstamms konnte die Reihe an die jüngeren Brüder der erwähnten beyden Marggrafen kommen. Wären auch von diesen keine männliche Nachkommen mehr vorhanden gewesen: so würde die Ordnung die nachgebohrnen Söhne des Kurfürsten Joachim Friedrich zur Regierungsnachfolge in den Fränkischen Fürstenthümern gerufen haben, so daß immer die älteste nachgebohrne Linie die jüngere ausgeschlossen haben würde. — —

Es ist also — die Kraft eines ewig gültigen Haußgesetzes bey der Albrechtischen Verordnung vorausgesetzt — so weit entfernt, daß der Kurfürst die beyden Fränkischen Fürstenthümer mit der Erstgeburt der Kurlinie hätte vereigen können, oder daß die beyden Marggrafen die Regierungsnachfolge einer willkührlichen und freywilligen Abtretung des Kurfürsten zu danken gehabt haben sollten, wie Herr Dr. Baß die Sache so gerne vorstellen möchte, daß sie vielmehr aus eigenem auf die Albrechtische Verordnung, als ein ewiges Haußgesetz, sich gründenden

den Recht, dem Markgraf Georg Friedrich nachfolgten.

Erst der Geraische Vertrag erklärte die Albrechtische Verordnung als ewiges Haußgesetz; aber er erklärte sie (wie ich aus dessen Fassung, der ich genau folgte, gezeigt habe) als solches nur in Ansehung der Untheilbarkeit der Lande und anderer darinn wirklich und ausdrücklich enthaltener Verfügungen; hingegen hob er die Ländervereinigung, welche nach ihr mit Erlöschung der durch Albrechts Söhne gestifteten Linien erfolgen mußte und zufällig bey Joachim Friedrich statt fand (§. 15.) weder auf; noch schrieb er irgend etwas vor, welches die Meinung begünstigte: daß die beyden Marggrafen aus eigenem Recht succedirt, und die Fränkischen Lande nicht durch Abtretung, sondern durch Anfall erlangt hätten. Auch ist unläugbar, daß wenn der Kurfürst sie nicht an Christian und Joachim Friedrich gegen andere von diesen dagegen übernommenen Pflichten (§. 28.) abgetreten, und vielmehr nach der Meinung des Herrn Verfassers sie aus Schuldigkeit in den Besitz hätte gelangen lassen, in dem Onolzbacher Vertrag nicht würde gesagt worden seyn:

"Wir der Kurfürst — — wollen auch allem demjenigen (was nähmlich in dem Geraer Vertrag ausgemacht war) stet, fest, fürstlich, unwiderruflich und ernstlich nachkommen, und insonderheit Markgraf Christian und Markgraf Joachim Ernst lbd. lbd. Kraft des altväterlichen Herkommens und berührter Gerauischer Verfassung das Burggrafthum Nürnberg und die darinn begriffene Land unter und überhalb Geburgs sammt allen ihren Pertinentien, Ein- und Zugehörungen, allermassen Sie Ihre Lbd. Unser in Gott ruhender Vetter innegehabt, hiemit wie es am beständigsten seyn soll, überlassen haben, Ihre Lbd. Lbd. sollen dieselbe vor uns und unsere männliche eheliche Leibes-Lehens-Erben, ohne unsere und der Unsrigen, wie auch derselben Nachkommen einige Hinderungen ruhiglich nutzen und gebrauchen."

Wenn die Haupt-Paciscenten an ein **eigenes** auf die Albrechtische Verordnung gegründetes Recht der beyden Brüder des Kurfürsten an diese Lande geglaubt hätten, so würden sie es darauf in dem Geraer Vertrag **ausdrücklich** gegründet haben, so hätte die Achilleische oben erwähnte Verfügung „im Fränkischen Fürstenthum „aber haben Ihro Gnaden constituirt und versehen: daß „zween regierende Herren seyn sollen" nicht bloß historisch angeführt, sondern mit der Verordnung begleitet werden müssen, daß, so lange auch nur in einer von Albrechts Linien mehrere Personen vorhanden wären, die beyden Theile zu Franken mit den zween regierenden Herren fortwähren sollen; so würde, da fast auf allen Seiten Albrechts Verordnung vorkommt, der Kurfürst das Recht seiner Brüder hauptsächlich hier auf dieselbe gebaut, und kraft derselben es anerkannt haben; allein gerade hier wird sich auf Albrechts Gesetz nicht bezogen, wird eines den nachgebohrnen Brüdern deshalb zustehenden Rechts auf die Fränkische Lande nicht gedacht, sondern die Worte zeigen vielmehr ganz deutlich das

Recht

Recht des Kurfürsten, kraft dessen er diese Lande, und zwar nicht an Christian allein, sondern kraft altväterlichen Herkommens (wornach sie gewöhnlich, nicht nothwendig, zwey Regenten hatten) und kraft der Geraischen Verfassung, an Christian und Joachim Ernst feyerlich überließ oder abtrat. Man sehe auch §. 23. 24. 30. 32.

Gegründete Ansprüche an die beyden Fürstenthümer erhielten sie erst aus dem Geraer Vertrag gegen Uebernahme gewisser Verbindlichkeiten, ohne welche jene nicht statt fanden; hätten die Pacifcenten ihre Ansprüche schon für unbedingt gültig nach Albrechts Haußordnung gehalten; so konnten sie weder als Haupttheile über diese Fürstenthümer disponiren, noch an deren Ueberlossung so lästige Pflichten knüpfen; so konnte Marggraf Georg Friedrich nicht eine Sprache führen, welche verräth, daß er mit Einstimmung des Kurfürsten seinen beyden Wettern diese Lande nach seinem unbeerbten Tod erst verschaffte;

„so sollen — — unsere Fürstenthum und Lande — — unsern Wettern — — hinnachfolgen und zugehen, also und dergestalt."

so würde er unstreitig hier, wo das Successions-Recht in diese Lande eigentlich festgesetzt ward, dieses auch auf Albrechts Satzung gebaut haben; allein hier gerade geschah es nicht, ungeachtet unmittelbar nachher sich darauf bezogen wird, um anzuzeigen, warum nur zwey seiner Vettern ihm succediren sollen;

„also und dergestalt daß in solchem unsern Fürstenthum des Burggrafthums zu Nürnberg, den alt-
vä-

väterlichen Verträgen und sonderlich Kurfürst Alberti oberwähnter Disposition nach, jedesmahl mehr nicht als zween regierende Herren seyen."

Also ward in dem Geraischen Vertrag Albrechts Gesetz durchaus nicht dahin erklärt, daß auf ewig in Franken zwey regierende Herren, sondern nur, daß nicht mehr als zwey darinn seyn sollen; nach Albrechts Statut, das hierinn auf keinerley Art durch das Geraische abgeändert wurde, konnte auch nur ein regierender Herr — entweder aus der Fürstlichen Linie wie Georg Friedrich, oder aus der Kurlinie der Kurfürst selbst es seyn; wenn nähmlich durch Erlöschung der Fürstlichen Linien die Fürstenthümer als besondere Theile sich aufgelößt und mit der Kurlinie, worinn, wie in jeder, nach Albrechts Wille ohne Rücksicht auf Anzahl von Personen, nur ein Regent seyn sollte, vereinigt hatten.

Wenn ich aber auch gegen meine Ueberzeugung zugeben würde, daß der Kurfürst und Marggraf als pacificirende Theile, die Absicht gehabt und es für billig und Recht gehalten hätten, daß die Marggraffschaften mit den Kurlanden nicht vereinigt, sondern durch eigene Herren regiert würden; so kommt es bey der rechtlichen Entscheidung nicht darauf an, was sie vielleicht haben verordnen wollen, sondern was sie wirklich für die Zukunft verordnet haben. Bey dem weitern Beysatz:

„Wie unzusammenhängend und widersprechend würde es auch gewesen seyn, wenn Er der Kurfürst, welcher die fortdaurende verbindliche Kraft der Albrechtischen Verordnung schon in Ansehung der Di-

Disposition seines Vaters so standhaft behauptete, und mit seinem Vetter Georg Friedrich für nunmehro hinführo und auf ewige Zeiten festsetzte, daß jener Verordnung von ihren Söhnen, Brüdern und Vettern auch allen ihren Erben und Nachkommen unverhindert gelebt und nachgesetzt werden sollte, dieselbe selbst nicht hätte beobachten oder als verbindlich anerkennen wollen."

finde ich nichts zu sagen, als daß die Paciscenten des Albrechtischen Familienpakts es nur in Rücksicht der darinn enthaltenen Verordnungen zu einem bleibenden Hausgesetz machten, der Kurfürst es also auch nur in Ansehung derselben als verbindlich ansah; eine beständige Absonderung der Fürstlichen von den Kurlanden aber wurde nirgend von Albrecht verordnet.

Und wenn es weiter heißt:

"Die zu jeder Zeit regierende Kurlinie gewann ungemein viel bey diesem System. Sie konnte vermög der güldenen Bulle nur in Ansehung der Kurlande auf Untheilbarkeit und ausschließliches Erbfolgerecht Anspruch machen. In Ansehung neuerworbener Länder aber, welche schon damahl sehr beträchtlich waren, und noch weit ausgebreiteter wurden, hatten alle Agnaten gleiches Recht, so lang Albrechts Constitution nicht die Ausdehnung und Deutung erhielt, die ihr der Geraische und Onolzbachische Verttrag beylegte:"

So ist zwar ganz richtig, daß nach diesen Verträgen die nachgebohrnen Agnaten in der Kurlinie, die seit Albrechts Disposition zu der Mark Brandenburg neu hinzugegekommene, ober kraft erlangter Anwartschaft erst zu erwerbende Lande, welche gleichfalls der Erstgeburt darinn zugetheilt wurden, nicht mehr ansprechen konnten; Daß aber

"dagegen die gesammte Nachgeburt auf ewige Zeiten das gleichwohl immer noch sehr wichtige Recht erlangt habe, daß jederzeit die zwey nächst nachgebohrnen Linien die Regierung der Fränkischen Fürstenthümer haben und deren Stelle, wenn solche erlöschen würden, immer wieder aus den nachgebohrnen Agnaten der Kurlinie ersetzt werden sollte;"

davon kann ich mich nicht überzeugen. Nicht die gesammte Geburt, sondern nur Christian und Joachim Ernst mit ihrer Descendenz oder in Ermanglung derselben ihre andere zwey nachälteste oder nächste Brüder und Lehens-Agnaten wurden nach dem Tod Georg Friedrichs zur Erbfolge in die Fürstenthümer gerufen.

"So sollen — — unsere Fürstenthum und Lande — — Unsern des Kurfürsten freundlichen lieben Brüdern oder da sie Unsern (Georg Friedrichs) Tod nicht erlebten, ihren jedes ältesten männlichen ehelichen Leibeserben absteigender Linie oder im Mangel derselben den andern ihren nächsten Brüdern und Lehens-Agnaten hienachfolgen und zugehen."

Deswegen sagt' ich auch §. 38 daß die Abtretung dieser Lande an bestimmte Personen geschehen sey, nach deren Tod sie nothwendig an die Linie, welche sie da-

damahls abtrat, zurückfallen mußten. Ja wenn man diese Worte des Geraischen Vertrags ganz strenge nimmt, und wenn nicht andere Stellen den Sinn derselben bestimmt hätten, so ließe sich noch die Frage aufwerfen, ob nach derselben ihr jedes (der beyden Marggrafen) ältester männlicher ehelicher Leibeserbe folgen konnte, wann Christian und Joachim Ernst länger lebten als Georg Friedrich? Denn sonderbar ist es immer, daß in dem Onolzbacher Vertrag der Kurfürst Joachim Friedrich das Burggrafthum Nürnberg, nahmentlich den Marggrafen Christian und Joachim Ernst ohne Erwähnung ihrer Erben überläßt, da doch gleich darauf die Marggrafen ihre Verzichtserklärung auf die Neumark dem Kurfürsten und seinen Kurerben thun, welches vielleicht daher rühren mag, weil damahls allein der Kurfürst schon Succession hatte. Aber, ohne mich bey dieser Frage zu verweilen, ist doch, ungeachtet der gegnerischen Bemerkung zu dem §. 38 unläugbar, daß in Ermanglung der männlichen Lehenserben der beyden Marggrafen nur das Erbfolgerecht den nächsten Brüdern, keineswegs deren Erben, ertheilt wird. Nicht alle nachgebohrne Agnaten des Kurhaußes, sondern nur Christian und Joachim Ernst oder ihre zwey älteste Söhne, oder in deren Ermanglung ihre zwey nachälteste Brüder, folglich nur bestimmte nachgebohrne Agnaten sollten succediren. Auch darf man annehmen; daß der Sinn der Pacifcenten hier nicht weiter gieng als ihre Worte, weil sie sonst der deutlichen Bestimmung von Albrechts Gesetz, woran sie sich in andern Fällen so genau hielten, gewiß auch hierinn gefolgt und klar bestimmt

stimmt haben würden, daß in Ermanglung der Erben der beyden Marggrafen immer die nachfolgenden Brüder und deren Erben in den Fürstenthümern succediren, und es damit für und für gehalten werden solle von einem Bruder auf den andern.

Zum §. 21.

Nach Albrechts Geseß — waren meine Worte — mußte Georg Friedrichs Land an die Kurlinie fallen und Joachim Friedrich wäre Alleinherrscher der Brandenburgischen Lande geworden:

„Wie? — — und doch soll der Geraische Vertrag, vermög dessen sie nicht an den regierenden Herrn der Kurlinie fielen, sondern durch dessen zween nachgebohrne Brüder zwey neue fürstliche regierende Linien gestiftet wurden, nach dem eigenen Urtheil des Herrn Verfassers auf die Albrechtische Verordnung gebaut seyn?"

Hier kann ich keinen Widerspruch finden. Der Geraische Vertrag war nur in so fern auf die Albrechtische Verordnung gebaut; als kraft desselben zween der nachgebohrnen Brüder des Kurfürsten neue Regenten in Franken seyn sollten; daß aber die Marggrafschaften, welche nach Georg Friedrichs Tod ohne den Geraischen Vertrag der Erstgeburt der Kurlinie zugefallen wären, jeßt kraft desselben nicht wirklich damit vereinigt wurden, sondern neue Regenten erhielten, davon konnte in Albrechts Verordnung nichts stehen, mithin auch der Geraische Vertrag hier nicht auf dieselbe gebaut seyn.

Zum

Zum §. 29.

Schon daraus — sagte ich — daß die Marggrafen den Geraischen Vertrag unbedingt annahmen, dagegen aber allen ihren Ansprüchen entsagten, scheint zu erhellen, daß sie die Vereinigung der beyden Marggrafschaften mit der Kur nach Georg Friedrichs Tod gar nicht bezweifelten; sonst würden sie sich über die angesprochene Lande, wenn sie in die Marggrafschaften schon ex pacto et providentia majorum gefolgt wären, weder verglichen, noch auf jene ohne Widerrede Verzicht gethan haben. Und die Einwendung des gelehrten Herrn Verfassers:

„Nach dem wahren Sinn der Albrechtischen Konstitution mußten diese beyde Marggrafen es noch als sehr zweifelhaft ansehen, ob sie eine gegründete Ansprache an die ausschließliche Erbfolge in den Fränkischen Fürstenthümern haben. Der Buchstabe dieser Konstitution gewährte ihnen solche gar nicht ꝛc."

befremdete mich; denn, da nach dessen Meinung der Kurfürst und Marggraf davon ganz überzeugt waren, daß nach Albrechts Verordnung niemand als die beyde älteste nachgebohrne Brüder des Kurfürsten succediren könnten, so ist schwer zu begreifen, warum diese, die noch dazu ein besonderes Interesse hatten, dieß anzunehmen, ihre Ansprache an die Erbfolge in die Fränkische Fürstenthümer als sehr zweifelhaft hätten ansehen sollen. Ausserdem mußte ja auch, nachdem ihnen der Geraische Vertrag zur Annahme vorgelegt worden war, jeder Zweifel bey ihnen verschwinden, wenn anderst derselbe die

M 5 schon

schon nach Albrechts Gesetz ihnen ausschließend gebühren-
de Erbfolge so deutlich, wie mein Herr Gegner glaubt,
festgesetzt hat. Der wichtige Zweifel, — warum sie
sich über Länder, die ihnen selbst nach der Ueberzeugung
ihres Bruders des Kurfürsten und nach der Erklärnng
der Albrechtischen Konstitution in dem Geraer Vertrag
mit dem Tod Georg Friedrichs nothwendig anfallen mußten, erst sollten verglichen und ohne Widerrede ihre Ansprüche an die Neumark aufgegeben haben — (§. 34)
ist also durch jene Einwendung vielmehr verstärkt als aufgelößt worden.

Zum §. 30.

Ich äusserte: der in dem Geraischen Vertrag vorgeschriebene Revers nebst ein paar Stellen die ich angeführt
habe, scheint zwar die von meinem Herrn Gegner angenommene Meinung zu begünstigen, daß der Geraische
Vertrag Albrechts Verordnung zu einem ewigen Grundgesetz gemacht, folglich alle Wiedervereinigung der Kur
und Fürstenthümer in einer Person aufgehoben habe.

„Wie? scheinen denn alle diese Stellen nur die
Albrechtische Verordnung zu einem ewigen Grundgesetz des Haußes zu machen? oder ist es als entschieden anzusehen, daß sie solche wirklich dafür
erklären? Jeden unbefangenen Leser sollte doch sein
Wahrheitsgefühl keinen Augenblick darüber im
Zweifel lassen ꝛc."

Gerade auf dieß Wahrheitsgefühl berufe auch ich
mich, und ohne dasselbe wäre diese Rechtfertigung niemahls erschienen. Der Herr Verfasser behauptete die
Ver-

Verwandlung von Albrechts Konstitution in ein ewiges Grundgesetz hauptsächlich in Rücksicht der dadurch aufgehobenen Wiedervereinigung der Kur- und Fürstenthümer in einer Person, so lange mehrere successionsfähige Personen in der Kurlinie leben, und dieß läugnete ich, und läugne es nach meiner vollen Ueberzeugung in diesem Augenblick noch. Daß aber der Geraer Vertrag die Untheilbarkeit der von Albrecht gemachten Ländertheile auf ewig bestätigt, und alle willkührliche Vergleichungen und Theilungen auf immer ausgeschlossen und fast alle übrige in Albrechts Statut wirklich enthaltene Bestimmungen auch für die Zukunft bekräftigt habe, dieß habe ich nie bestritten, (§. 25. 31. 35. 36. ꝛc.)

Da wo die Pacifcenten von Albrechts Verordnung abgiengen, wie z. E. bey dem jährlichen Deputat und dem Heurathgut der Fürstlichen Fräulein, sagen sie selbst, daß es bey ihrer jetzigen Verordnung gelassen, Albrechts Disposition aber im andern Wege nichts benommen noch zuwider verstanden werden solle.

Zum §. 37.

Nicht undeutlich — sagte ich — geben die in dem Revers befindliche Worte:

"Nachdem weyland unser älter Uranherr Kurfürst
Albertus Achilles Germanicus — — eine Verordnung gemacht — — wie es in unserm Kur-
und Fürstlichen Hauße mit der Succession
und sonsten von nun an zu ewigen Zeiten
gehalten werden solle."

zu erkennen, daß die durch Albrecht bestimmte Ländertheilung und wechselseitige Erbfolge nur so lange währen soll, als zwey Häußer vorhanden sind ꝛc. Die Deutung dieser Worte scheint nun meinem Herrn Gegner zu eingeschränkt zu seyn. Er sagt:

Die Worte: "in unserm Kur- und Fürstlichen Haußhe" unterstützen diese Erklärung um so weniger als die Worte: "und Fürstliches Hauß" nicht bloß auf die damahl vorhandene in den Fränkischen Fürstenthümern regierende Linie sich beziehen können. Nur der erstgebohrne Regent des ganzen Haußes ist Kurfürst. Alle andere Glieder desselben sollen selbst nach dem Geraischen Vertrag nnr den Fürstlichen Titel führen. Das Hauß selbst würde auch, wenn in Franken keine regierende Fürstliche Linie existirte, doch immer mit dieser Benennung: Unser Kur- und Fürstliches Hauß, zu belegen gewesen seyn. — — Nach dem Sinn, den der Herr Verfasser darinn sucht, war als abgesonderte Fürstliche Linie nur die auf der Erlöschung gestandene Linie des Marggrafen Georg Friedrich damahl vorhanden. Auf solche schränkt sich aber jener Ausdruck gewiß nicht ein. Wenn also der Geraische Vertrag bestimmt, wie es zu ewigen Zeiten in dem Kur- und Fürstlichen Hauß Brandenburg gehalten werden solle, so sind darunter sicher alle künftig erst neu zu bildende regierende Fürstliche Linien mit verstanden.

Mein Sinn war dieser: Albrecht bestimmte die wechselseitige Succession unter seinen Söhnen nach Linien,

nicht

nicht nach Personen, er machte eine Verordnung wie es der Succession wegen zu ewigen Zeiten gehalten werden solle, so lange ein Kur- und Fürstliches Hauß d. i. eine Kur- und Fürstliche Linie von ihm vorhanden seyn würden. Dieß war der Fall bis auf Georg Friedrich. Nach dessen unbeerbten Tod erlosch mit der Fürstlichen Linie das Fürstliche Hauß, und es war nur noch ein Kurhauß; mithin verlohr auch die durch Albrecht verordnete Ländertheilung und Succession eigentlich ihre Wirkung. Es wird daher im Eingang des Geraer Vertrags auch nur des Kurhaußes gedacht:

"Und weilen zwischen uns dem Kurfürsten und Markgrafen Georg Friedrich — — die Nothdurft, wie es von nun an und zu ewigen Zeiten in unserm Hochlöbl. NB. Kurhauß solle gehalten werden *c."

Ehe aber noch diese Erlöschung geschah, verglichen sich Joachim Friedrich und Georg Friedrich als die zween einzige regierende Kur- und Fürsten des Haußes Brandenburg dahin, daß zum Wohlstand und zur Ruhe des Kurhaußes nach dem Tod Georg Friedrichs ein neues Fürstliches Hauß durch Ueberlassung und Abtretung der Fürstenthümer zu Franken von dem Kurfürsten an seine beyde nachgebohrne Brüder entstehen, mithin die Verordnung Albrechts in Hinsicht der Ländertheile und Succession erneuert seyn sollte. Auch hier wurden von den beyden Paciscenten nur gegenseitige Successions-Verhältnisse der Linien, nähmlich der Kurlinie und der beyden neuen Marggräflichen Linien, nicht aber Verhältnisse der Personen einer

ner Linie unter sich selbst bestimmt; man dachte in dem Geraer Vertrag gar nicht daran zu verordnen, wie es gehalten werden solle, wann die Nachkommenschaft des einen oder des andern pacificirenden Theils, das ist, wann das Kurhauß, oder das neue Fürstliche Hauß aussterben würde *). Es ist nicht widersprechend, daß alle Glieder des Kurhaußes selbst nach dem Geraer Vertrag ausser dem Kurfürsten nur den Fürstlichen Titel führen, und daß doch nur ein Hauß ist; ein Fall der nach der Sprache jener Verträge eintritt, wenn die ganze Masse von Kur- und Fürstlichen Landen, in einer Linie vereinigt, nur einen Herrscher hat; daß man sie aber im staatsrechtlichen Sinn auch noch dann als zwey besondere Häußer ansieht, und das Kur- und Fürstliche Hauß unterscheidet, versteht sich von selbst. So viel für jetzt und für immer über diesen Gegenstand.

---

*) Diese feine Bemerkung verdanke ich dem erleuchteten und gelehrten Kur- und Braunschweigischen Herrn Comitial-Gesandten von Ompteda.

Geschichte der Brandenburgischen Familien-Fideicommisse.

Als die Grafen von Zollern Burggrafen von Nürnberg wurden, durch Heurathen aus dem Abenbergischen Hauße, durch Kauf- und Gnaden-Lehen beträchtliche Länder in Franken erworben hatten, waren es Conrad II. und Friedrich II, welche sich ganz miteinander theilten. Zwar führten sie beyde den Titul als Burggrafen von Nürnberg und zwar mit solcher Gleichheit, daß sie die Beywörter Senior und junior zu ihrer Burggräflichen Würde setzten. Allein sie zeigten gleichwohl durch klare Handlungen, daß sie einander kein Erbrecht auf ihr allerseitiges abgetheiltes Land zugestanden. Denn als ihnen die Reichs-lehen und die Bambergischen Lehen auf ihr Loos fielen, und Conrad II. dann wieder einige Bambergische Lehen zugetheilt worden waren, hat dieser Burggraf Friedrich II. wohl gewußt, daß ihm kein Erbrecht mehr an seines Bruders Conrads Bambergischen Lehen zustehe. Eben deswegen wirkte er von Bamberg, im Fall sein Bruder Kinderlos bleiben sollte, die Gunst aus, daß ihm der Bischof 1262 versicherte:

> Quod si Conradus frater dicti Burggravii sine liberis decesserit ad ipsum feoda que a nobis tenet libere revertuntur

und dann 1266 erhielt er darüber investituram abusivam.

Wirklich befand sich Cohrads II. Sohn, Friedrich III. ohne männliche Erben, denn seine zwey Söhne Johann und Friedrich IV. wurden ihm erst von seiner zweyten Gemahlin, mit der er sich 1275 vermählte, gebohren, daher wirkte er bey dem Bischoffe von Bamberg in Absicht auf seinen Antheil an den Bambergischen Lehen die Zusicherung aus:

> ut ad filiam suam, Maria nomine, si ei noscitur obtinere, et si illa morte preventa fuerit ad aliam Alheidam nomine specialiter devolvantur.

und 1267 erhielt diese Maria wirklich die Beleihung.

Mit den Reichslehen gieng es nicht anders. Pfalzgraf Ludwig der Strenge als Reichs-Vicar sagt in einem Lehenbriefe über das Burggrafthum 1267 ausdrücklich:

> Si Friedericus Burggravius de Nurmberg sine herede masculo decesserit Dnam Mariam filiam suam conjugem nobilis domini Ludovici de Oettingen junioris et heredes qui ab ea fuerint procreati tam Burggraviatu quam omnibus aliis feodis que dictus Friedericus ab imperio tenet, oppido Schwant dicto cum suis pertinentiis excepto, nomine imperii infeodamus.

er schließt also hier des Burggrafen Friedrichs II Sohn Conrad III und die — von Einem Stammvater und Erwerber abstammende, aber abgetheilte Vettern zu Abenberg von der Reichs-Lehenfolge auf immer aus und will das Burggrafthum nebst den übrigen Reichslehen an das Hauß Oettingen bringen.

Kaiser Rudolph I bestätigte nicht nur 1273 diese Reichs-Vicariats-Handlung, sondern hat die künftigen Lehen-Fälle noch genauer bestimmt und die Agnaten ebenfalls übergangen. Und dennoch findet man nichts von einem Widerspruch des Bruders und des Vettern.

Mit den Ländern der jüngern oder Abenbergischen Linie hat es gleiche Verhältnisse. Conrad III bekam auf seinen Antheil ebenfalls einige altväterliche Reichslehen, welche so nach für die ältere Linie verlohren waren. Weil aber seine Söhne in den geistlichen Stand traten; so wirkte er bey Kaiser Albrecht die Gnade aus, daß seinen Vettern Johann I und Friedrich IV die Anwartschaft auf seine Reichslehen gegeben wurde, hingegen hat er aus Andacht seine altväterlichen Bambergischen Lehen dem Stift Bamberg aufgelassen.

Oetter dritter Versuch der Burggräflichen Geschichte p. 189.

Oetter verbesserte Genealogie pag. 374.

Außer der großen Schenkung an den deutschen Orden von 1294 hat er zu Spalt ein Stift angelegt und mit Abenbergischen Gütern ohne Agnaten-Consens begabt, und auf gleiche Art seine Stammgüter in Fürth und dort herum der Domprobstey Bamberg geschenket.

Die Abenbergische Stadt Spalt mit verschiedenen Dorfschaften war Stift Regensburgisches hernach Eichstättisches Lehen. Schon im Jahr 1277 willigte der Regensburgische Lehenhof ohne Agnaten-Consens in den Verkauf des Lehens ein und Conrad verkaufte oder vielmehr verschenkte es im Jahre 1295 an Eichstätt, welches ihm im folgenden Jahr auch seine Burg und

Stadt Abenberg abgenommen hat und so blieb der ältern Linie bey Erlöschung der jüngern nicht vielmehr von den Allodialstammlanden. Man weiß mit Zuverläßigkeit, daß Burggraf Friedrich III sich wider den Abenbergischen Kauf setzte, aber er richtete nichts aus. Burggraf Conrad hat in seinem Testamente den Sohn des Burggrafen Friedrichs III zum Ausrichter desselben bestellt, und ihm ausdrücklich aufgetragen, ein wachsames Aug auf das — von ihm errichtete Stift zu Spalt zu haben, damit alles nach seiner Verordnung bleibe. Wenn er über seine Veräußerungen von seinen Agnaten Anfechtungen befürchten durfte, würde er nicht seinen Agnaten zum Ausrichter seines letzten Willens bestellt haben.

In solcher Verfassung ist das Burggräfliche Hauß noch lange geblieben, bis zuerst die Gebrüdere Johann II und Albrecht der Schöne nach ihres Vaters Tod 1332 nicht nur die Gemeinschaft beybehielten, sondern auch eine Art von Erbverein gemacht haben, wobey es 1358 nach dem Tode des erstern auch sein Sohn Friedrich V und der Oheim Albrecht ließen. Als Albrecht der Schöne ohne männliche Nachkommen gestorben war, hat Friedrich V eine Landestheilung zwischen seinen zwey Söhnen Johann III und Friedrich VI nachmähligen Kurfürst Friedrich I zu Brandenburg 1397 vorgenommen. Dadurch entstanden die Fürstenthümer Culmbach und Ansbach. Aber seine Söhne brauchten die Vorsicht von Kaiser Rupprecht eine Sammtbelehnung 1401 zu bewirken, und nun nahm Kurfürst Friedrich I keinen Anstand, von seinem Bruder der 1420 starb, das Fürstenthum oberhalb Gebürgs zu erben.

Die-

Dieser Kurfürst Friedrich I war es, welcher durch eine besondere Disposition ein ewiges Fideicommiß in seinem Hauße einführte, und von der Zeit fängt eine fidecommissarische Erbfolge in den Brandenburgischen Häusern an. Dieser Friedrich I machte mit Beystimmung seiner vier Söhne 1437 eine letzte Willens-Ordnung, wodurch er seine Lande so theilte, daß Friedrich die Brandenburgische Kurwürde mit der Mark Brandenburg, Friedrich der dicke die alte Mark und Priegnitz, Johann das Burggrafthum Nürnberg oberhalb Geburgs, und Albrecht das Burggrafthum Nürnberg unterhalb Geburgs erhielten.

Aber dieß war keine Todtheilung mehr, sämmtlichen Söhnen wurde die wechselseitige Erbfolge zugesichert, und vom Kaiser die gemeinschaftliche Belehnung erhalten. In dieser letzten Willens-Verordnung kommen die Stellen vor:

„Wehre es auch daß Wir mehr Schlößer Städte oder Güter bey unsern Leben kaufen würden, oder wie die von Gnaden oder sonst zu unsern Handen kommen in den Landen der Mark zu Brandenburg die alle sollen von den obbeschriebenen unsern Söhnen Friedrich und Friedrichen und ihren männlichen Leibes-Erben getheilt werden, und bleiben zu dem Lande und in dem Theile darinn und dabey sie gelegen seyn. Auch sollen zu jeglichen obbeschriebenen Lande und Theil gehören und bleiben alle Schloß, Lehen Geistlich und weltlich Herrschaft, Gericht, Wildpan, Wälder, Heide, Forst, Märkte, Dorfe, Weiler, Sehe, Waßer, Gleis, Zölle und alle andere Ehre, Herrlichkeiten und

und Würde und Gut, wie dieselben Nahmen haben und gewinnen mögen, nichts ausgenommen, die in jedweden Theil gelegen seyn, geschehe auch daß der vorgenannten unserer Söhne Friedrich und Friedrich oder ihre Erben, ihr einer ein Schloß oder mehr versetzen oder verkümmern würde, mit aller seiner Nutzung auf ewige Wiederlösung, so soll der ander unser Sohn oder seine Erben allezeit Macht haben, solches Schloß um solche Summa Geldes an sich zu bringen, doch daß er dem andern Bruder und seinen Erben vor verschreibe und Gewißheit thue, ihn einer ewigen Wiederlösung daran zu gestatten. So sollen auch der vorgenannten unserer Söhne keiner noch ihre Erben kein Schloß, Stadt oder Güter auf einen Fall nicht versetzen, in keine Weise, sondern allzeit ob es zu einem solchen käme, ewige Lösung daran behalten."

— "Wehre auch, daß Ihr einer welcher das wehre, Schloß, Städte oder Güter, wie die genannt wären, verkauffen wollte, dieselben Schloß, Stadt oder Güter soll er vor des Kauf-Ziel ein halbes Jahr dem andern Herrn anbieten, wollte dann der ander unser Sohn so viel Geldes, als ander Leute darum geben, so soll er ihm desselben Kaufs vor andern Leuten gönnen. Wenn auch die vorgenannte Zeit des Kaufs vergangen wehre, als obgeschrieben stehet, und jeglicher Zeit der ander Bruder zu den Schlössern oder Gütern mit kaufen mit Geld, als obgeschrieben ist, nicht kommen möchte, so möchte darnach der andere ehegeschrieben Bruder also ein Theil dem andern verweisen, verkaufte ihm zu Schaden

oder

oder Unwillen, dasselb soll der da verkauft mit den Rechten beweisen, daß ihm Noth darzu bringe, daß er verkauffen müsse ohn alle Gefährde."

— „Auch soll alles Heiligthum und das Gefäß von Gold, Silber und andern darinnen das Heiligthum mit Zierheit gemacht und jtzund auf dem Schloß Plassenberg ist, und hinfürter darauf käme oder gemacht würde, auch alle Meßgewandt, Bücher und ander Zierheit göttliches Dienstes daselbst und auf dem Schloß Plassenberg und Behältnisse daselbst ewiglichen bleiben, unverrückt und unversehrt der Herrschaft und den Landen zu Ehren und zu Würden, und das soll Jhnen allen gemein seyn ohne Gefährde."

— „Auch soll alles Heiligthum und die Gefäße von Gold, Silber und andern darinnen das Heiligthum mit Zierheit gemacht, und jetzund auf dem Schloß und Stift Tangermünd ist, und hinführo darauf kommen oder gemacht werde, auch alle Meß-Gewand, Bücher und andere Zierheit göttliches Dienstes daselbst auf dem Schloß und Stift Tangermünde und Behältniß daselbst ewiglich bleiben unverrückt und unversehrt, der Herrschaft und den Landen zu Ehren und zu Würden, und das soll ihnen allen gemein seyn on alle Gefährde."

Als Kurfürst Friedrich I 1440 verstorben war, folgten seine Söhne ihm nach den Bestimmungen solcher väterlicher Theilungen in den Brandenburgischen und Burggräflichen Landen in Franken. Bald aber bemerkten sie, daß sich unvorhergesehene Fälle ereignen und solche Umstände äußern könnten, welche eine Aenderung in jenen Verfügungen nothwendig machen dürfte. Sie errichteten eben daher im Jahre 1447 einen Vertrag, worinnen sie in Ansehung der väterlichen Verfügungen verschiedene Veränderungen trafen. Um überhaupt aber freye Hände zu behalten, Anordnungen zum Besten des Hauses nach Gutbefinden und Erforderniß der Zeit und Umstände zu machen, wirkte Albrecht Achilles 1453 für Sich und seine Brüder von Kaiser Friedrich III eine Bestätigungs-Urkunde aus, wodurch der Kaiser erklärte, daß es zwar bey der von ihrem Herrn Vater und ihnen beliebten Theilung sein Verbleiben haben, ihnen aber unterdessen nicht verwehrt seyn solle, auch andere Theilungen und Einrichtungen vorzunehmen, welche nicht minder als die jetzige beliebte, durch diesen Kaiserlichen Bestätigungs-Brief gut geheisen werden sollten. Die fideicommissarische Qualität wurde in dieser neuen Theilungs-Urkunde mit folgenden Worten, die ich der Deutlichkeit wegen anführen muß, bestätiget:

„Es sollen auch der obgenannten unser Brüder keiner noch Ihr Erben, kein Schloß, Stadt oder Güter auf einen Fall versetzen in kein Weise, sondern allezeit, ob es zu einem solchen käme, ewige Losung der Herrschaft daran behalten, ohne das zu Lobe und Urthäk verkauffen. Wäre, daß der obgenannten unser Brüder Ihr einer welcher das wäre, oder Ihr Erben, Schloß, Städte oder Güter, wie die genannt wären, verkaufen wollt, dieselben Schloß, Städte oder Güter soll er vor des Kauf Ziele ein halb Jahr dem andern Herrn anbieten, wolten denn der andern unser Brüder oder sein Erben so viel Geldes als andre leut

leut drum geben, so soll er ihm oder seinen Erben desselben Kaufs für andern Leuten gunnen, wenn auch die vorgenannte Zeit des Kaufs vergangen wäre, als obgeschrieben stehet, und zu jeglicher Zeit der ander Bruder zu den Schlössern, Städten oder Gütern, Er oder sein Erben mit Kauf, mit Geld, als obgeschrieben ist, nicht kommen möchte, darnach der ander der obgeschriebenen Brüder, der also verkaufen mußte, oder sein Erben, sein Schloß, Stadt oder Güter, wenn er wollte verkaufen; wollt auch ein Theil den andern nicht verwißen, Er verkauft ihm zu Schaden oder zu Unwillen, dasselbe soll, der da verkauft mit den Rechten beweisen, daß ihn Noth darzu bringe, daß er verkaufen müßte, ohn allerley Gefährde."

Albrecht Achilles überlebte seine drey Brüder, vereinigte in seiner Hand die Brandenburgischen Kurlande und Fränkischen Fürstenthümer, und machte 1473 unter seinen drey weltlichen Söhnen Johann, Friedrich und Sigismund, eine väterliche Theilung, und wieß dem ersten Johann die Kur- und Märkischen Länder, dem andern Friedrich das Fränkische Unterland, dem dritten Sigismund das Oberland in Franken an. Vermöge dieser seiner Verordnung sollten seine Söhne in der verordneten Einung miteinander sitzen und in Absicht auf die Unveräußerlichkeit wurde noch besonders festgesetzt:

„Aber mit den Kleinodien und Silbergeschirr das wir oder unsere Söhne in der Mark zu Brandenburg überkommen, soll in der Mark bleiben, und was wir oder unser Söhne das in Landen zu Franken und auf dem Gebürge überkommen, soll darbey bleiben."

— „Wir ordnen, meinen, setzen und wollen auch, daß keiner unser Söhne noch ihr keines Erben von den obgenannten unsern Landen, Leuten, Schloßen, Stabten oder Zugehörungen noch andern, das sie von uns ererben, nichts von keinerley vergeben, oder auf Fälle noch zur Urthät versetzen oder verkauffen sollen, bey den obgedachten Pflichten, sie sollen des auch weder sämmtlich oder sonderlich keine Macht haben zu thun, in kein Weiß, was sie aber zu den Land bringen oder das Ihnen von Angefällen zustünde, mit demselben mögen sie handeln nach alter löblicher Gewonheit."

— So soll es gehalten werden mit dem Heiligthum, Gefäßen und andern Gottes-Gezierden, also was das auf unsern Schloß zu Tangermünde und im Schloß zu Cölln an der Spree ist, soll an denselben beyden Enden unverrückt und unverändert bleiben, und was dessen zu Plassenberg ist, soll an demselben Ende bleiben unverändert."

Als Marggraf Siegmund zu Ansbach 1495 im ledigen Stand verstorben war, wurde Marggraf Friedrich nach der väterlichen Verordnung der einzige regierende Herr des ganzen Burggrafthums ober und unterhalb Gebürgs, und nahm von Bayreuth Besitz.

Auch er bestätigte das bereits errichtete Familien Fideicommiß in der Theilung die er mit den Fränkischen Landen vornahm 1501 ausdrücklich und verordnete:

daß

„daß keiner seiner Söhne noch keiner Ihrer Erben von den obgenannten Landen, Leuten, Schlössern, Städten oder Ihren Zugehörungen noch andern, das sie von ihm erben würden, nichts noch keinerley vergeben, oder auf Fälle noch zu Urthat versetzen oder verkaufen sollen, bey den obgedachten Pflichten, sie sollen das auch weder sämmtlich oder sonderlich keine Macht haben zu thun in keine weiß, was sie aber zu den Landen bringen, oder das Ihn von den Angefällen zustünde, mit demselben mögen sie handeln nach alter löblicher Gewonheit."

„Wollen, setzen und ordnen wir, das alles, was wir unten und auf dem Gebürg haben, bey denselben Landen bleiben und sollen es unsere beyden Söhne den dieselbigen Land zufallen, gleich miteinander zu Handhabung, Schirmung und Aufnehmung solcher Lande und Ihnen selbst zu gut gebrauchen, ohne Gefährde."

— „So soll es gehalten werden mit dem Heiligthum, Gefäßen und andern Golds-Gezierdten, was das zu Plassenburg, und was das zu Onolzbach ist, bleiben unverhindert."

In der Kurlinie waren indessen einige Kurfürsten, von der Stammväterlichen Vorschrift: daß alle Brandenburgischen Marken ungetheilt dem Erstgebohrnen bleiben sollten, mit Einwilligung ihrer Söhne abgewichen, und hatten Theilungen vorgenommen. Joachim der erste hatte seinem jüngsten Sohne die Neumark angewiesen. Joachim der zwente bestimmte diese Provinz ebenfalls einem seiner nachgebohrnen Prinzen, und bald darauf setze Kurfürst Johann Georg seinen zweyten Prinzen

Christian mittelst Testaments die Neumark ebenfalls zur besondern Regierung aus, und verlangte von seinem erstgebohrnen Prinzen, Joachim Friedrich, daß er einwilligen sollte. Joachim Friedrich aber berief sich auf die Untheilbarkeit der Kurlande und verweigerte seine Einwilligung. Sein Herr Vater erlangte aber doch die Kaiserliche Einwilligung. Indessen, sobald Joachim Friedrich zur Regierung kam, erklärte er sogleich, daß er das väterliche Testament weder erkennen noch vollziehen werde. Allein seine Herren Brüder, Marggraf Christian und Joachim Ernst, verlangten mit Land und Leuten versorgt zu werden, und forderten die Ukermark, die Neumark, die Herrschaft Sternberg und die säkularisirten Stifter zu ihrem Antheil. Kurfürst Joachim Friedrich gieng darüber mit dem Marggraf Georg Friedrich, dem letzten und alleinigen Besitzer der Fränkischen Fürstenthümer, zu Rathe. Beyde ordneten ihre fähigsten Räthe nach Gera ab, um die Sache beyzulegen. Auf dieser Versammlung erwog man, daß der Kurfürst wegen seiner Würde seine Kurlande unzertrennt behalten, und daß seine Brüder die Markgrafen ihren Ansprüchen durchaus entsagen müßten. Indessen könnten beyde mit den Fürstenthümern in Franken versorgt werden, da diese nach dem Ableben Marggraf Georg Friedrichs, der ohne Hoffnung von Nachkommen war, ohnedem an die Kur zurückfielen. Und auf dieser Conferenz kam zwischen Kurfürst Joachim Friedrich und Marggraf Georg Friedrich, derjenige Vertrag zu Stande, den man den Geraischen nennt. Er wurde von beyden Fürsten bey ihrer persönlichen Zusammenkunft zu Magdeburg, am 9. April 1599, vollzogen.

gen. Die beyden Marggrafen Christian und Joachim Ernst nahmen es aber Anfangs nicht an, sondern bestunden auf ihren Forderungen. Allein als Marggraf Georg Friedrich 1603 ohne Erben starb, und seine Fürstenthümer wirklich an die Kurlinie fielen, so bequemten sich beyde Prinzen dem Vertrag beyzutreten, und unterzeichneten die Beytritts-Acte zu Onolzbach 1603.

Der Eingang und ganze Inhalt dieses Vertrags zeigt, daß man bey seiner Schließung und Errichtung bloß das Ansehen, die Würde, die Macht, die Größe und Hoheit des Kurhaußes, die ewige Untheilbarkeit der Kurlande, und die Versicherung eines zur Behauptung der Würde und des Ranges hinreichenden Einkommens des Kurfürsten bezweckt habe.

In diesem Vertrag wird

a) Die Verordnung Kurfürst Achilles nochmahls als ein beständiges Hauß-Gesetz und grundgesetzlicher Hauß-Vertrag zu Grunde gelegt

b) sodann die ewige Untheilbarkeit und Ungertrennlichkeit der sämmtlichen Marken zum Vortheil der Kurlinie festgesetzet.

c) Den Marggrafen Christian und Joachim Ernst nach des Marggrafen Georg Friedrichs Ableben das Fürstenthum des Burggrafthums Nürnberg ober und unterhalb Gebürgs für sich und Ihre Abkömmlinge erblich angewiesen und zugetheilt und

d) nachmahls wiederhohlt, daß das Fürstenthum nur in zwey Theile getheilt werden und in demselben zu ewigen Zeiten mehr nicht als zwey regierende Herren seyn sollen.

We

Wegen Veräußerung der Lande ward die Clausel eingerückt:

„Nachdem auch Kurfürst Albrecht Achilles Disposition unter andern verordnet, daß ein regierender Herr von Land, Leuten, Schlössern oder Gütern ichtwas zu vergeben oder zur Urthat zu versetzen oder zu verkaufen, sondern allein mit dem was er zu den Landen bringen oder ihm von Angefällen oder seiner Gemahlin Heuraths-Gut zustünde, seines Gefallens zu handeln Macht haben soll, lassen wir es dabey gleichmäßig billig geschehen."

Wie so im Innern des Haußes die Ruhe hergestellt war, suchte Kurfürst Johann Sigismund die schon ehemahls zwischen Sachsen, Brandenburg und Hessen bestandene Erbverbrüderung im Jahr 1614 zu Naumburg wieder zu erneuern. Und in dieser Erbverbrüderung heißt es ausdrücklich:

„Unser jegliches Hauß, auf die des andern Kurfürstenthum und Herrschaften also kämen, soll auch der abgangenen Testament, ob sie anders Testament gesetzt hätten, ohne alle Eintracht handhaben, darzu helfen und thun, daß es auf das redlichste nach des abgangenen letzten Willen und Begehrung ausgerichtet werde, doch soll dasselbe des letzten Herrn Testament die Summe 30000 Gulden nicht übertreffen, und auch mit keinen Schloßen, Städten und Dörfern, sondern aus fahrender Habe gemacht und gesetzt seyn."

— „Vereinen uns in Kraft dieses Briefs in der allerbesten und beständigsten Form, Weiß und Maas als solches jure publico militari und sonst zu Recht ge-

geschehen kann und mag, also es geschehe, daß unsere einige vorbenannte Partey von Todes wegen abgienge ohne männliche eheliche rechte Leibes-Erben, daß alsdann derselbe abgegangene Kurfürstenthum, Fürstenthum und Herrschaften-Kleinodien, Schuld und Gülde, Geschütz und zugehörige Artollerey auch aller anderer fahrender Habe nichts ausgeschlossen, beweglich oder unbeweglich, die Wir jetzund haben, oder Wir unser Leibes-Lehens-Erben noch gewinnen würden, in allermaßen wie folgt, auf die andere Kur- und Fürsten gänzlich und gar zu Erbeigen gefallen und erblich bey ihnen und ihren Erben als rechten Erbherrn bleiben sollen.

—— „Und es sollen unsere jeder Partey männliche Lehens-Erben, wenn deren einer oder mehr vierzehn Jahr alt, auch geloben und schwören wir vor Alters Herkommen."

Eben diese Grundsätze wurden dann im Testamente Kurfürst Friedrich Wilhelm 1664 in dem Haußvertrage 1668 und dann in der Erb-Verbrüderung mit Hohenzollern von 1695 dahin ausdrücklich wiederhohlt:

„daß vom Hohenzollerischen Fürstenthum Graf und Herrschaften, allen liegenden Gründen, Rechten und Gerechtigkeiten, sie seyen gleich ererbt oder sonsten allwege erlangt, auch sonst genannt, wie sie wollen, ganz und gar nichts erblich soll verkauft oder durch Donation, Testament —— verrückt, veräußert und von abhanden gebracht oder beschwert werden. Da aber hierwider sich etwas ereignen sollte, so soll dasselbe für nichtig und kraftlos gehalten werden."

endlich aber 1752 durch das Pactum Fridericianum besonders bestätiget.

Die Resultate dieser verschiedenen Hauß-Verträge und Erb-Verbrüderungen bestehen nun darinnen:

A) Bis auf die Zeiten Friedrich I. Kurfürst hatten die Lande des Burggrafthums Nürnberg den Charakter der Unveräußerlichkeit nicht,

B) durch die Disposition Friedrichs I wurden sie nur in so ferne unveräußerlich, in so ferne keine Noth eintrat, die Agnaten hatten beym Verkauf aus Noth ein Näherrecht und die Hauß-Kleinodien wurden ebenfalls Fideicommiß.

C) So blieb es bis 1473; von diesem Zeitpunkt an blieben nicht nur die Hauß-Kleinodien Fideicommiß, sondern
 I. die Stammlande waren auf keinen Fall der Veräußerung unterworfen
 II. die neuerworbenen aber und die angefallenen Lande sollten nach alter löblicher Gewohnheit behandelt werden.

D) In dem Geraischen Vertrag wurden diese Grundsätze adoptirt und wegen der Anfälle und neuerworbenen Lande die Clausel nach alter löblicher Gewohnheit dahin erläutert, daß jedem Erwerber freye Disposition darüber zustehen solle.

E) Endlich in der Sächsischen, Hessischen und Brandenburgischen Erbverbrüderung erhielten auch die neuerworbenen Lande den Charakter der Unveräußerlichkeit, und von 1614 sind Stammlande und die neuen Erwerbungen Fideicommiß.

In jeder Erbverbrüderung liegt zwar ein Fideicommiß auf die noch künftig zu erwerbende Güter. Allein es entsteht hierbey wirklich die Frage: Enthält dieses Fideicommiß so viel, daß kein Nachkomme Eigenthum, es bestehe worinn es wolle, zur vollen Disposition haben soll? oder heißt es, nur so viel, daß alles Vermögen, worüber der Erwerber keine Verordnung hinterläßt, sogleich für Gesammt Familien-Gut angesehen werden soll, das dereinst nach diesem Vertrage auf die Erbverbrüderten übergeht?

Im Allgemeinen glaube ich nicht, daß ein solches auf die Zukunft gerichtetes Fideicommiß, es sey Vertragsmäßig oder einseitig durch ein Testament errichtet, so erklärt werden könne, daß die Nachkommen alle unbewegliche Güter, die sie aus ihrem Eigenthum erworben haben, wie Fideicommißgut ansehen sollen, daß sie vielmehr nur auf den Fall Fideicommiß werden, wenn der erste Erwerber über das Erworbene nichts verordnet hat, sondern es dem Familien-Gut hat zuwachsen lassen. Allein, wenn ein Ersterwerber ausdrücklich verordnet, daß keiner seiner Nachkommen zum Besitz seiner Erwerbungen gelangen soll, der sich nicht dazu anheischig gemacht hat, dasjenige, was er auch erwerben wird, dem Ganzen zuzugesellen, dann müssen die Nachkommen sich allerdings der Veräußerung neuerworbener Güter enthalten, sie werden Fideicommisse.

Und alles dieses tritt hier bey den Häußern Sachsen, Brandenburg und Hessen ein. Von ihnen hieng es ab, ob sie einander die wechselseitige Erbfolge zugestehen wollten, und sie haben sie einander nur unter der Bedingung zugestanden, daß alle neuerworbene Güter dem Stammlande einverleibet werden sollen.

Dieß wird bewiesen, weil die Töchter nur mit Geld versorgt werden dürfen, und weil ausdrücklich sancirt wurde:

> daß alle männliche Lehens-Erben, wenn deren einer oder mehr vierzehn Jahr alt ist, dieß alles geloben und schwören sollen.

Die Sächsischen Häußer haben bereits die Erbverbrüderung auf eben diese Art ausgelegt, denn als die Herzoglich Altenburgische Linie mit Herzog Wilhelm 1672 erlosch, entstand zwischen dessen hinterlassener Tochter Johanna Magdalena, vermählten Herzogin von Weißenfelß und den Agnaten über die Mobiliar-Verlassenschaft ihrer Linie Streit. Herzog Ernst von Gotha und seines verstorbenen Bruders Wilhelm von Weimar Söhne beriefen sich auf die Erbverbrüderung, nach welcher so wenig bewegliches als unbewegliches Allod existiren könne und daß die Sächsischen Töchter ausserdem, was Ihnen auf eine den Haußgesetzen nicht zuwiderlaufende Art durch Testament hinterlassen werden könne, mit ihrer Aussteuer sich müßten begnügen lassen. Die Herzogin hingegen behauptete, daß die Erbverbrüderung streng von dem Falle des gänzlichen Abganges des Sächsischen Haußes erklärt werden müsse, mithin ihr, die sie nicht ausdrücklich der beweglichen Allodial-Verlassenschaft entsagt habe, nicht entgegengesetzt werden könne. Nach einem unter sich über die Theilung des Allods getroffenen Vergleiche blieben die Herzoge, die die Erbverbrüderung offenbar für sich hatten, in dem Besitz des Ganzen und

ga-

gaben durch diese standhafte Behauptung ihrer Rechte, der Nachkommenschaft ein Muster, wie die Erbverbrüderung verstanden werden müsse. Dieser Streit veranlaßte auch Herzog Ernsten, daß er in der noch in demselben Jahre für seine Nachkommen errichteten Regiments-Ordnung diese Erklärung zum Gesetze machte; Es heißt darinn:

wie denn ebenermassen in Successions-Fällen, da einer oder der ander von Unsern Nachkommen eine oder mehrere Töchter und keinen Sohn hinterlasse, Inhalts der Erb-Verbrüderung keine Mobiliar- und Erbstücke ausser die ihnen zu ihrer Ausstattung gewöhnlich gegeben werden, oder sie von ihren Müttern oder Schwestern ererbt, ihnen gefolgt, sondern dieselben bey ihren Deputat und Ausstattung zu bleiben angewiesen werden sollen.

Das allerhöchste Kurhauß Brandenburg kann diese Erbverbrüderung nicht anders erklären.

Unter den Bestand-Theilen der Fürstenthümer Ansbach und Bayreuth ist kein Erbgut.

Ich verstehe hier Erbgut durchaus nicht in dem Sinne, als wenn unter den Bestandtheilen der Fränkischen Fürstenthümer keine Lande wären, die die Allodial-Qualität in der Maase hätten, daß sie in keiner Lehens-Verbindung stehen, sondern in dem Sinne, daß unter diesen Bestandtheilen keine Lande sind, worüber die Regierungs-Vorfahren frey disponiren, oder an den Allodial-Erben ein Erbrecht suchen konnten.

Unter dieser Voraussetzung gehe ich zur Sache selbst. Es ist offenkundig, daß die vorigen Marggrafen in den Fränkischen Fürstenthümern aus den ihnen eigenthümlich zustehenden Kammer-Einkünften beträchtliche Erwerbungen gemacht haben.

Die nach dem Ableben des Marggraf Friedrich Christian von dem Marggraf Alexander niedergesetzte Schulden-Deputation wieß nach, daß sehr viele Güter, aus den Kammer-Revenüen und durch Kammer-Schulden also von dem wahren Eigenthum eines regierenden Herrn angekauft wurden.

Dazu kommt noch, daß auf Erbauung mehrerer Städte, auf Land-Jagd- und Lust-Schlösser viele hundert tausend Gulden verwendet wurden, und daß also das Allodial-Vermögen sehr beträchtlich zu seyn scheint.

Allein alle diese Erwerbungen mußten nach der Erbverbrüderung von 1614 in das Haupt-Stamm-Land incorporirt werden. Und wäre auch diese Stelle noch etwas zweifelhaft, könnte dargethan werden, daß durch dieselbe den Erwerbern die freye Disposition über ihre neuerworbenen Güter nicht genommen werden könne; so ist doch so viel gewiß, daß die vorigen Marggrafen ihre meisten Erwerbungen dem Haupt-Lehen-Lande sogleich theils ausdrücklich, theils stillschweigend incorporirt haben, und dadurch wurden sie sogleich Bestandtheile des Brandenburgischen Fideicommisses. Wir finden keine Disposition voriger Marggrafen über diese Erwerbungen, und so dürfen wir den Schluß machen, daß die Fränkischen Fürstenthümern, so wie sie an Se. Majestät übergin-

Figen, Fideicommiß seyen, daß kein Allodial-Erbe Anspruch machen könne.

Wenn aber klar ist, daß diese Fürstenthümer, so wie es bey Niederlegung der vorigen Regierung war, Fideicommiß sind; so ist auch klar, daß Se. Majestät in kein Allodium succedirten, sondern als heres singularis und ex pacto et providentia majorum, zumahl Artillerie, Kleinodien, Geräthschaften in Residenzen, Kunst- und Naturalien-Kabinette, Marstall u. s. w. als Pertinenzien des Fideicommisses schon nach den Hauß-Verträgen zu betrachten sind.

Das wird noch mehr dadurch klar: Marggraf Georg Friedrich Karl übernahm die Schulden seines Vorfahren gegen Ueberlassung dessen gesammten Allodiums und bestimmte dann in seinem Testamente, das vorhandene Silber, Tafel-Service, Meubles, die in den Fürstlichen Schlössern und Lusthäußern befindlichen Tapeten, Betten, Bettstätte, Tische, Stühle und Teppiche, ingleichen alle Armaturen, Amunition, Jagd- und Münz-Zeuch, sammt allen erkauften- und sonst acquirirten Gütern zu einem ewigen Familien-Fideicommiß. Marggraf Friedrich, sein Nachfolger, erkannte diese väterliche Disposition an, und setzte statt des Allodiums, welches er verlassen möchte, seiner Prinzessin Tochter, als der einzigen Allodial-Erbin, durch ein anderes Testament den alljährlichen Zinnß von 150,000 fl. Rheinl. auf Lebenszeit aus. Auch dieses Testament wurde von Marggraf Friedrich Christian durch sprechende Handlungen rein anerkannt, und der Frau Herzogin von Würtemberg die erwähnten Zinnsen als das Aequivalent ihres Allodiums aus den Landes-Caſſen bezahlt —— und dadurch das allenfallſige Allodium des Herrn Marggraf Friedrichs zum Lande erkauft. Marggraf Chriſtian brachte an Pretioſen außer einigen Kleinigkeiten nichts mit ins Land. Nach ſeinem Tode fand ſich nach dem Inventario, welches bey Gelegenheit der Allodial-Anſprüche Sr. Majeſtät der Königin von Dännemark, Sophie Magdalena, gefertiget werden mußte

1) An Pretioſen eine Summe von 89,937 Thlr. 16 Gr.

2) An baaren Gelde 56,268 Thlr. vor; allein die vorhandenen Pretioſen rührten theils vom Marggraf Friedrich, theils von deſſen Herrn Vater her, und waren, vermöge des Teſtaments Georg Friedrich Karls, Fideicommiß, theils durch die jährlichen Zinſen von dem Kapital von 150,000 fl. dem Lande und dem Landes Nachfolger erworben worden.

Die vorgefundene Baarſchaft war keineswegs von den Landes-Einkünften erübrigt, ſondern aus denen Kammer- und Landſchafts-Caſſen genommen, und nicht zu den Zahlungen, wozu ſie eigentlich gewidmet waren, angewendet, ſondern dafür in den Schatz gelegt. Sie ſind alſo für nichts anders zu achten geweſen, als für eine annoch vorhandene Baarſchaft ermeldter Caſſen. Unter dieſen Umſtänden exiſtirte auch beym Ableben des Marggraf Friedrich Chriſtians keine Allodial-Erbſchaft. Darauf beſtand Marggraf Alexander Durchlaucht ausdrücklich nach einem höchſten Reſcript vom 11. April 1769 als die Königin von Dännemark, Sophie Magdalena, die Schweſter Marggraf Chriſtians, Allodial-An-

Ansprüche formirte, und von Seiten Dännemark beruhigte man sich dabey, als man vergeblich den Rekurs an die Reichs-Gerichte genommen hatte.

Wenn aber Marggraf Alexander Durchlaucht, ohngeachtet sie das ganze Mobiliare Marggraf Christians in Empfang nahmen, nicht als Allodial-Erbe mit Recht zu betrachten waren, weil die Hauß-Verträge kein Allodial-Gut anerkennen; so können noch weniger Se. Majestät Allodial-Erbe genennt werden, da Allerhöchstdieselben blos die von Marggraf Alexander niedergelegte Regierung antraten, und fast nichts sonst in den Besitz nahmen, als was im Allgemeinen schon zur Staats-Verlassenschaft gerechnet werden muß.

In wie fern sind Se. Majestät an die Verträge gebunden, welche die Regierungs-Vorfahren der Fränkischen Fürstenthümer mit den Nachbaren geschlossen haben?

Wenn man diese Frage richtig beantworten will, so muß man in der Person des Fürsten den Regenten von dem Fideicommissar trennen. Die nachbarlichen Staaten, welche die Fränkischen Fürstenthümer begränzen, sind Pfalz, Kur-Sachsen, Herzoglich-Sachsen, Böhmen, Bamberg, Würzburg, Hohenloh, Oettingen, Schwarzenberg, Castell, die Reichs-Stadt Rothenburg ꝛc.

Zum Nachtheil der Dynasten konnte der Kaiser keine Exemtions-Privilegien geben, und kann durch Urkunden, durch Staats-Recht des Mittel-Alters dargethan werden, wie die Dynastien im Fränkischen Kraiße hießen, welches ihre Gränzen waren, und daß die Rittergüter die sich für unmittelbar halten, innerhalb diesen Gränzen lagen; so sind die Ritterschaftlichen Privilegien dahin, wenigstens können sie sich nur auf solche Rittergüter begränzen, die in eines Gaugrafen Land und einem Königlichen Beneficio liegen.

Die Verträge mit diesen benachbarten Staaten betreffen entweder die Substanz des hiesigen Fürstenthums, oder sie betreffen Handlungen, welche die Regierungs-Politik dictirte. Von letztern will ich zuerst handeln.

Die Regierungs-Politik theilt sich in die innere und äußere. Beyde Arten sind so beschaffen, daß zu Unterstützung derselben oft der nachbarliche Staat concurriren muß. Die innere Politik sorgt für die Bestrafung und Verhütung der Verbrechen; der nachbarliche Staat trägt dazu bey, wenn er flüchtige Verbrecher anhält, die Nacheile in sein Gebiet erlaubt, Verbrecher unentgeldlich ausliefert, gemeinschaftliche Streifungen hält, keine Verbrecher des diesseitigen Staats in seinen Landen duldet u. s. w. Aber der nachbarliche Staat erkennt dazu vom diesseitigen kein äußerliches Zwangs-Recht. Nur durch Verträge kann es begründet werden.

Die innere Regierungs-Politik sorgt für eine gute Verfassung der bürgerlichen Rechte, sie bezweckt Sicherheit der wohlerworbenen Rechte, und diese Sicherheit gewährt der nachbarliche Staat mit, wenn er die Gesetze in manchen Fällen mit dem diesseitigen gleichförmig macht, die Execution in Güter geschehen lässet, die zwar dem diesseitigen Staat eigenthümlich gehören, aber unter

nach-

nachbarlicher Hoheit liegen u. s. w. Aber zur Verschaffung dieser Sicherheit dienen nur Verträge, Uebereinkunft.

Die innere Regierungs-Politik sorgt für die geistige Vervollkommnung seiner Unterthanen durch zweckmäßige Erziehungs-Anstalten, für die körperliche Vervollkommnung durch Medicinal-Anstalten, und diese beyden gemeinnützigen Anstalten können dann allgemein werden, wenn auch Gränz-Orte denselben untergeordnet werden. In diesen Gränz-Orten hat aber sehr oft der nachbarliche Staat Mitregentschaft oder Mitherrschaft. Hier müssen also Verträge Allgemeinheit wirken.

Die innere Regierungs-Politik befördert Industrie durch Abschaffung der Betteley, Verbesserung des Handwerks-Wesens, Unterstützung des Handels, und auch hier wird häufig Hülfe der benachbarten Staaten nothwendig dadurch, daß sie herrenloses Gesindel nicht aufnehmen, mit gleicher Strenge gegen die Bettler verfahren, Armen-Anstalten errichten, ferner dadurch, daß sie wider die Handwerks-Mißbräuche mit gleicher Strenge verfahren, Gesellen die aus Vorurtheil und Starrsinn abwanderten, keinen Aufenthalt gestatten und dadurch, daß sie den Transitozoll nicht zu hoch bestimmen, für gute Wege und Strassen-Sicherheit sorgen, zweckmäßige Reise- und Transport-Anstalten anordnen u. s. w. Aber nur Verträge, die auch dem Nachbar gleiche Vortheile in diesseitigem Lande gewähren, können diesen Zweck erreichen.

Die innere Regierungs-Politik sorgt für Erhaltung des National-Vermögens, und ein großer Theil wird er-

erhalten, wenn die gemeinschaftliche Nachsteuer aufgehoben wird. Diese Aufhebung kann nur mit Einverständniß der Nachbarn geschehen, und dieses Einverständniß gründet sich nur auf Verträge. Ich könnte noch mehrere Branchen der innern Regierungs-Politik aufzählen, die nur mit Hülfe der Nachbarn ihren vollen Zweck erreichen können. Aber ich trage kein System der Staats-Lehre vor, sondern deute nur hin, daß eine zweckmäßige Regierung durchaus Verträge mit den Nachbarn nothwendig mache, daß das Wohl des Staats dieselben heische.

Die äußere Regierungs-Politik erfordert schon ihrer Natur nach nachbarlichen Beystand, hier brauche ich also nicht in die besondern Branchen desselben einzudringen. Und gewiß ist es, der Regierungs-Nachfolger muß im Allgemeinen alle Verträge anerkennen, die der Regierungs-Vorfahrer mit den nachbarlichen Staaten vermöge der innern und äußern Regierungs-Politik geschlossen hat.

Es versteht sich hier von selbst, daß ich hier unter Regierungs-Politik eine solche Politik verstehe, die auf Principien ruht, welche die Vernunft sancirt und die Erfahrung mit Hülfe des Verstandes bewährt hat. Vor mehrern Jahrzehenten waren die Wissenschaften überhaupt, also auch die Völker-Moral, Staats-Politik und allgemeines Staats-Recht noch nicht auf die Stufe von Vollkommenheit gehoben, wo sie jetzt hingeführt sind. Der Abriß der vereinigten Staaten von Amerika, die neuern Unruhen und Spaltungen in Ungarn und Oesterreichischen Niederlanden, die von Catharina der zweyten errichtete sogenannte bewaffnete Neutralität, die wichtigen Debatten in England über den berüchtigten Negerhandel,

die

die Abschaffung der Leibeigenschaft in Frankreich und den Oestreichischen Staaten, die in vielen Ländern geschehene Aufhebung der Tortur und Todes-Strafen, die in neuern Zeiten allgemein gewordene Rede- und Schreib-Freyheit, die Aufhebung der Klöster in Oestreich und Maynz, die neuern Anmassungen so mancher Regenten von willkührlichen Abdankungen und Verabschiedung ihrer Staats-Diener, die — dem König von Engelland angewandelte Gemüths-Krankheit, die in unsern Tagen häufig gewordene Mißbräuche der Regenten in Ansehung ihres sogenannten eminenten Rechts, die unzähligen Klagen der Unterthanen über Mißbräuche der Jagd-Gerechtigkeit ihrer Landes-Herren, die Bekanntmachung des Preußischen Gesetz-Buchs, die Kantische Reform, die Revolution in Frankreich durch die Bekanntmachung der merkwürdigen Urkunden der französischen Reichsverfassung, und die dießfalls erlassenen Hauptschlüsse der National-Versammlung, die Aufhebung des Adels, des gänzlichen Lehensystems und aller Patrimonialgerechtigkeit, die Aufhebung der feyerlichen Gelübde der Geistlichkeit u. s. w. zog den menschlichen Geist zu Aufwerfung und Entwiklung von Fragen hin, zu denen die Vorzeit keine Gelegenheit darbot, zu deren Beantwortung vielleicht sonst auch der menschliche Geist noch zu wenig Kraft gehabt hätte.

Da nun der Zweck der Menschheit in einem ewigen Fortschreiten zu Vollkommenheiten besteht, so kann es nicht fehlen, daß wir jetzt diejenigen Anstalten für unzweckmäßig halten, welche man vor zwanzig Jahren als das non plus ultra menschlicher Weisheit ansah. Es kann der Fall eintretten, daß die Erfahrung wirklich gelehrt hat, daß ein in der besten Absicht und nach reiflicher Ueberlegung mit dem Nachbar ehemahls geschlossener Vertrag, der auch nichts als Unterstützung der Regierungsgewalt zum Zweck hatte, jetzt zweckwidrig, schädlich sey. Wenn dieses aus Principien, die die Vernunft und eine geläuterte Erfahrung darbietet, bis zur Evidenz bewiesen werden kann; so, dünkt mich, würde der Nachfolger dem Staate selbst verantwortlich, wenn er solche Verträge anerkennen wollte, und hier bin ich der Meinung, daß von Staats wegen der Vertrag aufgehoben werden müsse. Nur zähle man unter diese Rubrik nicht solche Verträge, wodurch vielleicht der directe Kammervortheil etwas verliert, indeß das Wohl des Unterthans, also der indirecte Kammervortheil gewinnt. Solche müssen durchaus gehalten werden. Aber wirklich erfordert es einen sehr hohen Grad menschlicher Weisheit, in jedem Falle zu bestimmen, dieser oder jener Vertrag, welcher von den Regierungsvorfahren zur Unterstützung der Regierung mit den Nachbarn geschlossen wurde, sey jetzt zweckmäßig oder zweckwidrig. Und mir scheint bey der Unvollkommenheit menschlicher Kenntnisse der Grundsatz nothwendig:

> daß diejenigen Verträge mit den Nachbarn, welche bloß zur Unterstützung der Regierung geschlossen wurden, wenn der Nachtheil sich nicht schon in seinen Folgen gezeigt hat, auf platter Hand liegt, keiner Prüfung wegen der Gültigkeit zu unterwerfen wären.

Anders verhält es sich mit den Verträgen, welche unmittelbar die Substanz des Staats betreffen. Hier muß ich einen ganz andern Weg einschlagen.

Die

Die afterphilosophische Behauptung, die Landesfürsten in Deutschland wären nicht Eigenthümer ihrer Territorien (von Eigenthum über Unterthanen kann die Rede nicht seyn, denn das existirt nicht), findet in Germanien nicht Platz. Wo unsere Landesherren nicht durch ausdrückliche Gesetze oder Verträge gebunden sind, können sie ihre Territorien veräußern ganz oder zum Theil. In der Theorie verlieren dadurch die Unterthanen nichts, denn sie bleiben immer in der Verbindung des deutschen Staats, ob es gleich wahr ist, daß der Magistrat des Reichsfreyen Dörfchens Sulzbach bey Frankfurth am Mayn mindern Schutz gewähren kann als der König von Preußen.

Wenn daher die Disposition eines Landesherrn über die Substanz des Landes eingeschränkt seyn soll, so muß sie durch Gesetze und Verträge eingeschränkt werden. Ehe ich aber von den Wirkungen solcher Verträge spreche, will ich erstlich äußern, was ich zur Substanz des Territoriums rechne. Ich begreife darunter nicht bloß das Land nach seinen unstrittigen Gränzen, sondern auch die physischen und moralischen Mittel, die zur Landesregierung nothwendig sind, alle Hoheitsrechte und alle Regalien.

Also über den ganzen Inbegriff des Territoriums, und die zur Regierung desselben nothwendigen Mittel und Rechte, darf der Besitzer eines Fürstlichen Fideicommisses, nicht zur Verringerung desselben, disponiren, wenn nicht die ganze Fürstliche Familie, welche unter dem Fideicommiß begriffen ist, eingewilliget hat, und so sind im allgemeinen alle Verträge eines Regenten fidei-
com-

commissarischer Lande mit benachbarten Staaten und Regenten ungültig und an sich null, wodurch Bestandtheile des Landes veräußert wurden, es mag das veräußerte Bestandtheil ein Landesdistrikt, oder ein Hoheitsrecht, oder ein Regal gewesen seyn. An solche Verträge ist der Landes-Nachfolger nicht gebunden. Nur muß man diesen Grundsatz in den Brandenburgischen Staaten, wo das Fideicommiß so verschiedene Veränderung gelitten, mit genauer Vorsicht annehmen, und ich glaube festsetzen zu dürfen, wenn meine oben vorgetragene Grundsätze richtig sind:

I. Alle Verträge vor 1437, welche die Regenten der Fränkischen Fürstenthümer mit den Nachbaren über Land und Leute, Hoheitsrechte und Regalien geschlossen haben, sind unbedingt gültig.

II. Alle Verträge, welche von 1437 an bis 1486 mit den Nachbaren über Land und Leute, Hoheitsrechte und Regalien geschlossen wurden, sind nur in so ferne gültig, wenn die Noth zur Veräußerung erwiesen ist.

III. Alle Verträge von 1486 bis 1614 mit den Nachbaren über Land und Leute, Hoheitsrechte und Regalien sind nur in so ferne gültig, wenn sie Anfälle oder neuerworbene Länder betreffen, doch muß in diesem Falle derjenige den Vertrag abgeschlossen haben, der den Anfall erlebte, oder der die neue Erwerbung machte, sonst erhielten diese Anfälle und diese neuen Erwerbungen sogleich fideicommissarische Qualität.

IV.

IV. Alle Verträge von 1614 bis zum Abgang des letzten Fränkischen Marggrafen mit den Nachbaren über Land, Leute, Hoheitsrechte und Regalien sind unbedingt ungültig, sie mögen Anfälle oder neue Erwerbungen betroffen haben.

Hiebey kann ich nicht unbemerkt lassen, daß Se. Majestät befugt sind, alle Verträge, die diesen Grundsätzen zuwider von den Regierungsvorfahren mit den Nachbaren eingegangen wurden, geradezu aufheben zu können.

Sollte aber wohl den vorigen Regenten der Fränkischen Fürstenthümer nicht erlaubt gewesen seyn, wenigstens Austauschungen vorzunehmen, über streitige Hoheitsrechte, Regalien und Gränzen sich zu vergleichen, ohne erst die Einwilligung der Königlichen Agnaten einzuhohlen? Wir wollen dieses näher untersuchen.

Ist durch den Tausch das Land mehr abgerundet, von Vermischungen gereiniget, und dadurch bleibender Nutzen gestiftet worden, oder sind die vertauschten Hoheitsrechte und Regalien von gleichem Werthe gewesen, so dürfte wohl nicht einmahl die Frage von der Gültigkeit solcher Verträge aufgeworfen werden dürfen. Aber wenn durch den Austausch fideicommissarischer Bestandtheile der Verlust auf der Seite des hiesigen Landes war; so dürften auch dergleichen Austauschungen offenbar nach den Grundsätzen unrechtmäßiger Veräußerungen zu beurtheilen seyn.

Streitige Rechte, streitige Gränzen kann der Besitzer eines Fideicommisses ebenfalls nicht ohne Genehmigung der Agnaten hingeben. Sie betreffen offenbar die Substanz, und über die Substanz stehen ihm keine Eigenthumsrechte, also keine Disposition zu. Zwar hemmen

Gränz-

Gränzstreitigkeiten die Ausübung der landesherrlichen Rechte sehr, sie stöhren die Ruhe der Unterthanen und sind mit Plackereyen derselben verknüpft, und die Pflicht eines jeden Regenten ist es, für die Beylegung derselben Sorge zu tragen. Aber warum will er dabey nicht den gesetzlichen Weg einschlagen, warum sich mehr Einfluß dabey zueignen als er hat, warum nicht den Gegenstand des Vergleichs seinen Agnaten vorlegen, ihr Gutachten, ihre Einwilligung und ihren Beyrath einhohlen?

Also auch Austauschungen, Vergleiche über Land, Gränzen, Hoheitsrechte und Regalien sind nach den aufgestellten Grundsätzen zu beurtheilen.

Noch bleibt mir eine Frage übrig, welche in sehr naher Verwandtschaft mit derjenigen steht, welche ich eben abgehandelt habe. Auch ohne ausdrückliche Verträge geschahen in der Vorzeit Veräußerungen an die Nachbaren bloß dadurch, daß man stille und gelassen zusah, wenn sie sich in den Besitz diesseitiger Rechte setzten, und sie dann unter dem Schilde einer unvordenklichen Verjährung behaupteten.

Ordentliche Verjährung hat wider den Fideicommissar schon nach den Gesetzen nicht statt

> ut nec usucapio nec longi temporis praescriptio contra legatarium et fideicommissarium procedat.

L. 3. §. 3. C. comm. de leg. et fideicom.

Verjährung der längsten Zeit kann zwar die Rechte des Fideicommissars löschen, aber sie nimmt erst da ihren Anfang wo die Erbfolge den Fideicommissar trifft und es tritt die Regel ein:

Non

Non valenti agere non currit praefcriptio.
L. 7. §. 4. C. de praefcript. 30. 40. com.

Unvordenkliche Verjährung setzt ihren Grund nicht in Nachläſſigkeit, ſie baut ihm eine rechtmäßige Erwerbung, und ſie erzeugt die Vermuthung, daß vor undenklicher Zeit eine rechtmäßige Erwerbung vorgegangen ſeyn müſſe. Wenn aber der Fideicommiſſar darthut, daß der Beſitz, die Erwerbung eigenmächtig ergriffen und unternommen wurde, ſo fällt der Titel, und der Fideicommiſſar hat das Recht, ſich in den Beſitz der heimlich, gewaltthätig, oder ſonſt unrechtmäßig entzogenen Güter zu ſetzen.

Nur noch ein paar Worte über die Werkzeuge, welche bey Prüfung der Verträge zu Gebot ſtehen müſſen. Mich dünkt, es iſt bey einer ſo wichtigen Angelegenheit nicht genug, bloß ausgemittelt zu haben: dieſer oder jener mit dem Nachbar geſchloſſener Vertrag ſcheint zweckwidrig, die Agnaten wurden bey der Abſchließung nicht um ihre Einwilligung gefragt, er muß aufgehoben werden. Iſt ein Vertrag im Mittelalter geſchloſſen worden; ſo hat die Verfaſſung des Mittelalters auch weſentlichen Antheil an dem Inhalt, an dem Zweck des Vertrags. Eine genaue Schilderung der moraliſchen und phyſiſchen Cultur jenes Zeitraums, wo der Vertrag geſchloſſen wurde, muß der Prüfung voranleuchten; eine vollendete Kenntniß der Staatsrechtlichen Grundſätze und Meinungen zur Zeit der Geburt des Vertrags, muß die dunkeln Stellen deſſelben erläutern, zweydeutige entziffern, um den Regierungsvorfahren nicht zu weh zu thun; ſelbſt

die

die politischen Verhältnisse, welche in dem Augenblick, wo der Vertrag mit dem Nachbarn geschlossen wurde, zwischen beyden contrahirenden Staaten wirklich und möglich waren, haben auf die Entscheidung über Gültigkeit und Ungültigkeit der Verträge Einfluß, und soll Gerechtigkeit die Form herleihen, nach der die Prüfung gemodelt wird, so darf ein solcher Einfluß nicht verkannt werden.

Kb.

Die Brandenburgischen Fürstenthümer in Franken enthalten eine große Anzahl von Hintersassen, welche theils benachbarten Reichsständen, theils andern Gutsbesitzern gehören; großen Theils wohnen sie mit Königlichen unmittelbaren Unterthanen, d. i. solchen, über die dem König auch die Gutsherrschaft zusteht, in eben denselben Ortschaften vermischt. Aus diesen Verhältnissen sind viele Irrungen, sowohl mit jenen Nachbarn, als insonderheit mit der Ritterschaft entstanden, davon ein Theil sich die Unmittelbarkeit angemaßt, solche unter den vorigen Regierungen, durch die Umstände begünstigt, behauptet hat, und sich zur Reichsritterschaft hält. Die durch diese Irrungen häufig veranlaßten unangenehmen und mit Aufsehen verknüpften Vorfälle sind bekannt. Ich bemerke, daß man sorgfältig unterscheiden müsse: Gränzstreitigkeiten, wo man mit den Nachbaren über das Gebiet in dieser oder jener Landesstrecke nicht einig ist: und Streitigkeiten, welche die Landeshoheit und deren Ausflüsse über die oberwähnten einzelnen, oder in größerer Anzahl, mitten im Brandenburgischen Gebiet und mit Königlichen unmittelbaren Unterthanen meist in eben denselben Ortschaften wohnenden Hintersassen und deren Grundstücke betreffen. Weil das Hauß Brandenburg nebst andern Regalien die Kriminalgerichtsbarkeit, Blutbann, Fraisch, da wo es solche nicht durch Verleihung in einzelnen Fällen, der Landeshoheit unbeschadet, weggegeben hat, über diese Hintersassen ausübt; so hält

P man

man irrig dafür, daß diese Landeshoheit Brandenburgischer Seits bloß auf die Fraisch gegründet werde; indeß der Gegentheil, begünstigt durch den Kaiserlichen Hof und den Reichshofrath, eben so irrig die Landeshoheit an die niedere gutsherrliche Gerichtsbarkeit, Vogtheilichkeit knüpfet, woraus der Grundsatz, daß ein jeder Landesherr auf den Seinigen ja auf einzelnen Bauernhöfen, Aeckern ꝛc. sey, mit allen seinen nutzenfällig falschen und nachtheiligen Folgen geflossen ist. Die Oerter sind nicht selten, wo neben Brandenburg drey vier Herren sich zugleich die Landesherrschaft über ihre Gutsleute anmassen, wo dieser dieses, jener ein anderes Recht über die ganze Gemeinde ausüben will, ohne solches der dem Hauße Brandenburg zustehenden landesherrlichen Oberaufsicht zu unterwerfen. Zwar hat dieses hohe Hauß solchen Anmaßungen immer entgegen gearbeitet, aber nur zu oft unter den vorigen Regierungen ohne Consequenz, ohne vollständige Uebersicht und Sachkenntniß, und ohne ein allgemeines an richtige Grundsätze gebautes System. Zu schwach, um gegen den Einfluß jener nachtheiligen Umstände mit einem günstigen Erfolg zu würken, konnte es selbst ganz klare, ja durch Reichsgerichtliche Erkenntnisse ihm zugesprochene Befugnisse mehrentheils nicht durchsetzen und so blieben die Verwickelungen in eben der widrigen Lage, bis zu dem Regierungs-Antritt Seiner Königlichen Majestät. Sehr schwer war es in diesem Zeitpunkt, auf der einen Seite durch Nachläßigkeit nichts Wesentliches aufzugeben, auf der andern, die Königliche Gerechtsame nach einem völlig richtigen System, dessen Aufstellung erst noch müßmühsame Nachforschungen erforderte, zu behaupten. Die Anschlagung der Patente bey dem Regierungs-Antritt, weckte alle Streitigkeiten auf einmahl; man gab Königlicher Seits allenthalben dem Wege der Nachgiebigkeit und des Glimpfs den Vorzug, hoffte auf Vergleiche und gütliche Auseinandersetzungen, dazu der Gegentheil Geneigtheit zeigte; aber dieß that er nur, um Zeit zu gewinnen, fast nirgend ernstlich, fast allenthalben mit unabläßiger Befolgung des Plans, die Befugnisse des Haußes Brandenburg immer weiter einzuschränken, über jeden noch so gerechten Schritt desselben ein lautes und allgemeines Geschrey zu erheben, ja sogleich daraus gemeine Sache zu machen und solche vor die Kraisversammlung in Nürnberg, dahin diese Gegenstände sich gar nicht eignen, zu ziehen. Da wo offenbar Druck und Uebermacht die Gerechtsame des Brandenburgischen Haußes widerrechtlich eingeschränkt haben, entsieht man sich nicht, diesem Bedrückungen und Mißbrauch der Macht schuld zu geben.

Solche höchstnachtheilige Verhältnisse legten natürlicher Weise fast bey jedem Zweige der Landes Verwaltung Hindernisse in den Weg, daraus der empfindlichste Verlust für die Königlichen unmittelbaren Unterthanen entstehen mußte; er gesellte sich zu dem, den der König an seinen eigenen Rechten erlitt und die Nothwendigkeit wurde immer dringender, endlich feste Maasregeln zu ergreifen, welche zwar bloß auf das was wirklich Recht ist, gebauet, dann aber mit Ernst und Nachdruck durchgesetzt werden sollen.

Vor allen Dingen war eine genaue und mühsame Prüfung mit sorgfältiger Benutzung der Archive und mit Hülfe der Geschichte und richtiger staatsrechtlicher Grundsätze erforderlich. Dieß ist geschehen, die Resultate derselben sind von dem Königlichen Kabinets-Ministerio genau geprüft, hierauf des Königs Majestät zur höchsten Entschliessung vorgelegt und endlich von Höchstdenenselben eine umständliche und bestimmte Instruktion ertheilt worden, nach welcher die sämmtlichen Landeshoheits-Verhältnisse künftig zu behandeln seyn werden. Was nach jenen Resultaten dem Publikum im Nahmen Sr. Majestät und dem evidentesten Rechte gemäß öffentlich erklärt wird, ist aus den nachfolgenden Druckschriften zu ersehen.

Es ist zwar nicht zu läugnen, daß der neueste usurpirte, doch Brandenburgischer Seits immer bestrittene Besitzstand, in manchen Fällen, bey dem Gegentheil ist. Es ist nicht minder wahr, daß der König seine Rechte als Successor singularis et ex providentia majorum vor dem Richter ausführen und sich durch ihn in den Besitz setzen lassen müßte, wenn man den ordentlichen gesetzmäßigen Weg, strenge verfolgen wollte. Wer wird es aber nicht gleich einsehen, daß es gleichviel seyn würde, diesen Weg einzuschlagen, oder die evidentesten Rechte des Königs, völlig aufzugeben. Die Verfassung, darinn sich leider die deutsche Reichs-Justiz befindet, die bekannten Grundsätze und der Einfluß des Kaiserlichen Hofs, die große Anzahl erschlichener- und auf einseitiges Anbringen des Gegentheils ergangener widerrechtlicher Reichs-Hofräthräthlicher Mandate, lassen auch nicht den entferntesten Anschein übrig, auf diesem Wege den Zweck je zu erreichen.

Eben so wenig läßt sich dieses von Vergleichen und gütlichen Auseinandersetzungen hoffen, wie oben schon gezeigt worden, wenigstens bey den mehresten unserer Nachbarn so lange nicht, bis nicht sehr ernstliche und anhaltende Vorschritte sie darzu geneigter gemacht haben werden. Indeß wird man dem Befehl des Königs Majestät gemäß, diesen immer weit vorzuziehenden Weg der Güte, da immer begierig ergreifen, wo es nur möglich seyn wird und daß dieses bey gutem und redlichen Willen der Nachbarn wirklich möglich sey, zeigt der neuliche Vergleich mit den Fürstlichen Häußern Hohenlohe-Neuensteinischer Linie, wodurch allen Landeshoheitsstreitigkeiten auf einmahl ein Ende gemacht ist. Bey den angeführten Umständen tritt offenbar der Fall ein, wo bey Ermanglung eines Richters, Selbsthülfe, um zu seinem völlig erwiesenen Rechte zu gelangen, Nothwendigkeit wird. Denn, wie könnte man es wohl mit Billigkeit dem Könige anmuthen, zum offenbarsten Schaden seiner Unterthanen, wenn er selbst auch dem ihm gebührenden Vortheil entsagen wollte, seine Gerechtsame ganz aufzuopfern.

Nach den Brandenburgischen Haußgesetzen sowohl als nach den Erbverbrüderungen sind Se. Majestät hiezu nicht einmahl befugt, vielmehr zu den Schritten, welche auf Höchstdero Befehl jetzt unternommen werden, verbunden. Die Besitzergreifung des Höchstdenenselben nach klarem Reichsgerichtlichen Urtheil zustehenden und auf die unrechtmäßigste Weise bisher vorenthaltenen Territorii bis an die Thore der Reichsstadt Nürnberg, Weissenburg, Dünkelsbühl, Windsheim, wird durch die in den oben angeführten, nachfolgenden Darstellungen enthaltenen Gründe hinlänglich gerechtfertigt.

Landesvergleich zwischen dem Königlich Preußischen Fürstenthum Ansbach und der Fürstlich Hohenlohe-Neuensteinischen Linie.

Um den durch die bisherigen wechselseitigen Vermischungen entstandenen nachbarlichen Streitigkeiten auf immer abzuhelfen, und eine feste und bestimmte Landes-Gränze zwischen dem Königlich Preußischen Fürstenthum Ansbach und den Fürstlich Hohenlohe-Neuensteinischen Landen mit allen Ausflüssen und Wirkungen der völligen Landeshoheit herzustellen, sind nach einer abgeschlossenen Präliminar-Convention vom 24. Merz dieses Jahrs nach den hiezu erforderlichen Vorbereitungen, der Königlich Preußische Staats-Kriegs-Cabinets- und dirigirende Minister, Freyherr von Hardenberg, im Nahmen Seiner Königl. Preußischen Majestät, und der regierende Herr Fürst zu Hohenlohe-Ingelfingen in Ihrem und Ihrer Fürstlichen Herren Agnaten zu Oehringen, Kirchberg und Langenburg Nahmen, zusammengetreten und über nachstehende Punkte übereingekommen:

I.

Seine Königlich Preußische Majestät treten ab, und überlassen der Fürstlich Hohenlohe-Neuensteinischen Linie die bisher theils ausschließend, theils gemeinschaftlich behauptete Landeshoheit mit allen geistlichen und weltlichen Ausflüssen und Wirkungen über sämmtliche Unterthanen und Besitzungen in den an der Hohenlohéschen Gränze gelegenen Dorfschaften und Orten Ebertsbronn, Sigisweiler, Schmalfelden, Speckheim, Grosbärenweiler, Lindlein, Raicha, Lobenhausen, Seibotenberg, Fuchshof, Werdeckerhof, Hetzelshof, Dienbott und Lehnsiedel.

2.

Dagegen überläßt die Fürstlich Hohenlohe-Neuensteinische Linie Sr. Königl. Preußischen Majestät die bisher ebenfalls theils allein, theils gemeinschaftlich behauptete Landeshoheit über sämmtliche Unterthanen und Besitzungen in Niederrimbach, Langen-Steinach, Simmertshofen, Erpfersweiler, Wittenweiler, Wiesenbach, Rükkershagen, Blobach, Niederwinden, Buch, Ribdern, Kleinbretheim, Kupferhof, Libesdorf, Beimbach, Lenkersstetten, Herrothhaußen, Triensbach, Belgenthal, Tiefenbach und Helmeshofen.

3.

Diese Landeshoheit erstreckt sich wechselseitig, und zwar in Absicht auf Justizgewalt, Kirchengewalt, Finanzgewalt, Polizeygewalt und Militärgewalt nicht nur auf die Ortschaften, sondern auch auf die ganzen Markungen derselben, dergestalt, daß von nun an durch diesen Vergleich eine feste und bestimmte Gränze zwischen beyderseitigen Landen hergestellt ist, und die Landeshoheit daher sogleich nach ihrem vollen Umfang von jeder Landesherrschaft über die ihr abgetretenen Unterthanen und Besitzungen ausgeübet wird. Es soll auch unverzüglich durch beyderseits Bevollmächtigte der Gränzzug vorgenomnommen und abgesteckt, und nach Auswechslung beyderseitiger Ratifikationen unverzüglich versteint und in einen Riß gebracht werden, auch die beyderseitigen Besitznehmungen und Ueberweisungen erfolgen.

4.

Weil die beyderseitige Absicht dahin gehet, auch rücksichtlich der Kammer-Einkünfte, Gefälle und aller Utilitäten die bisherigen Vermischungen zu heben, und die beyderseitigen Territorien zu purificiren, dieses aber ohne die hiezu erforderlichen Vorarbeiten, Anschläge und Verzeichnisse nicht sogleich geschehen kann; so ist festgesetzt worden, daß jeder Theil vor der Hand in dem ungestörten Genuß der bisher bezogenen grundherrlichen Einkünfte und Lehensgefälle bleiben soll. Dagegen werden sogleich nach erfolgter Ratifikation dieses Vergleichs von beyderseits Kommissarien ernennt werden, welche sich wegen gemeinschaftlicher unparteyischer Einschätzung des Werths der gegeneinander abzutretenden herrschaftlichen und Unterthanen-Güter auch wegen der nach einerley Maasstab anzufertigenden Kameral-Anschläge überhaupt auf richtige und billige Grundsätze vergleichen, und sonach unverzüglich die zu gegenseitiger Kameral-Gleichstellung erforderlichen Vorarbeiten zu besorgen haben.

5.

Diese Kameral-Gleichstellung, gegenseitige Berechnung und Auswechslung der Utilitäten soll alsdann in Zeit von zwey Monaten in Ansbach vorgenommen werden, wohin die Fürstl. Hohenlohe-Neuensteinische Linie die hiezu be-

bevollmächtigten Kommissarien abordnen wird. Das Geschäft selbst, soll übrigens wie bisher, ohne alle unnöthige Förmlichkeiten und ohne allen Kommissionsprunk mit öffentlicher Treue und Glauben und mit wechselseitiger Redlichkeit behandelt werden. Es soll daher auch gegenwärtiger Vergleich in Absicht aller darinnen nicht berührten Punkte ganz unverfänglich seyn.

Verglichen und abgeschlossen, Ingelfingen den 21. Junii 1796.

(L.S.) Carl August von Hardenberg.
(L.S.) Friederich Ludwig, Fürst zu Hohenlohe.

Königlich Preußische Erklärung über die Landeshoheits-Irrungen in den Fränkischen Fürstenthümern Ansbach und Bayreuth 1796.

§. 1.

Es ist Reichs- und Kreiskundig, was Seine Königliche Majestät von Preußen bey dem Regierungsantritt Ihrer beyden Fränkischen Fürstenthümer, in Absicht der streitigen Verhältnisse und nachbarlichen Irrungen gegen die angränzenden Stände öffentlich haben erklären lassen. Diese Erklärung sowohl, als die vielfältigen einzelnen Vergleichs-Erbietungen und bringenden Anträge zu einer gütlichen Auseinandersetzung jener streitigen Verhältnisse, bezeugen unwiderleglich, wie ernstlich es Seiner Majestät angelegen sey, die Eintracht mit Ihren Nachbarn dauerhaft befestigt zu sehen.

§. 2.

Bey den mehrsten Ständen aber, haben alle diese freywilligen Schritte entweder gar keinen Eindruck gemacht, oder man hat doch jedes Erbieten von der Hand gewiesen, welches wider alle natürliche Billigkeit nicht einzig auf die gegenseitige Convenienz berechnet gewesen. Die bestimmtesten, gemäßigtesten und billigsten Vergleichs-Erbietungen sind nur durch unbestimmte allgemeine Aeußerungen erwiedert worden und überhaupt hat man gesucht, die Negociationen nur hinzuhalten und in unabsehliche, voraussichtlich fruchtlose Handlungen zu verwickeln.

§. 3.

Die Geschichte der bisherigen Tractaten lehrt überzeugend, daß Seine Königliche Majestät, mit einstweiliger unverfänglicher Hintansetzung Ihrer ursprünglichen Gerechtsame Alles erschöpft haben, was nur immer Mäsigung, Friedensliebe, Zuneigung zu Ihren sämmtlichen Reichsmitständen und Anhänglichkeit an die Verfassung von Ihnen fordern kann. Seine Majestät würden noch nicht müde werden, auf diesem Wege fortzuschreiten und das Beyspiel der höchsten Nachgiebigkeit zu geben, wenn die am Ende Gefahr laufenden Gerechtsame Ihres Königlichen Haußes, die Eigenschaft, unter der Sie die Regierung der Fränkischen Fürstenthümer als Successor singularis ex pacto et providentia majorum angetreten haben, die daraus unwidersprechlich fliessende Unverbindlichkeit zu Anerkennung nachtheiliger, unter der vorigen Regierung geschlossener Handlungen und Verträge, welche nach der Haußverfassung und den Familiengesetzen keine Gültigkeit haben, und selbst Ihre Würde, Sie nicht auffoderten, endlich bestimmte Maasregeln zu ergreifen.

§. 4.

Seine Königliche Majestät wollen Sich über Ihre Zuständigkeiten, und die Gründe auf die sie sich stützen, nicht nur hierdurch öffentlich erklären, sondern auch diese von jetzt an ein für allemahl zur bestimmten und unabweichweichlichen Richtschnur Ihres Verfahrens annehmen und Ihre höchsten Gerechtsame mit Nachdruck aufrecht erhalten.

§. 5.

Höchstdieselben haben Sich die ganze Staats-Geschichte Ihrer Fränkischen Fürstenthümer, mit authentischen Beweisen belegt, vortragen lassen, und alle die verschiedenen und individuellen Verhältnisse gegen die einzelnen Nachbarn, von ihrer ursprünglichen Verfassung an, bis auf ihre neueste Lage, sorgfältig geprüfet. Durchaus hat sich aber nur ein Resultat gezeigt; daß nähmlich die Landeshoheit in dem ganzen vermarkten Bezirke der Fränkischen Fürstenthümer Seiner Königlichen Majestät über alle fremde Insassen und Angehörige der benachbarten Stände zustehe; daß diese Landeshoheit schon auf den ursprünglichen Bestandtheilen dieser Fürstenthümer, Reichslehen und Reichsallodien oder Dynastien — gehaftet habe; daß sie von den vorigen Besitzern derselben rechtmäßig hergebracht und an das Hauß Brandenburg durch die ehrwürdigsten Rechtstitel übergegangen, durch den ältesten Besitzstand geheiligt, durch die Grundgesetze des Reichs und von Fällen zu Fällen durch die Reichslehnbriefe bekräftiget war, und also, so wie die ganze deutsche Verfassung, unerschütterlich fest gegründet sey. Keineswegs also, wie man hier und da wähnen will, auf das bloße Regal des Blutbanns, stützt sich die Brandenburgische Landeshoheit über die Insassen der Fränkischen Fürstenthümer, sondern sie gründet sich auch auf unverwerfliche Rechtstitel und Urkunden, auf die Erwerb-Urkunden über die einzelnen, schon im Jahr 1163

von

von Kaiser Karl IV in ein Fürstenthum vereinigten Bestandtheile des Ansbach-Bayreuthischen Staats. Nie ist diese Landeshoheit den ältern Regenten der Brandenburgischen Fürstenthümer in Franken bestritten worden, und wenn solche gleich vor zwey und drey Jahrhunderten den Umfang noch nicht haben konnte, den ihr die neueren Staatsverhältnisse gegeben haben, so war sie doch ihrem wahren Begriffe und Wesen nach, immer das, was sie nach den damahligen Verhältnissen seyn konnte und das höchste Kleinod des Landesherrn. Kurfürst Albrecht Achilles hat 1473 diesem Kleinode durch das dem Publikum schon im Druck bekannte Brandenburgische Haußgrundgesetz auf immer den Charakter der Unveräusserlichkeit aufgeprägt, und unmittelbar von diesem Ihren grossen Ahnherrn schreiben sich die Successionsrechte Sr. jetzt regierenden Königlichen Majestät von Preußen auf die Fränkischen Fürstenthümer her, unmittelbar von ihm geht im Staatsrechtlichen Sinne die Erbfolge auf Se. Majestät über, und eben so unmittelbar folgt hieraus, daß Se. Majestät befugt sind, das Familienfideicommiß in eben dem Zustande und in der vollen Integrität zurückzufordern, als es Albrecht seinem hohen Hauße hinterlassen hat. Vernichtet wäre also hierdurch jeder neuere Besitz, in welchen sich unterdessen die Insassen der Fränkischen Fürstenthümer in Absicht einzelner Landeshoheitsrechte geschwungen haben. — Vernichtet wären alle die von den Insassen mit den vorigen Regenten über einzelne Ausflüsse der Landeshoheit unrechtmäßig geschlossenen Verträge. Seine Majestät wollen aber keine ungegründete Rechte geltend machen; nur können Sie alte gegrüngründete Gerechtsame Ihres Haußes nach Ihren Regentenpflichten nicht aufgeben. Höchstdieselben werden keinen andern als den rechtmäßigen Besitz behaupten und Sich zueignen, aber Sie können auch keinen unrechtmäßigen neuern, bloß in Entsetzungen und Beeinträchtigungen gegründeten gegentheiligen Besitzstand anerkennen. Weit entfernt, sich den Erkenntnissen der höchsten Reichsgerichte entziehen zu wollen, werden Sie bereitwillig jedem rechtskräftigen Urtheil Folge leisten; aber Sie können jene häufigen Mandate nicht als rechtskräftige Urtheile gelten lassen, welche von den Nachbarn und Insassen unrechtmäßig erschlichen worden sind und welche selbst nach dem Sinne der Reichsgesetze, über Ihre Regalien und Gerechtsame nicht entscheiden können. Seine Majestät sind endlich nicht gemeint, alle von den Nachbarn mit den vorigen Regenten geschlossene Verträge unbedingt aufheben zu wollen, aber Höchstdieselben dürfen, nach den Brandenburgischen Haußgesetzen diejenigen nachtheiligen Verträge nicht anerkennen, wodurch ohne Genehmigung Ihres Königlichen Kurhaußes ganze Bestandtheile der Fränkischen Fürstenthümer veräußert, oder wesentliche Hoheits - und Regierungsrechte nachläßig verschleudert worden sind. Seine Königliche Majestät erklären Sich darüber gegen jeden einzelnen Ihrer Fränkischen Nachbarn nach den verschiedenen individuellen Verhältnissen mit aller Offenheit, und wollen durch die gegenwärtige allgemeine Erklärung zugleich die feyerliche Aufforderung ergehen lassen, daß alle und jede Ihrer Insassen und Nachbarn, welche an die Königliche Landeshoheitsrechte aus einem gültigen Vertrage, rechtmäßigen Erwerbtitel oder

durch

durch einen gegründeten Besitz, Anspruch zu haben glauben, diese Ihre Ansprüche dem Fränkischen Landes-Ministerium vorlegen mögen. Seine Majestät werden von demselben mit aller Offenheit und Treue darüber unterhandeln lassen, und jede rechtlich documentirte Befugniß eines andern gern anerkennen. Höchstdieselben erklären hierdurch wiederhohlt auf das feyerlichste, daß Ihnen nichts willkommener seyn könne, als alle vorwaltende Landeshoheits-Irrungen mit Ihren Fränkischen Nachbarn in der Güte und durch Purifications-Vergleiche beygelegt zu sehen, wozu Ihr Fränkisches Landes-Ministerium mit jedem hiezu bereitwilligen Nachbarn die ungesäumte Einleitung treffen wird. Ueberhaupt werden Seine Majestät Ihre Gerechtigkeit nie verläugnen, und zum vollen Beweise Ihrer treuen Anhänglichkeit an die Verfassung, jeder gegründeten Reclamation, worüber sich keine gütliche Vereinigung treffen läßt, den Reichsgesetzmäßigen Weg der Austräge bereitwillig öffnen.

Def=

Oeffentliche Darstellung der Staatsverhältnisse der Königlich Preußischen Fürstenthümer Ansbach und Bayreuth gegen die Reichsstadt Nürnberg 1796.

§. 1.

Das Publikum kennt zwar hinlänglich die nachbarlichen Streitigkeiten, in welche die ehemahligen Herren Marggrafen von Brandenburg-Ansbach und Bayreuth mit der Reichsstadt Nürnberg verflochten gewesen sind. Die Menge von Druckschriften, Beleuchtungen und Gegenbeleuchtungen, die hierüber vorliegen, verbreiten sich über die Verhältnisse beyder benachbarter Staaten nur mit allzuvieler Weitläuftigkeit und Erschöpfung. Dieses, und der gelehrte Schwulst, in welchen sie eingehüllt sind, erschwert es daher auch dem Unbefangenen, jene wechselseitige Staatsverhältnisse richtig zu beurtheilen, die Gründe gegen einander abzuwägen, und die Wahrheit herauszufinden. Gleichwohl ruht hier, wie in allen Streitigkeiten, die Wahrheit auf sehr wenigen klaren Thatumständen, und ganz einfachen Sätzen, welche man bloß zusammen zu stellen braucht, um es auch dem ungelehrten Leser leicht zu machen, sein Urtheil zu fällen.

§. 2.

Aber selbst für den eigentlichen Staats-Rechtsgelehrten muß es interessant seyn, den ganz neuen Standpunkt ken-

kennen zu lernen, welchen die Nürnbergischen Landeshoheitsstreitigkeiten durch die Regierungsveränderung in den Brandenburgischen Fürstenthümern in Franken erhalten haben, zu wissen, was man Königlich Preußischer Seits in Absicht dieser Streitigkeiten für Schritte gethan, und für Behauptungen aufgestellt hat, und so eine Uebersicht des gegenwärtigen politischen Systems beyder benachbarter Staaten zu bekommen.

§. 3.

Als Kurfürst Friedrich von Brandenburg und Burggraf zu Nürnberg im Jahr 1427 der Reichsstadt Nürnberg

die Burg in der Stadt und deren Gefälle, dann die beyden Wälder Sebaldi und Laurenzi

verkaufte, behielt er sich ausdrücklich bevor:

Lehen geistliche und weltliche, **das Landgericht** des Burggrafthums zu Nürnberg, den **Wildbann**, den **Zoll**, das **Glait** auswendig der Stadt, und andere des Burggrafthums **Herrlichkeit**, Recht und Güthere, die in diesen und andern Briefen und Käufen nicht verkauft und übergeben sind.

Was können die Regalien der Gerichtsbarkeit, des Wildbanns, des Zolls, und des Glaits zusammengenommen mit andern **Herrlichkeiten** in jenem Zeitalter anders bedeuten, als die volle Landeshoheit? — Und daß diese unter jenem Vorbehalt wirklich verstanden wurde, beweißt die Folge. Denn die Burggrafen blieben nach dem Verkauf ruhig in dem Besitz der vorbehaltenen Landesdeshoheit bis an die Nürnberger Thore, wurden darinn gegen die Nürnbergischen Störungen gerichtlich geschützt, und noch hat diese Reichsstadt keinen rechtlichen Titel zur Begründung ihrer Ansprüche auf jenes ursprüngliche Kaiserliche Beneficium der Burggrafen nachweisen können.

§. 4.

Die erste Nürnbergische Beeinträchtigung der Burggräflichen Gebietsrechte fällt in die Jahre 1498 und 1507. Der nach Ausgang der Landshutischen Linie in Bayern mit Georg dem Reichen ausgebrochene Krieg gab der Stadt die Veranlassung zu dem Versuch, verschiedene Befestigungen ausser den Stadtmauern zu errichten, sogenannte Plockhäuslein zu erbauen, und Gräben mit Schranken aufzuwerfen. Marggraf Friedrich ließ sich aber diese Störung seiner Territorialbefugnisse nicht gefallen, sondern klagte dagegen bey dem Schwäbischen Bund, und erhielt auch 1507 nicht nur das obsiegliche Urthel, „daß Nürnberg die errichtete Plockhäuslein und Schanzen abwerfen sollte," sondern hatte auch noch die weitere Genugthuung, daß die von der Reichsstadt Nürnberg gegen diesen Bundsständigen Spruch ergriffene Appellation vom Kaiser Maximilian I. verworfen, und die Stadt zur Vollziehung des gegen sie ergangenen rechtlichen Erkenntnisses ernstlich angehalten, mithin die Brandenburgische Landeshoheit gegen die Nürnbergischen Störungen selbst gerichtlich gesichert wurde.

§. 5.

§. 5.

Aber diese rechtlich erfochtene Ruhe war von kurzer Dauer! Durch die indessen erfolgte Einführung des römischen Rechts in Deutschland, und die diese Revolution in der deutschen Gesetzgebung so sehr begünstigende gleichzeitige Errichtung des Reichskammergerichts erhielten nunmehr auch manche Begriffe des deutschen Staatsrechts einen bloß römischen Zuschnitt; So erhob das merum imperium der Römer, das Regal des Blutbanns zum höchsten Kleinod der deutschen Landesherren. Man gab deswegen diesem eminenten Recht über Leib und Leben der Unterthanen, den Nahmen der hohen Fraisch; der hohen Obrigkeit, man sah dasselbe als einen Hauptcharakter der Landeshoheit an, und pflegte diese selbst oft bloß durch jene Benennung zu bezeichnen. Daher das Nürnbergische Streben nach diesem Kleinode in jener Periode; daher die vielfältige Versuche, die Herren Marggrafen in dem Besitz der Fraischgerechtigkeit zu stören, und mit dieser die Landeshoheit selbst an sich zu reissen! Diese Störungen giengen so weit, daß die Herren Marggrafen Kasimir und Georg im Jahr 1526 beym Reichs-Kammergericht dagegen klagen mußten, um den Besitz ihrer Landeshoheit aufrecht zu erhalten. Das nach ausführlichen Verhandlungen erfolgte durch den Druck längst hinlänglich bekannte Urthel vom 18. September 1583 schützte jedoch die Herren Marggrafen in ihrem wohlhergebrachten Besitz, und wieß Burgermeistern und Rath zu Nürnberg an,

von ihren Anmassungen hinführo abzustehn, und sich deren zu enthalten.

Die-

Dieses obsiegliche Urthel wurde am 3. Julius 1587 in der Revisions-Instanz gänzlich bestätigt.

Der Magistrat zu Nürnberg versuchte aber auch das letzte Mittel, und fieng im Jahr 1591 beym Reichs-Kammergericht einen petitorischen Prozeß an. Indessen ist dieser noch anhängig und unentschieden, und schon die eigne Rubrik des Nürnbergischen petitorischen Libells:

> Petitorium das Territorium und fraißliche Obrigkeit um die Stadt betreffend

enthält ein wiederhohltes Geständniß des Brandenburgischen Besitzes der Landeshoheit. Denn wer *petitorisch* auf das Territorium klagt, gesteht hierdurch seinem Gegner den Besitz des Territoriums schon an sich zu.

§. 6.

Vier klare Reichsgerichtliche Urtheile sind es also, auf welche sich die Brandenburgische Landeshoheit um Nürnberg stützt! Zwar hat man Nürnbergischer Seits dem Publikum in verschiedenen Druckschriften vorbilden wollen,

1) daß dieser Reichs-Kammergerichtliche Prozeß nicht Territorium und Landeshoheit, sondern bloß Fraischgerechtigkeit oder peinliche Gerichtsbarkeit zum Gegenstand gehabt habe, und
2) daß man jetzt Brandenburgischer Seits — obgleich der Westphälische Friede diesen Grundsatz geradezu verwirft — bloß auf die Fraisch die Behauptung der Landeshoheit gründen wolle.

Die Antwort ist aber hierauf sehr leicht!

§. 7.

§. 7.

Was das **erste Argument** betrifft, so müssen wohl die Verhandlungen des Prozesses den natürlichsten Aufschluß über dessen Gegenstand enthalten. Wenn man nun Brandenburgischer Seits in der Klagschrift anführt:

> Daß Bürgermeister und Rath der Stadt Nürnberg sich unterstehen, an ettlich Enden Orten und Bezirken in Ihr Fürstlich Gnaden Fürstenthum, Land und Territorium des Burggrafthums zu Nürnberg gelegen, wo sich fraißbare That und Händel begeben, dieselbe aus eigenem Fürnehmen und wider Recht und Billigkeit für sich zu ziehen und zu strafen ꝛc.

Wenn man Nürnbergischer Seits in dem Revisions-Libell sich darüber beklagt, daß dem Urthel der Sinn beygelegt werde

> daß der Herren Marggrafen angemaßtes Landfürstenthum bis an die Stadtgraben zu Nürnberg reiche,

wenn Nürnberg seinen Petitori-Libell selbst in der Rubrik schon mit der Aufschrift:

> das Territorium und fraißliche Obrigkeit um die Stadt betreffend

bezeichnet, und sich darüber beschwert:

> daß die Stadt kraft erstberegter Urtheile überall kein Territorium, kein Regal, keine Superiorität; ja nicht eines Fußes breit Landes hätte;

So

So ist es doch wohl bis zur Evidenz klar, daß der Streit wirklich die Landeshoheit gegolten habe. Aehnliche entscheidende Stellen findet man in den Wechselschriften jenes Reichs-Kammergerichtlichen Prozesses sehr häufig.

§. 8.

Den zweyten Einwurf, daß man Brandenburgischer Seits die Landeshoheit auf das bloße Regal des Blutbanns gründen wolle, widerlegt die Geschichte selbst. Die bey dem Wälder-Verkauf vom Jahr 1427 vorbehaltene Marggräfliche **Regalien** und **Herrlichkeiten** lassen sich auf der einen Seite nicht wegläugnen, und auf der andern Seite kann Nürnberg für seine eigne Behauptung keinen rechtlichen Titel aufweisen.

Daß man noch im sechzehnten Jahrhundert die hohe Obrigkeit und Fraisch für den Hauptcharakter der Landeshoheit gehalten habe, gestund ja der Magistrat zu Nürnberg selbst ein, wenn er in einem am 30. May 1532 an Stadthalter und Räthe zu Ansbach erlassenen Schreiben anführt:

> weil je ein jeder Verständiger, nit allein aus öffentlichen Kaiserlichen Rechten, sondern auch aller Billigkeit und Vernunft schließen muß, daß das Territorium der hohen Obrigkeit und nit den Freveln oder ander nieder Gerichtbarkeit anhängig ist, und würdet nit der, dem die Frevel über die Seinen, **sondern der Fraisherr, dem das *merum imperium* und andere hohe Regal zugehören, für den Obern**

Obern und Herrn deſſelben Territorium in Rechten ausdrücklich
gehalten.

Es iſt übrigens ein ſehr großer Unterſchied:

„die Fraiſch für einen Hauptcharakter der Landeshoheit halten;

und

„die Landeshoheit bloß auf die Fraiſch gründen."

Letzteres iſt Brandenburg nie in den Sinn gekommen.
Vielmehr hat der Marggräfliche Anwald in der beym
Reichs-Kammergericht 1567 übergebenen Probations-
ſchrift ſelbſt erklärt:

alſo kindiſch iſt Marggräflicher Anwald nicht, daß
er argumentiren ſollte: Mein Herr hat die fraiſch-
liche Obrigkeit um Nürnberg; Ergo iſt er Lan-
desfürſt ꝛc.

§. 9.

Bey aller Evidenz, welche die Brandenburgiſche
Landeshoheit gegen Nürnberg erhält, blieb ſolche doch
fortwährend den Nürnbergiſchen Anfechtungen ausgeſetzt.
Beſonders gab die unruhige Epoche des 30jährigen
Kriegs dieſer Reichsſtadt die Veranlaſſung, gegen das
Bundsrichterliche Urtheil von 1507, welches ohnehin
petitoriſch von Nürnberg noch beſtritten werden will, einen neuen Verſuch mit Anlegung mehrerer Befeſtigungen
um die Stadt im Marggräflichen Gebiet zu wagen.
Die Brandenburgiſchen Beſchwerden hingegen blieben
zwar unter den Stürmen des Kriegs ungeſtillt; aber

nach

nach erfolgtem Frieden wurde auch dem Brandenburgischen Hauß die reklamirte Justiz wiederum administrirt, und Burgermeistern und Rath der Stadt Nürnberg vom Reichs-Kammergericht bey Strafe von 10 Mark löthigen Goldes auferlegt:

> daß sie ohne Ein- und Widerrede, Uffenthalt und Entgeld, diejenige geklagte um den Gostenhoff, und all anderer Orten *ausser der Stadt in unwidersprechlichem Brandenburgischen Territorio* ohne der Markgrafen *Consens* ja wider Dero *Willen und Ahndung* gemachte höchstnachtheilige *Fortificationes* und Schanzen auf eigne Kosten wieder einziehen und einebnen, und alles in den Stand, wie es sich vor angeregten Motibus in Imperio befunden, richten und stellen, *auch sich hinführo aller dergleichen Fortifications-Werke und Attentirens in Territorio* des Burggrafthums Nürnberg gänzlich enthalten sollen.

Die Reichsstadt Nürnberg leistete jedoch diesem Erkenntniß keine Folge, suchte durch Fortsetzung und Verzögerung des hierüber beym Reichs-Kammergericht noch rechtshängigen Prozesses der schuldigen Anerkennung der Brandenburgischen Gebietsrechte auszuweichen, und fuhr vielmehr ganz ungescheut fort, in den Jahren 1689, 1703 und 1709 ihre Schanzen und Linien theils mehr ausbessern und befestigen, theils sogar erweitern zu lassen. Zwar wurden diese Befestigungswerke, aus Veranlaſſung des indeſſen eingetretenen Spaniſchen Succeſſions - und Franzöſiſch-Bayeriſchen Krieges, durch einen eigenen Fränkiſchen Kraisſchluß vom 4. Juny 1703 ſelbſt, für die Dauer des Krieges aufrecht erhalten; Allein die Stadt Nürnberg erklärte ausdrücklich:

> Daß ſie durch ſothane Fortifikation niemand etwas zu präjudiciren, oder, was ſeithero noch in Diſput geſtanden ſeyn möchte, zu ihrem Vortheil zu alteriren gemeint ſey;

und das Brandenburgiſche Hauß verlangte nach geendigtem Bayeriſchen Krieg in den Jahren 1715 und 1716 bey dem Fränkiſchen Kraiskonvent auf das nachdrücklichſte die Demolirung und Einebnung jener bloß des Kriegs wegen geduldeten Verſchanzungen, konnte aber die Erfüllung dieſes gerechten Begehrens nicht erlangen; vielmehr wendete ſich die Reichsſtadt Nürnberg nunmehr dagegen an den Kaiſerlichen Reichshofrath, welcher dem Krais Bericht abforderte, deſſen Erſtattung Brandenburgiſcher Seits eben ſo wenig zu bewirken war.

§. 10.

Daher blieb die Sache bis jetzt nicht nur in dieſer für Brandenburg ſo widrigen Lage, ſondern die Reichsſtadt Nürnberg ſuchte den Brandenburgiſchen Landeshoheits-Gerechtſamen vorzüglich auch dadurch Abbruch zu thun, daß ſie jede Veranlaſſung, wo Brandenburg zu Aufrechthaltung ſeiner gekränkten Rechte mit Nachdruck zu Werke gehen mußte, benützte, um bey dem Kaiſerl. Reichshofrath über einzelne Ausflüſſe der Landeshoheit Mandate gegen dieſes hohe Hauß auszuwirken. Die Er-

Erschleichung solcher Strafgebote konnte Nürnberg nicht schwer werden — denn wie leicht kann man bey einer so tumultuarischen Prozeßform, die ungehört des andern Theils mit der Execution anfängt, den Richter durch Verschweigung der Wahrheit, und durch eine schiefe Stellung der Thatsätze täuschen? — Eben deswegen ist durch die Weisheit der Reichsgesetze diese Prozeßgattung so sehr eingeschränkt; eben deswegen sind die Stände gegen deren nachtheiligen Einfluß auf ihre Gerechtsame durch die Vorschriften der Reichs-Kammergerichts-Ordnung des jüngsten Reichsabschieds und der Kaiserlichen Wahlkapitulation so bestimmt gesichert worden.

§. 11.

Man lese diese Reichsgesetzliche Vorschriften nach; man wende sie an auf die vielfältige von der Reichsstadt Nürnberg beym Kaiserlichen Reichshofrath gegen Brandenburg über einzelne Ausflüsse der Landeshoheit erschlichene Mandate; man halte dann die vorliegende klare Reichs-Kammergerichtliche Urtheile und die ganze Lage des noch bey diesem hohen Reichsgericht schwebenden Territorialprozesses dagegen, und man wird, gedrungen durch die innigste Ueberzeugung, kein anderes Urtheil fällen können, als daß alle diese Reichshofrathsmandate — wie sich die Reichsgesetze selbst hierüber ausdrükken — ursprünglich kraftlos und nichtig waren.

Wenn man jemand über einen und den nehmlichen Gegenstand bey mehrern Gerichten belangen könnte, wenn niemand bey den Erkenntnissen des einen Reichs-Gerichts für gegentheilige Verfügungen des andern mehr
sicher

sicher wäre, wenn über wesentliche Landeshoheitsrechte und Regalien der Reichsstände durch Mandate entschieden werden sollte, und sie derselben ohne rechtliches Gehör durch einen blosen Federstrich verlustig erklärt werden könnten, — dann möchten lieber die Zeiten des Faustrechts wieder zurücke kehren! So lange aber noch Ordnung im Reichsjustizwesen seyn, so lange die Reichsverfassung bestehen soll, hat das Hauß Brandenburg von der Nürnberger Chikane und den durch sie erschlichenen Reichshofraths=Mandaten Nichts zu fürchten.

§. 12.

. So fest ist also die Brandenburgische Landeshoheit um Nürnberg gegründet! Sie setzt ihren Ursprung in Kaiserliche zum Lohn treuer Dienste erhaltene Begnabigung, sie hat also mit der Landeshoheit der übrigen Reichsstände einen und den nehmlichen ehrwürdigen Titel, sie ist durch den ältesten Besitzstand geheiligt, und dieser Besitzstand ist durch klare Reichsgerichtliche Urtheile gegen die Nürnbergischen Störungen sicher gestellt! Wer hätte in dieser Lage nicht erwartet, daß des Königs von Preußen Majestät, bey der im Jahr 1792 erfolgten Regierungs=Uebernehmung der Fränkischen Fürstenthümer Ansbach und Bayreuth, sich den vollen Besitz dieser Ihnen zuständigen Landeshoheit zueignen würden?

§. 13.

Aber Seine Königliche Majestät wollten Ihre Regierung lieber durch Mäßigung und Glimpf als durch Nachdruck ankündigen. Sie wollten Ihre Gerechtsame

vor=

vorerst ganz zurücksetzen und bloß Ihrer erhabnen Neigung zur Güte und Freundschaft gegen Ihre neue Nachbarn folgen. —

Es wurden daher zur Wahrung der Königlichen Landeshoheits-Rechte bloß die Königl. Regierungs-Antritts-Patente auf dem Brandenburgischen Gebietsbezirk um Nürnberg publicirt, übrigens aber der Reichsstadt Nürnberg die freundschaftliche Eröffnung gethan, daß Seine Königliche Majestät die vorwaltenden Landeshoheits-Irrungen in der Güte beygelegt zu sehen wünschten.

§. 14.

Wer hätte nun hier nicht wieder erwarten sollen, daß dieses Anerbieten mit der größten Bereitwilligkeit angenommen werden würde? — Allein diese Erwartung gieng ganz fehl. Es erfolgte Nürnbergischer Seits bloß ein allgemeines Vergleichs-Gegenerbieten ohne alle specielle Anträge. Indessen hatte man Königlich Preußischer Seits nicht nur die großmüthige Neigung des Königs, die Landeshoheitsstreitigkeiten mit seinen Nachbarn durch Purifications-Vergleiche und Austauschung der vermischten Besitzungen beyzulegen, öffentlich beym Reichs- und Kraistage im Allgemeinen erklärt; sondern man that sogar gegen Nürnberg noch überdieß den zuvorkommenden Schritt, daß der in den Fränkischen Fürstenthümern dirigirende Königliche Staats- und Kabinets-Minister Freyherr von Hardenberg am 10ten Julius 1792 den Magistrat zu Nürnberg in einem eignen Schreiben zu einem gütlichen Vergleich nicht nur aufforderte, sondern zugleich den speciellen Vorschlag beyfügte, daß die Stadt das entlegene ganz vom Königlichen Gebiet umschlossene Pflegamt Lichtenau so wie alle entfernter von der Stadt situirte Unterthanen und Besitzungen an das Königliche Hauß abtreten sollte, um hierdurch bey Seiner Königlichen Majestät die Entschliessung zu bewürken, der Stadt zunächst an ihren Thoren ein verhältnißmäßiges ebenfalls purificirtes Gebiet mit Abtrettung der darinnen liegenden Königlichen Unterthanen und Besitzungen einzuräumen. Kaum läßt es sich denken, daß von dem Magistrat in Nürnberg hierauf gar keine Antwort erfolgte, und doch ist es so! Bloß gegen die Königliche Kraisgesandtschaft geschah auf deren wiederhohlte Aufforderung von dem Nürnbergischen Stimmführer zuweilen die allgemeine Aeusserung, daß man sich in der Güte zu vergleichen wünsche. — Aber dabey blieb es auch, und so sind nunmehr vier Jahre vergeblich hingeflossen, während man Königlich Preußischer Seits von Nürnberg, so wie von den mehresten übrigen Nachbaren, mit leeren Vergleichshoffnungen sich getäuscht sehen mußte.

§. 15.

Bey dieser Nürnbergischer Seits entschiednen Abneigung zu einem gütlichen Vergleich, bey diesen Brandenburgischer Seits mit so vieler Nachsicht und Schonung fruchtlos erschöpften vielfältigen Versuchen hiezu — was bleibt Seiner Majestät dem Könige nunmehr übrig, als von Seinen Rechten endlich Gebrauch zu machen? — Längeres ruhiges Dulden der Nürnbergischen Anmassungen würde die ohnehin schon so tief verwundeten Königlich Landeshoheits-Gerechtsame völlig aufgeben heissen, und dieß

dieß dürffen Seine Königliche Majestät nach Ihren Regentenpflichten und den Haußgesetzen nicht thun.

Das Publikum kann es daher unter diesen Umständen gar nicht befremdend finden, daß Seine Königliche Majestät Sich nunmehr den Recht- und Urtelsmäßigen Besitz Ihrer Landeshoheit zueignen, daß Sie die daraus herflieſſenden weſentlichen Rechte in Ausübung bringen, und die Nürnbergiſchen Urtelswidrigen Beeinträchtigungen nicht weiter zulaſſen; das Publikum wird vielmehr dieſen Vorſchritt durch die gegenwärtige Darſtellung gewiß vollkommen gerechtfertiget finden.

Aus einem Publicandum des Nürnberger Magistrats vom 18ten dieses Monats ist zu ersehen gewesen, daß es dem dortigen Publikum mit Recht aufgefallen ist, daß die im Jahr 1792 so vielfältig geschehenen Königlich Preußischen Vergleichs-Erbietungen so gleichgültig behandelt, und darauf gar keine kategorische Erklärung von Seiten des Magistrats ertheilt worden ist. Wenn sich derselbe in eben diesem Publicandum gegen jenen gegründeten Vorwurf zu rechtfertigen und sein Verfahren zu beschönigen suchen will, so ist ihm dieses zwar nicht zu verdenken: Allein das Publikum kennt zu gut den Nürnberger Magistratischen Geschäftsgang und die mit dem Bewußtseyn einer schlimmen Sache immer verbundene Absicht, jeden entscheidenden Schritt zu vermeiden und nur in der Zögerung Heil zu suchen, um sich täuschen zu lassen.

Dieser Absicht gemäß, hat es zwar der Nürnberger Magistrat an allgemeinen Vergleichs-Gegenerbietungen, um Zeit zu gewinnen, nicht fehlen lassen. Davon ist aber in der kürzlich erschienenen

> Oeffentlichen Darstellung der Staatsverhältnisse
> der Königlich Preußischen Fürstenthümer Ansbach
> und Bayreuth gegen die Reichsstadt Nürnberg

nicht die Rede, sondern von einer kategorischen Antwort und Erklärung, wie sie der in den Fränkischen Fürstenthümern dirigirende Staats- und Kabinets-Minister Freyherr von Hardenberg in seinem Schreiben

ben vom 10. Jul. 1792 auf die von ihm selbst angetragenen ganz specialisirten Vergleichs-Vorschläge ausdrücklich von dem Nürnberger Magistrat verlangt hat.

Diese ist bis auf den heutigen Tag keineswegs erfolgt, sondern statt derselben langte auf ein unter dem 4. August 1792. von des gedachten Herrn Ministers Excellenz nach Nürnberg abgelassenes Erinnerungs-Schreiben, worinnen eine unumwundene Erklärung und volle Erwiederung der bezeugten Offenheit nochmahls ausdrücklich begehrt wird, erst unter dem 6. Sept. 1792 das in dem Nürnberger Publicandum so sehr gerühmte Magistrats-Schreiben ein, in welchem zwar allerdings im Eingang im Allgemeinen die vollkommenste Bereitwilligkeit zu Erzielung eines gütlichen Vergleichs mit Worten zu erkennen gegeben, jedoch zugleich der diese Bereitwilligkeit in seinem wahren Licht zeigende Beysatz gemacht wurde:

Schon jetzt würden wir beyderseitigen Intentionen durch speciellere Erklärungen näher treten, wenn Hindernisse, die auch mit in Unserer Staatsverfassung liegen, sogleich zu beseitigen wären. Indessen haben Wir keinen Anstand genommen, bereits solche Vorkehrungen zu treffen, daß mit dem Königlich Preußischen Herrn Kraisgesandten und bevollmächtigten Minister Grafen von Soden sogleich vorläufige Verabredung gepflogen, die Modalitäten und Vergleichs-Gegenstände in einstweilige Ueberlegung genommen, wechselseitige Eröffnungen gemacht, und das ganze Vergleichsgeschäft, *praeliminariter* jedoch unverbindlich zu Faden geschlagen werde, daß es sodann um so ungehinderter förmlich seinen Anfang nehmen, und ohne weiters guten Fortgang gewinnen kann.

Es ist wirklich wahr, daß auf das Königlich-Preußische Vergleichs-Erbieten vom 10. Julii 1792 keine Nürnberger Antwort erfolgt ist. Denn diese sogenannte Antwort ergieng erst auf die Erinnerung vom 4. August 1792, und enthält statt der verlangten kategorischen und unumwundenen Erklärung bloße Entschuldigung, mit den Hindernissen der Staatsverfassung.

Ueber diese Hindernisse in der Verfassung selbst gaben die hierauf mit dem Königlichen Gesandten Herrn Grafen von Soden angegangenen Konferenzen bald den nähern Aufschluß. Denn die bekannte enorme Nürnberger Finanzzerrüttung machte Geldhülfe nothwendig und es wurde in jenen Konferenzen hauptsächlich über ein Anlehn von einer Million traktirt. Selbst hiezu war man Preußischer Seits nicht abgeneigt, aber auch dieserhalb ist die Unterhandlung durch die Schuld des Magistrats nicht weiter gediehen.

An ernstliche und spezielle Vergleichs-Gegenvorschläge hat man dagegen Nürnbergischer Seits nie gedacht, und nie denken wollen.

Darinn also ist die Ursache der abgebrochenen oder vielmehr nie wirklich angegangenen Vergleichs-Traktaten zu suchen, keineswegs aber in der Abwesenheit des dirigirenden Herrn Ministers von Hardenberg Excellenz zu

Ba-

Basel und Berlin, oder in der Unpäßlichkeit des Herrn Gesandten und Ministers Grafen von Soden. Denn es ist eben so kraiskundig, daß während der Abwesenheit des Erstern alle Landesgeschäfte ihren ungehinderten Fortgang gehabt haben, als daß letzterer sich nie durch eine Unpäßlichkeit von seiner rühmlichen Thätigkeit in ununterbrochener Fortsetzung seiner Dienstverrichtungen hat abhalten lassen.

Ansbach, den 24sten Julius. 1796.

Oeffentliche Erklärung wegen der Eychstättischen Insassen in den Königlich Preußischen Fürstenthümern Ansbach und Bayreuth.

§. 1.

Die Lage, in welcher sich das Königlich-Preußische Hauß in Absicht der Landeshoheits-Irrungen mit den Nachbarn der Fränkischen Fürstenthümer Ansbach und Bayreuth befindet, ist dem Publikum theils vorhin bekannt, theils ist solche nach ihren neuesten Verhältnissen aus der darüber in Druck erlassenen allgemeinen Erklärung zu ersehen. Nach so vielen den Nachbarn seit vier Jahren gemachten vergeblichen Anträgen und fruchtlosen Versuchen, jene Streitigkeiten in der Güte beyzulegen, sehen Sich des Königs von Preußen Majestät nunmehr durchaus in die Nothwendigkeit gesetzt, Ihre am Ende Gefahr laufenden höchsten Gerechtsame nicht länger wie bisher ruhen zu lassen, sondern dieselben über alle fremde Insassen in Ausübung zu bringen, deren widerrechtliche Störungen nicht länger zuzulassen, und die unter den vorigen Regierungen, ohne Einwilligung des Königlichen Kurhaußes geschlossenen, die Königlichen Landeshoheitsrechte beschränkenden, nach den Brandenburgischen Haußgesetzen aber ungültigen nachbarlichen Vorträge Ihrer Seits für unverbindlich zu erklären.

§. 2.

§. 2.

In diesem Falle befindet man Sich Königlich-Preußischer Seits vorzüglich mit dem Bisthum Eychstätt. Mit keinem andern Nachbarn sind die Vermischungen an Unterthanen und andern Besitzungen beträchtlicher; mit keinem andern Nachbarn war daher eine Purification und wechselseitige Austauschung erwünschter; von keinem andern Nachbarn sind gleichwohl die gemachten dringendsten Vergleichs-Anträge so unfreundschaftlich verworfen worden, und mit keinem andern Nachbarn sind die Verträge den Brandenburgischen Gerechtsamen nachtheiliger; nie sind sie zugleich mit mehr Uebereilung und mit solchen Mängeln geschlossen worden, die schon nach dem gemeinen Rechte die Nichtigkeit des Vertrags zur Folge haben, als mit dem Bisthum Eychstätt. Das Publikum wird sich selbst hievon überzeugen, wenn es die in dieser Absicht hier entwickelten Brandenburgischen Staatsverhältnisse gegen Eychstätt prüft, und die Geschichte der mit diesem Stifft geschlossenen Verträge kennen lernt. Zugleich wird es hierdurch die Maasregeln vollkommen gerechtfertigt finden, welche man Königl. Preußischer Seits zu ergreifen gezwungen ist.

§. 3.

Es ist aus der Geschichte hinlänglich bekannt, daß Eychstätt einen beträchtlichen Theil seiner sogenannten Oberhochstiftischen Besitzungen der Milde des Herrn Burggrafen zu Nürnberg zu verdanken hat. Die im Jahr 1296 geschehene Abreissung eines Theils der schönen Graffschaft Abenberg, und die bekannte Spaltische Stif-

Stiftung schlugen dem Fürstenthum Ansbach Wunden, die nie verbluten werden. In diesen Distrikten sowohl als in denen von Wahrberg-Herrieden, Ahrberg-Ohrenbau und Sandsee-Pleinfeld waren die Gränzen der Eychstättischen Gerechtsame mit Brandenburg streitig. Besonders war dieses mit den Regalien des Blutbanns und der Jagd der Fall. Der Streit über Landesherrlichkeit und die damit verbundene Rechte wurde nach der Einführung des römischen Rechts und der Errichtung des Reichs-Kammergerichts gegen Ende des funfzehnten und im Anfang des sechzehnten Jahrhunderts zu sehr in Deutschland unter den Ständen rege, um nicht auch eine ähnliche große Gährung zwischen Eychstätt und Brandenburg zu veranlassen, wozu die von Eychstätt in Anspruch genommene Regalien der Fraisch und Jagd leicht die Gelegenheit gaben.

§. 4.

Natürlich führte dieses zum Wunsch eines gütlichen Vergleichs, wobey Eychstätt durch nothwendige Brandenburgische Nachgiebigkeit immer gewinnen mußte. Deswegen entschloß man sich auch Brandenburgischer Seits so ungern zu diesem Opfer; deswegen giengen alle in den Jahren 1506, 1514, 1523 und 1535 gemachte Versuche fehl, und soviel Mühe sich besonders im letzten Jahr die damahligen Unterhändler von Leonrod und Georg von Absringen Kommenthur zu Viersnberg gaben, eine gütliche Vereinigung zu bewirken, so wenig kam solche zu Stand. Merkwürdig ist die Aeußerung des Herrn Marggrafen Georg hierüber, der den Unterhändlern anzeigen ließ:

wie

wie Seine Gnad auf die vorgeschlagene Mittel die Grenzen besichtigt, hetten Dieselben aufs weitläuftigst und dermaffen befunden, daß Ihr Fürstl. Gnaden nit gedenken könnten, daß darauf in der Güte fruchtbarlich zu handeln. Denn einmahl hetten Sie und Ihre Voreltern bis auf gegenwärtigen Tag über Menschen Gedächtnis her alle andere Regalien, als Glait, Zoll, Wildpann, Straffen, Landgericht, also daß Ihr Fürstl. Gnaden der Enbe der Landesfürst wären, und das *territorium* unwidersprechlich hetten; — wie denn so eben das Halsgericht oder die Fraisch davon gesondert seyn sollten? —

Sollten nun Ihr Fürstl. Gnaden allein der Fraisch halb Gränz machen laffen, möcht es zu künftigen Zeiten an andern Regalien auch ein Irrung erwecken und geben.

Wollt aber das Stift das Halsgericht streiten, so müß es Anzeig und Beweisung thun, aus was Ursachen die Fraisch so eben von andern Regalien gesondert seyn, und dem Stift zustehen solle.

Diese Aeußerung beweißt, daß schon damahls das Wort Territorium nicht unbekannt war, daß der Begriff des Territoriums in den Besitz der höhern Regalien gesetzt wurde, und daß man damahls Brandenburgischer Seits dem Bisthum Eychstätt kein Territorium zugestund.

§. 5.

Gleichwohl kam schon im Jahr 1537 zwischen dem vorhin so wenig zum Vergleich geneigten Marggrafen Georg von Brandenburg und dem Bischoff Christoph von Eychstätt unter Vermittlung des Bischoffs Christoph von Augsburg ein Vertrag zu Stand. Hierinn wurden

1) an Eychstätt, statt der vorhin in mehrern einzelnen zerstreuten Orten angesprochenen Fraisch und Jagd die fünf Jenseitigen Aemterdistrikte, Ahrberg, Wahrberg, Spalt, Sandsee, und Abenberg in demjenigen Umfang mit der in Ansehung der Ausübung zugleich bestimmten Fraisch überlassen, wie sich solche noch gegenwärtig versteint finden.

2) Wurde in diesen Distrikten den Eychstättischen adelichen Pflegern **die kleine Jagd** erlaubt.

3) Wurde die **Jurisdiktion des Burggräflichen Landgerichts** über die Eychstättischen Angehörigen dahin modificirt, daß solche gar nicht mehr statt haben soll

    a) in **persönlichen** Rechtssachen Eychstättischer Hintersassen,

    b) gegen die in Eychstättischen gemauerten Städte, Flecken und Schlössern Ansäßige.

Jedoch mit Vorbehalt der landgerichtlichen Jurisdiktion in Fällen verweigerten, oder verzögerten Rechts von den Eychstättischen Gerichtsstellen.

Aber

Aber sonst innerhalb und ausserhalb vorgeschriebener Gezirk obbemeldter Ende soll das Landgericht um alle **häbliche Sprüche, Gründe und Boden auch** Dienstbarkeiten derselben anhängig, servitutes reales genannt, gegen die Eychstättischen Unterthanen und Kommunen auf Anrufen des Klägers zu richten haben.

4) Endlich wurde diesem Vertrag die Klausel beygefügt:

Und nachdem dieser Vertrag **allein der fraischlichen Obrigkeit Landgericht und Wildbanns halber** vorgenommen worden, so ist beredt, daß sich dieses Vertrags Bewilligung halber, und Kraft desselben, **keine Parthey gegen der andern Unterthanen und Güther, keiner weitern Obrigkeit, Herrlichkeit, Rechte und Gerechtigkeit** und anders oder weiters, denn hierinn begriffen, in einerley Weeg anmassen, einzuziehen, behelfen, noch zu gebrauchen unterstehen sollen noch wollen. Sondern **was für eine jede Parthey sonst für Herrlichkeit und Gerechtigkeit,** außerhalb das so eben bedeidingt ist, **mit Alters hergebracht hat,** und in Gebrauch gewesen und noch ist, dabey auf dieses Vertrags halben unverhindert bleiben; also daß solche Unsere geübte Handlung bewilligte Abrede und Vertrag jeder Parthey an derselben **Herrlichkeiten, Obrigkeiten, Recht**

und Gerechtigkeit Gebräuche und Herkommen, in alle Weege unvergriffen, keinem Theil dadurch nichts benommen und unschädlich seyn solle.

§. 6.

Verschiedene weitere Verträge über einzelne Streitigkeiten können um so füglicher übergangen werden, weil sie zur Beurtheilung des gegenwärtigen Systems und der hier zum Vorwurf kommenden Hauptverhältnisse nichts beytragen.

Merkwürdiger ist ein Zollvertrag zwischen Brandenburg und Eychstätt vom Jahr 1683, zu dessen Erläuterung vorher folgendes zu bemerken ist:

Es hat dem Fürstl. Stifte Eychstätt im Jahr 1656 geglückt, vom Kaiser Ferdinand III. ein Zollprivilegium für die Obern Hochstifts-Lande zu erlangen. In die Ertheilung dieses Privilegiums haben die übrigen Kurfürsten eingewilligt; von Seiten des Kurhauses Brandenburg aber ist die Einwilligung nicht nur versagt, sondern dagegen sowohl auf dem Reichstag zu Regensburg als beym Reichs-Deputationstag zu Frankfurth am Mayn ausdrückliche Beschwerde geführt worden; Unter dem Schutz dieses Privilegiums errichtete aber gleichwohl Eychstätt nicht nur mehrere Haupt- und Neben- oder Wehr-Zollstätte innerhalb der durch den Vertrag vom Jahr 1537 von Brandenburg zugestanden erhalten versteinten Fraischdistrikte, sondern legte auch verschiedene Wehrzölle in solchen Orten auf Brandenburgischem Gebiet und Fraischbezirk an, wo die Gemeinschaft Eychstättitischer Seits hergebracht war. In der vollen Ueberzeugung, dieses nicht dulden zu dürfen, widersetzte sich Brandenburg jenem Beginnen.

Eychstätt erhielt aber gegen diese Brandenburgische Hinderungen in den Jahren 1658 und 1672 beym Kaiserlichen Reichs-Hofrath Mandate, bis die Sache zu gütlichen Unterhandlungen eingeleitet und im Jahr 1683 ein Vertrag darüber errichtet wurde.

§. 7.

In diesem Vertrag wird

1) der Eychstättische Zoll gegen fremde Fuhrleute und Kaufmannsgüter um ein Drittel gemindert.
2) die Brandenburgischen Unterthanen mit Ausnahm der Juden werden beym Transport ihres Eigenthums des Zolls gänzlich befreyt;
3) die Eychstättischen Unterthanen müssen dagegen auf den Brandenburgischen Zollstätten den hergebrachten Zoll unabgekürzt abreichen. Nur der Bischoff das Domkapitel, dann die geistlich- und weltlichen Räthe sollen auf Requisition frey seyn.
4) Den fremden Fuhrleuten soll die Abweichung von den sowohl Brandenburgischen als Eychstättischen Zollstrassen nicht zugelassen werden.
5) Der Eychstättische Zoll zu Keversbach und Stabeln soll abgethan werden, dagegen der zu Ober-Erlbach verbleiben, doch hierdurch dem Hochfürstlichen Hauß Brandenburg an der daselbsten habenden hochfraischlichen Obrigkeit, und andern nach Innhalt und Ausweisung der aufgerichteten Verträ-

träge, hergebrachten Regalien, Recht und Gerechtigkeiten, gleichfalls hierdurch nichts derogirt noch benommen, und in so weit unschädlich seyn.

Wer kann behaupten daß für des Königs von Preussen Majestät dieser, über die Ausübung eines von Allerhöchstdenenselben niemahls anerkannten, vielmehr öffentlich widersprochen, und zur Beschwerde gebrachten Privilegiums geschlossene Vertrag von einiger Verbindlichkeit seyn — Allerhöchstihro Hauße, ohne erst ertheilende besondere Einwilligung, aufgedrungen werden könne? Wer muß vielmehr nach bekannten Staatsrechtlichen Grundsätzen nicht eingestehen, daß dieser Vertrag, wodurch ein so wichtiges Regal als das Zollrecht einem Nachbarn auf Brandenburgischem Gebiet eingeräumt, mithin gegen die klare Vorschrift der Brandenburgischen Hauß-Verträge eine offenbare Veräusserung begangen worden, von Seiner Königl. Majestät mit dem größten Recht angefochten, und als unverbindlich aufgehoben werden könne?

§. 8.

Der neueste, wichtigste und die ganze Kategorie aller gegenwärtigen Verhältnisse gegen Eychstätt enthaltende Vertrag ist vom 22. August 1736.

Ehe über diesen Vertrag, dessen Inhalt und Folgen selbst etwas erwähnt werden kann, müssen einige Bemerkungen über dessen Veranlassung, über den Gang der Vergleichs-Unterhandlungen, und über deren Abschluß voraus geschickt werden.

Die

Die Veranlassung zu diesem Vergleich gaben einige von Eychstätt gegen Brandenburg beym Käiserl. Reichs-Hofrath erschlichene nachtheilige Erkenntnisse, deren Execution in den Jahren 1730 und 1731 sehr betrieben wurde.

Marggräflicher Seits wurde damahls sowohl mit dem Königlichen Kurhauße Brandenburg als mit den Erbverbrüderten Häußern Sachsen und Hessen Kommunikation gepflogen, und auf die Einleitung der Sache zum gütlichen Vergleich angetragen. Dieß geschah, aber freylich wohl in der Voraussetzung, daß man sich bloß über die streitigen Gegenstände vergleichen, und nicht mehrere vorhin unbestrittene Gegenstände nachgeben würde.

Im Jahr 1733 kam es nun würklich zu einem gütlichen Zusammentritt Brandenburgischer und Eychstättischer Räthe; Allein Eychstättischer Seits wurden gleich Anfangs solche unerwartet auffallende Bedingungen gemacht, und besonders in Ansehung des Territorialpunkts solche neue Behauptungen aufgestellt, daß man Marggräflicher Seits die Konferenzen wieder abbrechen mußte.

Der damahlige Herr Marggraf Karl Wilhelm Friedrich gab in einem Schreiben vom 1. Febr. 1734 dem Herrn Bischoff von Eychstätt zu erkennen, daß er eine Nachgiebigkeit der Jenseitigen Behauptungen gegen das Höchste Kurhauß Brandenburg und die Erbverbrüderten Häußer nicht würde verantworten können,

> weil dadurch einem so merklichen Theil der dem gesammten Königl. Kur- und Altfürstlichen Häuße Brandenburg unabsonderlich anklebenden Hoheit

auf

auf eine sehr abbrüchig- und sensible Weise abgesagt wurde;

Von dieser Abbrechung der Konferenz wurde durch ein Marggräfliches Schreiben vom 9. Febr. 1734 des damahligen Königs Majestät Nachricht ertheilt, und zugleich eine Auseinandersetzung der verschiedenen unmöglich nachzugebenden Punkte mit dem Ersuchen übersendet, den Herrn Bischoff von Eychstätt bey weiterer Instanz zu einer Jenseitigen Nachgiebigkeit zu bewegen.

Dieses wurde, als der Herr Bischoff von Eychstätt sich wegen Reaussumirung der Konferenz-Tractaten selbst an Seine Königliche Majestät wendete, durch ein Königlich Vorstellungs- und Antworts-Schreiben an gedachten Herrn Bischoff versucht, und in dessen Verfolg am 4. März 1734 dem Herrn Marggrafen zu erkennen gegeben:

Daß, da der Bischoff von Eychstätt sich über die gemachten Erinnerungen zu einer weitern Konferenz und nähern Erklärung erbiete, die streitige Punkte lieber ebenfalls so viel möglich und ohne allzumerkliches Präjudiz der wohlhergebrachten Jurium sich thun läßt, durch gütliche Auskunft in Richtigkeit gesetzt werden möchten.

§. 9.

An weitere Kommunikation mit dem Königlichen Kurhauß Brandenburg wurde aber nunmehr nicht weiter gedacht, so wie auch von dem Verfolg der Tractaten den

Erb-

Erbverbrüderten Sächßisch- und Heßischen Häußern keine Notiz mehr gegeben worden ist.

Es ist gewiß sehr auffallend, daß da Anfangs die Mitberathung des Königlichen Kurhaußes Brandenburg nicht bloß Marggräflicher- sondern selbst Eychstättischer Seits für erforderlich gehalten wurde, diese auf einmahl beym Abschluß des Vergleichs bey Seite gesetzt, und die Einholung Höchstdessen Genehmigung ganz unterlassen worden ist.

Es ist aber noch viel auffallender, wenn man findet, daß alle diejenige Punkte, worüber man Anfangs Marggräflicher Seits die mindeste Nachgiebigkeit aus der Ursache verweigern zu müssen erklärt hat, weil man sich ausserdem gegen das Höchste Kurhauß Brandenburg verantwortlich machen würde, am Ende doch völlig nachgegeben worden sind.

Aber man hat bey diesem Prozeß-Abschluß sich nicht bloß darüber hinweg gesetzt, sondern man hat noch weit auffallendere Uebereilungen begangen.

§. 10.

Die Ansbacher Regierung war ehmahls vorzüglich zur Vertheidigung der Hauß-Gerechtsame mit angeordnet, ihr lag die Behandlung der nachbarlichen Streitigkeiten ob, ihre Mitwürkung war bey gütlichen Vergleichen über solche Irrungen jederzeit thätig, und das Gutachten der Regierung ist vor und nach den Eychstättischen Konferenzhandlungen bey solchen Angelegenheiten niemahls übergangen, nicht leicht gegen dasselbe gehandelt worden.

Nur

Nur bey dem Eychstättischen Vertrag vom Jahr 1736 war dieses der Fall. Die äusserst überspannten Eychstättischen Forderungen machten bey der damahligen Regierung große Sensation; dieses Kollegium äusserte sich in seinem Gutachten vom 2. Juny und 10. October 1733 mit aller Biederkeit und Offenheit:

Daß das vermahlige Objectum deliberationis von einer solchen äussersten Wichtigkeit, Bedenklichkeit, und weit aussehenden Begriff sey, daß dergleichen in sehr langen Zeiten nicht vorgekommen, folglich die gegenwärtige Situation als ein sonderbarer Periodus für das Hochfürstliche Hauß anzusehen sey, in welchem auf einer oder anderer Seite ein Entschluß von gefährlichen Folgen abgefasset werden muß, anerwogen eventualiter an das Stift Eychstätt weit **mehr, als man jemahlen vermuthen können, nachgegeben,** sondern auch durch den auf projektirte Art abgefaßten und allen Benachbarten in die Hände kommenden Receß die bisherige doctrina jurisdictionis et regalium Serenissimae domus immutirt, und dadurch allen Benachbarten zu bedenklicher Consequenz die Veranlassung gegeben werden soll, nicht zu gedenken, daß man sich ab Seiten Dero Hofraths-Collegii der Verantwortung theils bey der Posterität, theils der Critique bey andern ausgesetzt sehen muß —

Daß das Jenseits sich expresse arrogirende, und dießseits in seiner Maas nachgege-

gebene Territorium auf allen Eychstättischen Güthern ein Punkt von weitern Aussehen und altioris indaginis sey, als daß er ohne lange Dis-
cussion, und gleich als durch einen
Maudats-Proceß erörtert, und Eychstätt pure eingeräumt werden könne.

Wenn aber auch das Hochfürstliche Hauß in ein oder andern Punkt zu succumbiren die Fatalität haben würde, so könne es doch nicht mehr als was ihn durch andringlichen Vergleich zugemuthet werde, solches aber mit wenigerm Präjudiz als durch freywilliges Nachgeben verlieren, weil es andern Nachbarn nicht so sehr zur Consequenz werden könne, und das Petitorium noch übrig bleibe, bey Veränderung der Personen und Zeiten aber noch eher eine Hoffnung zur Recuperation der — injuria judicis et temporum intervertirten Rechte hergestellt werden könne, als wann solche durch einen Vergleich begeben werden.

Gleichwohl wurde nunmehr, ohne auf dieses Gutachten zu hören, der Rezeß mit Nachgebung der widerrathenen Punkte abgeschlossen, über den Vollzug der Beyrath der Regierung gar nicht mehr begehrt, und ohne, oder vielmehr gerade gegen diesen, so wie auch ohne alles Wissen oder Beystimmung des Kurhaußes Brandenburg die landesherrliche Ratifikation ertheilt.

S §. 11.

§. 11.

Die Nichtverbindlichkeit dieses Vertrags für Seine jetztregierende Königliche Preußische Majestät wird aus diesen Prämissen klar am Tage liegen. Es sind bey dessen Schließung wesentliche Erfordernisse übergangen, es sind eminente landesherrliche Gerechtsame gegen die Haußverträge aufgeopfert und veräußert worden, die der König als successor singularis ex pacto et providentia majorum ohne Widerrede zu vindiciren befugt ist. Ja! es liegt am Tage, daß sogar allgemein gesetzliche Aufhebungsgründe bey bürgerlichen Verträgen offenbar bey diesem Vertrag ihre Anwendung finden.

Von der dringenden Nothwendigkeit aber, diese Nichtverbindlichkeit, da sich Eychstätt durchaus zu keinem billigen Purifications-Vergleich verstanden hat — geltend zu machen, kann jeder Unbefangene sich aus dem Innhalt des längst im Druck bekannten Vertrags selbst überzeugen.

Man kann daher eine Würdigung der einzelnen Vertragspunkte hier mit Stillschweigen übergehen, und will nur den gegen den Vertrag von 1683 so nachtheiligen Zollpunkt berühren. Hierinn wird

a) Eychstätt nachgegeben, von allem fremden Handelsgut den nach dem Rezeß von 1683 auf zwey Drittel gesetzten Zoll ganz mit drey Drittheilen zu erheben; b) wird die in diesem Vertrag von 1683 auf alles Eigenthum bestimmte gänzliche Zollfreyheit der Brandenburgischen Unterthanen durch sehr viele Modificationen beschränkt. c) Soll einem jeden hohen paciscirenden Theil, zu Abtreibung der

der höchstschädlichen Nebenwege, und genauer auch möglichster Observirung der Haupt-Zollstrassen, *so viele Wehr-Säulen auf dem Seinigen,* jedoch salvis juribus, aufzurichten frey und ohnbenommen bleiben, als es die Conservation des Zollwesens, und die unumgängliche Nothdurft erfordern wird.

Auf diese nachtheilige, der ganzen Absicht des Vertrages von 1683 entgegen laufende Stelle sich stützend, hat unterdessen Eychstätt verschiedene Wehrzollstätte auf dem Brandenburgischen Gebiet (weil der Ausdruck *auf dem Seinigen* von jedem Eychstätter Unterthanen Gut verstanden werden will) angelegt, und betrachtet solche als Ausflüsse einer eigenen anmaßlichen Landeshoheit.

§. 12.

Der nachtheiligste und folgenreichste Punkt bey diesem Vertrag endlich, der eben deswegen dem Vertrag selbst gar nicht einverleibt wurde, ist in zwey Separat-Protokollen dd. Ohrnbau und Triesdorf den 31. Jänner 1733 und ⁴⁄₇ Jänner 1736 enthalten, und betrifft das dem Stift Eychstätt nach der obigen Ausführung vorhin nie zugestandene, und hier in seiner Art auf einmahl nachgegebene Territorium auf jedem Eychstättischen Unterthanen- und Gemeinds-Guth. Die nachtheilige Hauptstelle lautet dahin:

Weiters hat man — sich verglichen, daß keiner der beyden transigirenden Hohen Reichsfürsten gegen- oder auf des andern Unterthanen und Gütern, wo die gelegen; Einer aus dem

Reichsfürsten-Stand fliessenden, und in denen vorigen Recessen in solchem Respekt reciproce salvirten, und einer dem andern wiederholter eingestehenden Territorial-Obrigkeit und deren Effectuum, unter was vor Praetext es seye, weder extra — noch judicialiter sich eines neuen Juris turbative anmassen, in dieser Consideration auch von Niemand sonsten, wer der auch seye, aus absonderlich und nicht quadrirenden Ursachen eine unstatthafte Illation und Consequenz aus dieser zwischen beyden Hohen Herren Transigenten, als des Territorii fähigen Reichsfürsten, wider dieselbe gezogen werden solle.

Die Zweydeutigkeit, ja der Nonsens dieser Stelle fällt beym ersten Blick in die Augen. Obgleich eine ganz genaue Exegese derselben mit Zusammenhaltung aller vorhergegangenen Verhandlungen zeigt, daß man im Grund Brandenburgischer Seits bloß die Zusicherung gegen Eychstätt im Sinn hatte:

> sich unter dem Prätext einer Territorial-Obrigkeit kein neues Recht gegen die Eychstättischen Unterthanen anzumassen;

So kann doch in jener Stelle offenbar auch die Eychstättische Deutung:

> daß jeder Eychstättische vogtheyliche Angehörige mit seinen Gütern, wenn er gleich im Brandenburgischen Gebiet liege, und von solchem umschlossen werde, doch mit aller Landesherrlichen Vottmäßigkeit ausschließlich dem Stift Eychstätt unterworfen sey, mithin dieses das Territorium sol-

cher-

chergestalt auf jedem Jenseitigen Unterthanengut
hergebracht habe:
gesucht und gefunden werden.

§. 13.

Es verdient hiebey noch besonders bemerkt zu werden, daß in der dem Abschluß dieses Territorialpunkts vorhergegangenen Correspondenz des damahligen Herrn Marggrafen mit dem Herrn Bischoff von Eychstätt sich beyderseits die genaueste Geheimhaltung dieses Neben-Protokolls bedungen und zugesichert worden ist, damit die übrigen Nachbarn das für Brandenburg darinnen liegende nachtheilige, dem Brandenburgischen Haußsystem ganz widersprechende Zugeständniß nicht gleichfalls nützen und mißbrauchen. Diese Eychstättische bedungene Zusage wurde aber gegen allen öffentlichen Treu und Glauben sehr bald gebrochen, und es sind nicht nur alle Eychstättische Beamte, nach dem Innhalt solchen Neben-Protokolls, der Eychstättischen Deutung gemäß, instruirt worden, sondern man hat auch davon sogar öffentlichen Gebrauch bey den Reichsgerichten gemacht, und Erkenntnisse darauf zu erschleichen gewußt.

§. 14.

Dieß ist die Lage und Geschichte der Verträge mit Eychstätt. Das Eychstättische Hauptsystem liegt nach solchen in jenem unformlichen so sehr mißdeuteten Neben-Protokoll, und stützt sich auf die Behauptung eines Territorii auf jeder Erdscholle eines Eychstättischen Angehörigen. Es würde überflüßig seyn, wenn man den

Ungrund, und das Widersinnige dieser Behauptung noch entwickeln wollte. Aber eben so auffallend als wahr ist es, daß gleichwohl durch diese Eychstättische Anmaßung und unter dem Schutz jener nachtheiligen vertragsmäßigen Verhältnisse, die Brandenburgische Landeshoheit bisher so gut als vernichtet, und die Ausübung der wesentlichsten Ausflüsse derselben über die Eychstättische Insaßen vereitelt worden ist.

§. 15.

Um so großmüthiger war es, daß des Königs von Preußen Majestät bey Ihrem Regierungs-Antritt in den Fürstenthümern Ansbach und Bayreuth von Ihren höchsten Gerechtsamen nicht sogleich Gebrauch machen, sondern vorher alle mögliche von Mäßigung und Friedensliebe diktirte Mittel erschöpfen wollten, um in den für Sie so nachtheiligen Verhältnissen mit Eychstätt durch einen gütlichen Vergleich eine Aenderung zu bewürken.

Zu diesem Ende wurde nicht nur das Königl. Preussischer Seits gegen alle übrige Nachbarn der Fränkischen Fürstenthümer geschehene Vergleichs-Erbieten gegen Eychstätt besonders wiederholt; es wurde nicht nur gegen die von Eychstätt geschehene Abreißung der den Eychstättischen Insaßen publicirten Königl. Regierungs-Antritts-Patente die größte Mäßigung bezeigt; nicht nur wider die Eychstättischer Seits dagegen angeschlagene in einem äußerst auffallenden Ton verfaßte und bloß auf obiges Neben-Protokoll sich stützende Gegenpatente nur ein Beschwerungs-Schreiben an die Eychstättische Regierung erlassen und darinnen die Unverbindlichkeit jenes Neben-Protokolls

für

für des Königs Majestät ausgeführt; sondern damit zugleich eine wiederholte Aufforderung zu einem gütlichen Vergleich verbunden. Diese Aufforderung geschah ferner unmittelbar an den Herrn Fürstbischoff von Eychstätt, durch den in den Fränkischen Fürstenthümern dirigirenden Königlichen Herrn Staats- und Kabinets-Minister, Freyherrn von Hardenberg, ja es wurden sogar mehrere ganz spezialisirte Vergleichs-Vorschläge durch den Königl. Gesandten und Minister, Herrn Graf von Soden, dem Eychstättischen Herrn Geheimen Rath von Ow zugesendet, um mit aller möglichen Offenheit und zuvorkommenden Freundschaft zu Werke zu gehen.

Allein man wollte Eychstättischer Seits zu dem vorgeschlagenen Purifications-Vergleich durchaus die Hand nicht bieten, sondern entschuldigte sich bloß mit der doch schon durch mehrere Vorgänge widerlegten Unmöglichkeit, Unterthanen und ganze Landesdistrikte zu vertauschen, und mit der angeblich unüberwindlichen Weitläuftigkeit eines solchen Geschäfts, so daß man Königl. Preußischer Seits am Ende einsehen mußte, daß bey dieser entschiedenen Abneigung zu einem gütlichen Vergleich, daran nicht zu denken sey.

§. 16.

Bleibt nun in dieser Lage Sr. Königl. Majestät von Preußen wohl ein anderer Schritt noch übrig, als ohne längere vergebliche Nachsicht nunmehr Ihren höchsten Gerechtsamen gemäß zu handeln? — und bloß diese und Ihre erhabene Ueberzeugung zur Richtschnur Ihres Verfahrens gegen die Eychstättischen Insassen anzunehmen? Spricht die Geschichte der Eychstättischen Verträge solchen nicht selbst das Urtheil? und kann es das Publikum anders als vollkommen rechtmäßig finden, wenn man Königl. Preußischer Seits jene Verträge —— so weit sie die nach den Brandenburgischen Haußgesetzen unveräußerliche Brandenburgische Landeshoheit beschränken —— nicht anerkennt, sondern hierdurch vielmehr als nichtig erklärt, und die bisher unterdrückten Königl. Landeshoheitsrechte über die Eychstättische Inſaſſen in Beſitz nimmt, und eben ſowohl in Ausübung ſetzt, als man es ſich wechſelſeitig gerne gefallen läßt, daß von Seiten Eychſtätt über die Brandenburgiſche Lehenleute auf dem unſtreitigen Eychſtättiſchen Gebiete die volle Landeshoheit nach allen ihren Ausflüſſen und Wirkungen in Ausübung gebracht wird?

Darstellung der Brandenburg-Ansbach- und Bayreuthischen Staatsverhältnisse gegen den Teutschen Orden 1796.

§. 1.

Es ist bekannt, daß der Teutsche Orden einen großen Theil seiner Besitzungen in Franken der Freygebigkeit der Herren Burggrafen zu Nürnberg zu verdanken hat. Einen beträchtlichen Umfang hat vorzüglich die Conradinsche Schenkung über den Virnsbergischen Distrikt vom Jahre 1294.

§. 2.

Das Teutsche Hauß zu Virnsberg sowohl, als das Teutsche Hauß zu Ellingen mit den dazu gehörigen Besitzungen, so wie die zur Kommende Nürnberg gehörige Güter, Lehenleute und Hintersassen sind ganz in dem Fürstenthum Ansbach und Bayreuth gelegen und überall von Ansbachischen Aemtern und Besitzungen umschlossen.

§. 3.

Die geographische Lage eines Gutes gibt immer einen Beweis für dessen Landsäßigkeit ab, wenn solches mitten in einem Reichsständischen Lande liegt und nicht eigne ursprüngliche Landeshoheit nachweisen kann. Daß letzteres bey den Teutschen Häußern Ellingen, Virns-

berg und Nürnberg, als mediaten geistlichen Stiftungen, der Fall nicht sey, ist evident. Der Beweis der landsäßigkeit dieser Teutschordenschen Besitzungen ruht aber auch ausserdem noch auf ganz klaren Urkunden. Nach
1 bis 6 den unter Nr. 1 bis 6 anliegenden beglaubten Auszügen der im Jahr 1381, 1401, 1415 und 1453, 1717 und 1750, den Herren Burggrafen zu Nürnberg ertheilten Kaiserlichen Bestätigungen aller ihrer Gerechtsame und Freyheiten, sind dieselben mit den in ihren Landen gelegenen Teutschen Häußern ausdrücklich und namentlich bis auf die neuesten Zeiten belehnt worden.

Es sind daher auch diese Teutsch-Ordens-Häußer
7 und Güter nach der weitern Anlage Nr. 7. in dem Brandenburg'schen landesherrlichen besondern Schutz. Die
8 Kommenthure sind nach Nr. 8. als wirkliche Landsassen auf den Brandenburg'schen Landtagen erschienen. Sie
9 mußten nach Nr. 9. Rathspflicht ablegen. Sie heißen:
10.11 „liebe Getreue" und nennen sich nach Nr. 10 und 11 selbst „ihrer gnädigen Herrn Markgrafen Unterthanen," Sie konnten ohne Brandenburgische
12 landesherrliche Einwilligung nach Nr. 12 nichts ver-
13.14 äußern. Sie stunden nach Nr. 13 und 14 unter den Burggräflichen Gerichten, und waren überhaupt der Brandenburg'schen Landeshoheit nach deren ganzen Umfang unterworfen, wie das unter Nr. 15 anliegende
15 fang unterworfen, wie das unter Nr. 15 anliegende Schreiben der Ansbachischen Vormundschaft an den Kaiser vom Jahre 1637 ausführlich darlegt.

§. 4.

§. 4.

Die Schwierigkeiten, welche der Teutschordenschen Reception auf dem Fränkischen Kreistage in dem Jahre 1537 entgegenstunden, sind bekannt. Die Aufnahme auf dem Kreistage zu Windsheim im Jahre 1538 ist nicht anders als aus bloßer Gutwilligkeit, und unter der ausdrücklichen Einschränkung zugelassen worden, daß solche den übrigen Kreisständen nicht zum Nachtheil an ihren Gerechtsamen gereichen und Teutschordenscher Seits kein neues Recht daraus hergeleitet werden solle.

§. 5.

Dieser evidenten Landsässigkeit ungeachtet, ist es dem Teutschen Orden, in einem Zeitalter, in welchem die Landeshoheit noch nicht in ein System gebracht war, zumahl während der Unruhen des dreyßigjährigen Krieges, leicht geworden, hie und da den Besitz einzelner Ausflüsse des Territorialrechts an sich zu reissen, gestützt auf solchen, reichsgerichtliche Mandate zu extrahiren, und hierdurch von den allzunachsichtigen Herren Burggrafen zu Nürnberg durch gütliche Verträge manche Gerechtsame zu erlangen, die nach den Brandenburg'schen Haußgesetzen nie einer Veräußerung unterworfen seyn konnten.

§. 6.

Die Verträge von den Jahren 1658, 1660, 1667, 1731 und 1754, liefern hievon sehr auffallende Beweise. Wenn in den beyden erstern die, vorhin bey dem Reichs-Kammergericht und besonders wegen des Rittergutes Absberg bey einer Herzogl. Würtembergischen

schen Austrägal-Instanz in Streit befangene, Jagd- und Fraisch-Gerechtsame dahin verglichen wurden,

> daß der Teutsche Orden in der Ellinger, Stopfenheimer und Absberger Markung die fraischliche Obrigkeit privative ausüben, in den übrigen zu recht streitigen Orten aber solche theils nur innerhalb der Dorfs Ettern, theils nur innerhalb der Hauß Ettern exerciren soll;

so muß es doch in Hinsicht auf das übrigens so klare landsäßige Verhältniß der Teutschordenschen Besitzungen jedem Unbefangenen einleuchtend seyn, daß diese durch Vergleich von Brandenburg abgetretene Criminal-Gerichtsbarkeit der Brandenburgischen Landeshoheit subordinirt blieb. Ist es nach diesem Verhältniß nicht äußerst auffallend, daß Teutschorden gleichwohl diese überlassene Criminal-Jurisdiction nebst den gleichfalls erworbenen Jagd-Gerechtsamen selbst zur Landeshoheit erheben wollte, und solche von nun an dem Hauße Brandenburg nach allen Ausflüssen bestritten hat?

§. 7.

Der zwischen dem Herrn Marggraf Albrecht und dem Herrn Teutschmeister Johann Caspar durch beyderseitige Deputirte im Jahre 1667, zu Schwabach abgeschlossene Vertrag hat nicht einmahl die Marggräfliche Ratification erhalten, weil der Herr Marggraf Albrecht, ehe ihm über den Abschluß Vortrag gemacht worden ist, mit Tode abging, und dessen Herr Nachfolger, Johann Friedrich, in die Teutschordenschen Anträge nicht willigen wollte. Gleichwohl

wohl ist solcher Vertrag zum grösten Nachtheil des Brandenburgischen Haußes durch Observanz in Ausübung gekommen und die darinnen dem Teutschen Orden auf dessen zur Kommende Nürnberg gehörige Hintersassen überlassene vogtheiliche Obrigkeit innerhalb der Hofraith Ettern, so wie der dem Teutschordenschen Flecken Eschenbach zugestandene versteinte Fraischbezirk haben indessen einen Umfang erhalten, der die Uebung der Brandenburgischen Landeshoheit über diese Besitzungen beynahe vernichtet.

§. 8.

Durch mancherley, aus den Akten zu belegenden Einfluß gelangen nunmehr dem teutschen Orden immer größere Vortheile. In dem Vertrage vom Jahre 1731 wird der Kommende Virnsberg ein völlig geschlossener Fraisch-Distrikt, und namentlich ein vollständiges jus territorii überlassen und dem Orden auf dessen ausser diesem Bezirk liegende, nach Virnsberg gehörige, Hintersassen, nebst der Criminal-Jurisdiction auch jede andere Gattung von Gerichtsbarkeit eingeräumt. Es ist bey diesem Vertrage schlechterdings kein nur irgend verhältnißmäßiges Brandenburgisches Retentum sichtbar, und es ist dadurch die Landeshoheit offenbar gegen die Haußgrundgesetze veräußert worden.

§. 9.

Nichts fehlte nunmehr dem Teutschen Orden weiter, als eine gleiche Begünstigung, die es durch diesen letzten Vertrag von Brandenburg-Ansbach erlangt hatte, auch von Brandenburg-Bayreuth zu erringen, weil der größte

Theil

Theil des Teutschordisch-Virnsbergischen Distrikts in dem Fürstenthum Bayreuth gelegen ist. Dieses gelang durch einen Vertrag vom Jahre 1754, wodurch dem Teutschen Orden auch Bayreuthischer Seits die volle Landeshoheit über den Virnsberger Distrikt zugestanden wurde. Merkwürdig sind die Verhandlungen über diesen Vertrag und die vom Jahre 1731 bis 1754 ununterbrochen fortgesetzte auffallende Versuche bis man endlich den vorgehabten Zweck zu erreichen wußte. Indessen ist dieser letztere Vertrag von dem Königl. Kurhauß Brandenburg bestättigt worden.

§. 10.

Unter diesen Verhältnissen trat im Jahre 1792 des Königs von Preußen Majestät die Regierung der Fränkischen Fürstenthümer an. Es ist natürlich, daß unter den vielen Beschäftigungen der vorgegangenen Regierungsveränderung und bey dem damahligen Ausbruch der Französischen Kriegsunruhen an einen vollständigen Unterricht und eine klare Uebersicht der vielseitigen Staatsverhältnisse der Fränkischen Fürstenthümer gegen so viele Nachbarn nicht gedacht werden konnte. Um indessen alle dem Könige zuständige Gerechtsame zu verwahren, und auch die durch ungünstige Zeitumstände unterdrückte, oder sonst vernachläßigte Rechte vor der Hand nicht zu vergeben, wurden an allen Orten der streitigen Brandenburgischen Landeshoheit die Königlichen Regierungsantritts-Patente publicirt. Die hierüber entstandene auffallende Sensation, die dadurch zum Theil veranlaßte Thätlichkeiten, und der darauf gefolgte Federkrieg sind bekannt. Des Königs von Preußen Majestät, großmümüthigst geneigt, lieber in einem gütlichen Einverständniß mit ihren neuen Nachbarn zu leben und dieses selbst durch Aufopferungen zu erwerben, als Ihre höchsten Gerechtsame nach dem vollen Umfange derselben in Anspruch zu nehmen und zu behaupten, ließen diese erhabene Gesinnungen öffentlich erklären, ließen allen Nachbarn Ihrer Fränkischen Fürstenthümer Selbst gütliche Vergleiche anbieten, und beobachteten übrigens bey Ausübung Ihrer Landeshoheitsrechte genau den Standpunkt der Marggräflichen Regierungs-Abtretung, ohne von den ursprünglichen Gerechtsamen Ihres Kurhaußes, ohne von den in den Brandenburgischen Haußverträgen gegründeten, und Ihnen als Successor singularis ex pacto et providentia majorum zukommenden Rechten Gebrauch zu machen.

§. 11.

Diese großmüthige Absichten des Königs wurden indessen nicht mit dem gehofften Erfolg gekrönt. Zwar erschienen von mehrern Nachbarn allgemeine Vergleichs-Gegenerbietungen, aber die wirklichen Unterhandlungen wurden überall durch solche Bedingungen erschwert, die man Brandenburgischer Seits, weil sie den Zweck mehr entfernt, als genähert haben würden, unmöglich eingehen konnte. Dem Teutschen Orden schien es Anfangs wahrer Ernst zu seyn, die vorwaltenden nachbarlichen Streitigkeiten in der Güte beyzulegen, wie besonders die mündlichen und schriftlichen Versicherungen des Teutschordenschen Kreis-Gesandten, Geheimen Raths von Kleudgen, bezeugten. Da sich eine dauerhafte gütliche Uebereinkunft, welche allen künftigen Irrungen vorbeubenget sollte, nur dann denken ließ, wenn eine völlig punktirte Grenze hergestellt würde; so war man Teutschordenscher Seits mit diesen Grundsätzen vollkommen einverstanden, und es kam durch beyderseits bevollmächtigte Deputirte im März 1794 zu einem konferenzialischen Zusammentritt hierüber in Nürnberg, wobey eine Präliminar-Punktation nach jenen Grundsätzen entworfen und sich unter den Deputirten gänzlich darüber einverstanden wurde. Um so unerwarteter war, als es an die Unterschrift dieses Präliminar-Vergleiches kam, den Preußischen Deputirten die Aeußerung des Teutschordenschen Gesandten,

„daß er der förmlichen Vollziehung dieses Vergleichs mittelst Unterschrift und Sieglung noch in so lange Anstand gegeben zu sehen wünsche, bis Se. Kurfürstliche Durchlaucht von Ihrem damahligen Aufenthalt zu Wien hiernächst nach Mergentheim zurückgekehrt, und Höchstdenenselben über diesen Vergleich vorerst Vortrag gemacht werden könnte."

Da dieses nach der Versicherung des Teutschordenschen Gesandten nur einen Unterschied von acht bis zehen Tagen ausmachen und sonst gar kein Anstand dabey seyn sollte, so ließ man sich Preußischer Seits um so leichter beruhigen, weil man überzeugt zu seyn glaubte, daß man Teutschordenscher Seits durchaus bona fide zu Werke gehe. In dem unter Nro. 16. anliegenden Schreiben vom 11. April 1794, an den Preußischen Deputirten bringt der Geheime Rath von Kleudgen auf die unverlängte Mittheilung der im Vergleich verabredeten Tabellen-Formularien und die auszuwechselnden Unterthanen-

16.

Ver-

Verzeichnisse, um die Entschließung seines Hofes hierdurch um so mehr erleichtern und beschleunigen zu können. Hierauf wurde unverzüglich dem Geheimen Rath von Kleubgen eine erklärende vorläufige Uebersicht, mit den erläuternden Beylagen nach Mergentheim geschickt,

§. 12.

Statt der erwarteten genehmigenden Teutschordenschen Entschließung und statt des weitern Fortganges des angefangenen Vergleichs-Geschäfts berichtete unter dem 8. May 1794 der Königl. Geheime Rath und Kreis-Directorial-Gesandte Schmidt an seinen Hof eine bloß mündliche Aeußerung des Teutschordenschen Gesandten von Kleubgen dahin:

„daß des Herrn Kurfürsten Durchlaucht die neuerlich zwischen dieß- und jenseits entworfene Austauschungs-Convention nicht genehmigt, sondern zu deren Prüfung erst eine Regierungs-Deputation niedergesetzt habe. Man finde theils den Entwurf zu weitumfassend, theils die diesseits angebotene Vertauschungs-Gegenstände zu streitig und zu wenig zusammenhängend, um dagegen so unstreitige und fruchtbare Gegenden und Bezirke, als: Virnsberg, Ickelsheim, Eschenbach, Alesheim ꝛc. gegen ein mit fremden streitigen Condominaten durchschnittenes Amt Stauf, Neukirchen ꝛc. zu verwechseln, und sich mit fremden Theilhabern in eben so viele Weiterungen und Vermischungen zu verwikkeln, als die bisher zwischen dieß- und jenseits fürdaurende Streitigkeiten ausmachten. Der jen-

T seit-

seitige Wunsch würde sich also hauptsächlich auf Purifikationen einzelner Orte und genauere Bestimmung der beyderseitigen Jurisdiktionen beschränken; doch sey hierüber das Resultat der Deputation abzuwarten."

Zwey Jahre sind indessen verflossen, ohne daß von Teutschorden die geringste weitere Erklärung erfolgt, oder die mindeste Anregung wegen Fortsetzung des Vergleichs-Geschäftes geschehen ist. Hieraus ist es klar genug, daß man Preußischer Seits alle Mittel des Glimpfs und der Mäßigung vergebens erschöpft hat.

§. 13.

Ein ähnliches Schicksal hatten auch mehrere mit andern Nachbarn eingeleitete Vergleiche, während die Landeshoheits-Streitigkeiten lebhafter als jemahls rege und der Umfang der Königl. Preußischen Gerechtsame täglich weit mehr bestritten und angefochten wurde, als niemahls unter den Markgräflichen Regierungen geschehen war.

§. 14.

In dieser dringenden Lage ließen Sich daher des Königs von Preußen Majestät über alle einzelne Staatsverhältnisse mit Ihren Fränkischen Nachbarn ausführlichen Vortrag machen, und hierauf die bereits bekannte öffentliche Erklärung in Druck ergehen, nach welcher Höchstdieselben zwar Ihre Gesinnungen in Absicht gütlicher Vergleiche nicht ändern, aber Sich nach Ihren Regenten-Pflichten, ohne längere Zögerung für verbunden erachten, diejenigen Landeshoheits-Gerechtsame sofort in

Be-

Besitz zu nehmen, welche Ihnen nach den fideikommissarischen Haußgrundgesetzen als Successor singularis ex providentia majorum zustehen, welche nach eben diesen Haußgesetzen von den vorigen Regenten einseitig, ohne Genehmigung des Königlichen Kurhaußes, durch schädliche, ursprünglich nichtige Verträge nicht verschleudert werden durften, und deren unmittelbarer Besitz durch den Anfall der Fränkischen Lande auf Sie übergangen war.

§. 15.

Diese Entschließung Seiner Königl. Majestät auf die hier auseinander gesetzte Staatsverhältnisse gegen die Teutschordenschen Besitzungen angewendet, folgt hieraus, daß von allen mit Teutschorden geschlossenen Verträgen nur der vom Jahre 1754 für den König eine verbindliche Kraft haben könne, daß somit von nun an sämmtliche Teutschordensche in den Königl. Fürstenthümern Ansbach und Bayreuth gelegene Besitzungen — den nach dem Rezeß vom Jahre 1754 vermarkten Virnsberg'schen Distrikt ausgenommen — in ihr ursprüngliches landsässiges Verhältniß zurücktreten, mithin der Brandenburgischen Landeshoheit nach deren vollen Umfang unterwürfig sind. Seine Königl. Majestät werden Sich in deren Ausübung durch nichts hindern lassen, und haben darüber bereits Ihre Landes-Collegien mit der erforderlichen Instruktion versehen. Allerhöchstdieselben sind indessen noch immer bereit, mit dem Teutschen Orden Sich, soviel es ohne Schmälerung Ihrer höchsten Gerechtsame geschehen kann, in einen gütlichen Vergleich einzulassen, diejenigen Vertragspunkte, welche nicht wesentliche Aus-

flüsse

flüsse der Landeshoheit, sondern das Commercial-Wesen und andre Punkte betreffen, so viel möglich aufrecht zu erhalten, und dem Teutschen Orden selbst die abgetretene Gerichtsbarkeit in bürgerlichen und peinlichen Fällen, in Subordination unter der Königl. Landesherrlichen Oberaufsicht, fernerhin zuzugestehen, in so ferne sich darüber eine weitere gütliche und billige Vereinigung treffen lassen wird.

———

Num.

Num. I.

Extract Königs Wenceslaw gemeiner Bestättigung der Marg- und Burggräfl. Lehen und Privilegien d. d. Sonntag nach Lichtmeß, 1381.

Wir Wenczlaw, von Gotes Gnaden, Romischer Kunig czu allen zeiten, merrer des Rieches, vnd Kunig czu Boheim, bekennen vnnd tun Kunt offenlichen, mit disem Brieue ꝛc. ꝛc. das wir angesehen haben manchselbige achtber stete getrewe vnnd merkliche trewe vnnd Dinste die vns vnnd dem Rieche der hochgeborne Friederich Burcgraue czu Nürenberg vnser vnd des Reichs fürste, Rat, Swager vnnd lieber getrewer offt vnnd dicke getrewelichen getan hat ꝛc. vnd haben dorvmb mit Kuniglicher macht mit wohlbedachtem mute mit rechter Wißen demselben vnserm Swager vnd Fursten bestetiget benewet vnd bevestet besteten vernewen vnd beuesten ym mit craffte diß brieues seyn Burgravschafft. vnd lant-gerichte zu Nürenberg, alle seine Graffschefte, Herrschefte, Wirdikeit, Lehen, geistliche vnd weltliche, Manscheffte, gerichte, lande, lewte Burge vesten, Stete Sloß Berkwercke Muncz Geleyt czolle ꝛc. ꝛc. vnd guter wie die namen gehaben mugen oder wo sie sein gelegen hantfesten, briefen, Closter in welcher Ordenunge die sein, Dewsche heuser vnd pfantschefte, die er oder seine vordern von dem heiligen Romischen Reiche, bisher ynne gehabt haben. vnd ouch noch ynne hat ꝛc. ꝛc. mit vrkund dicz briues ver-

T 3 sigelt

sigelt mit vnser Kuniglicher Majestat Jngesigele, der geben ist czu Nürenberg nach Christs Geburte XiijC. Jar dornach in dem lxxj. Jar am Suntag nach vnser frawen Tag der lichtmesse vnsrer Reiche des Behemischen in dem Xvjij vnnd des Römischen in dem Funfften Jaren.

Num. 2.

Extractus Königs Rupprechts gemeiner Bestättigung der Marg- und Burggräfl. Lehen und Privilegien, d. d. Sonntag vor Matthäus, 1401.

Wir Rupprecht von Gotes gnaden Römischer Kunig czu allen Zeiten merer des Reiches bekenne vnd tun kunt ꝛc. ꝛc. das wir haben angesehen stete trewe vnd manigveltige Dinste die dye hochgebornen Hans vnd Friderich Burcgrauen zu Nürenberg Gebrudere vnsere lieben Swagere vnd Fürsten vnsern forfaren an dem Reiche selliger gedechtenisse Roml. Kaysern vnd Kunigen oft vnnd dicke schinberlichen vnd nutzlichen getan habent ꝛc. ꝛc. vnd haben dorvmb yn beyden vnnd ir yeglichen besundern mit Wolbedachten mute rechter wißen vnd Rate vnser vnd des Reichs Fursten vnd getrewen verlichen vnd verleihen yn auch yn Kraft diß Bryffes vnd Romischer Kuniglicher mechte vollenkummenheit alle vnd yegliche ire Furstentum Herscheffte Lante vnnd Lewte, Lantgerichte Clostere beutsche Hawsere Wiltpene vnd czolle ꝛc. ꝛc. also das sie vnd ir yeglicher dieselben ire Furstentum, Herscheffte, Lande vnd Lewte, Landgerichte, Clostere, beutsche Haw-

Hawsere, Wildpene, vnd Zolle Inne haben, besitzen, vnd der gebruchen vnd geniessen sollen vnd mogen mit allen vnd yeglichen irer Freiheiden, vellen, nutzen rechten vnd Zugehorungen, als ir altfurdern vnd sie bißher inn gehabt, besessen vnd der genossen haben, one geuerde, vnd die vorgenant vnser Swager, Burggraue Hans vnd Burggraue Friederich hant auch die obgenant ire Lehen, von vns als einem Roml. Kunige entphangen, mit solcher schonheid vnd zirheid, vnd vns daruber huldunge getan, mit gelubben vnd eyden, als gewohnlich ist, vnd des Reichs weltliche fursten pflichtig sint zu tune ꝛc. ꝛc. Vrkunde ditz Briefs versigelt mit vnser Kuniglich Majestat Ingesigel, geben zu Schongaw uff den nechsten Suntag vor Sand Matheus, des heiligen zwelff boten Tag, in dem jare als man zalte nach Christi Geburte, vierzehenhundert vnd ein Jahre, vnsers Reiches in dem andern Jare.

Num. 3.
Extractus König Sigmunds gemeiner Bestättigung, d. d. Dienstag nach Reminiscere, 1415.

Wir Sigmund von Gotes gnaden, Romischer Kunig zu allen zyten, merer des Richs vnd zu Vngern, Dalmacien, Croacien ꝛc. Kunig, bekennen vnd tun kunt ꝛc. ꝛc.

Des haben wir angesehen solliche getrue stete nutzliche vnd vnverdroßne dienste, die die vorgenanten Johanns vnd Fridrich Gebrudere mit gantzer bereiticfeit ofte vnd dicke vnsern Vorfarn an dem Riche seliger gedechtnüsse,

Romischen Keysern vnd Kunigen vnd ouch vns getan haben vnd in künftigen zyten tun sollen vnd mögen: vnd haben dorvmb Jn beiden, vnd jr iglichen besunder, mit wolbedachten mute gutem rate vnser Fürsten Greuen Edeln vnd getreuen, vnd rechter wissen alle vnd igliche Jre Fürstenthum, Herschefte, Lande vnd lute, Gerichte, Landgerichte, Clostern, Tutsche-husere, Wiltpanne vnd Czölle ꝛc. ꝛc.

Also das sy vnd jr iglicher dieselben jre Furstenthum Herscheffte Lande vnd lute gerichte lantgerichte Clostere Tutsche huser Wiltpenne vnd Czolle ynne haben besitzen vnd der gebruchen vnd genießen sollen vnd mogen mit allen vnd iglichen Jren Fryheiten, Geuellen, nutzen rechten vnd zugehorungen als Jr Altfordern vnd sy die bißher ynne gehabt vnd besessen vnd der genossen haben. Vnd die vorgenanten vnser Swager Burggraff Johanns vnd Burggraff Fridrich haben ouch die obgenannt Jre Lehen von vns als eynem Romischen Kunige empfangen mit solicher zierde vnd Herlikeit vnd vns dorüber Huldunge getan mit gelubden vnd eyden alsdann gewonlich ist ꝛc. ꝛc. Geben ze Costenz nach Christi Geburt viertzehen hundert Jar vnd dornach in dem Funftzehenden Jare des nechsten Dinstags nach Reminiscere vnserm Riche dez Vngrischen ꝛc. in dem Newn vnd zweintzigisten vnd des Romischen in dem Fünften Jaren.

Num.

Num. 4.

Extractus aus Kaisers Friderici Confirmation, d. d. Mittwoch vor Paul. Confeſſ. 1453.

Wir Fridrich, von Gotes Gnaden, Romiſcher Kanßer zu allen zeiten merer des Reichs, Hertzog zu Oſterreich, zu Steyer, zu Kernden, vnd zu Krain, Graue zu Tirol Ec. bekennen vnd thun kunt ꝛc. Wann nv fur vns komen iſt, der hochgeborn, vnnſer lieber Oheim vnd Fürſt, Albrecht, Marggraue zu Brandenburg vnd Burggraue zu Nuremberg, vnd vns von ſeinen vnd der Hochgebornen vnnſer lieben Oheimen vnd Kurfurſten vnd furſten, Fridrichs ꝛc. Johannſen, vnd Fridrichs, ſeiner Brüder wegen fleißiglich gebeten hat ꝛc. ꝛc. ꝛc.

Vnd darumb mit ſunderlichem Rate vnnſer vnd des Reichs Fürſten Grauen Hern Edeln vnd getrewen mit wolbebachtem mute rechter wiſſen vnd Romiſcher Keyſerlichen macht volfomenheit, beſtetigen, beueſtigen vernewen vnd confirmiren wir Ine ſamptlichen vnd Iren erben Marggrauen zu Brandburg vnd Burggrauen zu Nuremberg, alle Ir Gerechtikeit, Wirdikeit, Freiheit Gnade Gewonheit Priuilegia mit allen jren Puncten Lantgerichten zu Nuremberg vnd andern herkommen, die zu In und Iren Kurfurſtenthum Fürſtenthumen vnd Herſchefften gehoren vnd alle hantueſten ſchriffte brieue vnd Freiheit damit Ihr altuordern vnd ſie von Römiſchen Keyßern vnd Konigen vnnſern Vorfarn vns vnd dem heiligen Reich begnabet vnd gefreyet ſein vnd die ſamptlich vnd ſunderlich herbracht haben vber alle Ihre Kurfurſten-

thum

thum Fürstenthume Gerechtickeit Freiheit Gnade Gewonheit Lantgericht Besitzunge Aigenschafft Vesten Stete Lande Lewte Closter vnd Closteruogteyen mannen Manschefften lehen Lehenschefften geistlich vnd weltlich zwingen vnd bannen Kreyssen Welden Holzern Puschen Velden Weyden Wassern Wasserleufften Vischereyen Gejaiden Wilpannen Gerichten Geleiten Müntzen Erzbergwerken, Nutzen, Zinsen Gülten vnd allen Pfantschefften, vnd Ampten die Ir Vater vnd sie von dem Reich haben vnd vber alle andere Dinge wie man die genemmen mag ꝛc. ꝛc. Geben zur Newenstat an Mittichen vor sant Pauls tag conuersion nach Crists Geburd Vierzehenhundert vnd in dem drey vnd funfftzigisten vnnsers Reichs Im dreutzehenden vnd des Keyßerthums Im ersten Jare.

Num. 5.

Extractus Kaisers Caroli VI. Confirmation, d. d. 9. April 1717.

Wir Carl der Sechste, von GOttes Gnaden Erwehlter Römischer Kayser, cum pl. Tit. bekennen offentlich mit diesem Brieff und thun kundt allermänniglich ꝛc. ꝛc. Und darumb mit wohlbebachtem Muth guten Rath, rechtem Wissen und von Röm. Kayserl. MachtVollkommenheit, bestättigen, besetzigen, confirmiren und erneuern wir obgenanten Marggraf Wilhelm Friberich zu Brandenburg und vorgemelten Jhro Vettern und dernselben Erben Marggrafen zu Brandenburg undt Burggrafen zu Nürnberg alle und iegliche Jhre Gerechtigtigkeit, Würdigkeit, Freyheit, Gnad, Gewohnheit, Privilegien mit allen ihren Puncten, Landgericht zu Nürnberg und andern Herkommen die Ihnen uud Ihren Chur-Fürstenthumb: Fürstenthumben und Herrschafften zugehören und alle Handveßten, Schrifften, Brieff und Freyheiten damit Ihre Alt-Vorderen und Sie von Röm. Kayseren und Königen unsern Vorfahren, uns und dem heil. Reich begnadet und gefreyet sein und die Sie sambtlich und sonderlich hergebracht haben, über alle Ihre Churfürstenthumb, Fürstenthumbe, Gerechtigkeiten, Freyheiten, Gnad und Gewohnheiten, Landgericht des Burggraffthumbs Nürnberg und andere Gerichte, Besitzungen, Eigenschafften, Weßten, Stätte, Landt, Leuth, Clöster und Clöster-Vogteyen, Mannen, Mannschaften, Lehen, Lehenschaften geistlichen und weltlichen, Zwingen und Bännen, Crayßen, Wäldern, Hölzern, Büschern, Feldern, Waiden, Wässern, Wasser-Läufften, Fischereyen, Geläden, Wildbännen, Gerichten, Geläyden, Müntzen, Ertzen, Bergwerken, Nutzen, Zinsen, Gülten und alle Pfandschafften und Aemter, die Ihre Wätter, Vettern und Sie von dem heyl. Reich haben und über alle andere Dinge, wie man die mit sonderlichen Wortten genennen mag 𝔢. 𝔢.

Mit Urkundt dieses Brieffs besiegelt mit unserem Kayßerlichen ahnhangenden Insiegel, der geben ist in unserer Statt Wien den neunten Tag Monats Aprilis, nach Christj unsers lieben Herren und Seeligmachers gnadenreichen Geburht im Siebenzehen hundert und Siebenzehenten, unserer Reichen des Römischen im Siebenbenten, des Hispanischne im Funffzehenten, des Hungarischen und Böheimbischen ebenfalls im Siebenten Jahre.

Num. 6.
Extractus letzten Kaiserlichen Lehen-Briefs, d. d. 2. Jul. 1750.

Wir Franz, von Gottes Gnaden Erwehlter Römischer Kayser ꝛc. ꝛc. Bekennen offentlich mit diesem Brieff ꝛc. ꝛc. Und darum mit wohlbedachten Muth, guten Rath und rechten Wißens, und aus Kaiserlicher Macht Vollkömmenheit, den vorgenannten unsern lieben Oheim und Fürsten, Carl Wilhelm Friederich Marggrafen zu Brandenburg für sich selbst und Seiner Liebden Männliche Leibs-Lehen-Erben, auch in Nahmen seiner Liebden sämtlichen Vettern ꝛc. ꝛc. zu gesamter Hand nicht allein alle ihre Lehen, Churfürstenthum, Fürstenthümer, Herrschafften, Schlösser, Städte, Land und Leuthe des Marggraffthums zu Brandenburg und Burggraffthums zu Nürnberg, mit dessen geist- und weltlichen Aemtern, aus- und einländischen Lehen-Herrschafften, auch Land- und Wasser-Zöllen, Zoll- und Wehr-Zollstätten ꝛc.

Auch sonsten mit allen Gnaden, Freyheiten, Ehrungen und andern Zubehörungen, an welchen Dingen die seynd, oder wie die mit besonderen Nahmen genennet werden mögen, die zu denen Churfürstenthum, Herzogthümern, Burggraffthum, Fürstenthümern, Graffschafften und Herrschafften gehören, gebraucht oder gebraucht werden können, und mit was für Hoheit, Recht und

und Privilegien, Ihre Liebden und Dero Vettern, oder andere von uns und dem heiligen Römischen Reich zu Lehen tragende Churfürstenthum, Herzogthümer, Fürstenthümer, Land und Leuthe in geist- und weltlichen Stand besitzen, innen haben und genießen, auch wie sie solche Ihre Hoheit Landes Fürstliche Iura und Regalia bishero rechtmäßig hergebracht, zu Lehen gnädiglich und gütlich gereichet und geliehen 2c. 2c.

Reichen und leihen auch Seiner Liebden und Dero Leibs-Lehen-Erben Dero Vettern und Ihren Leibs-Lehens-Erben, solches alles obverstandener maßen, nun, und in Krafft dieß Brieffs, daß Sie alle und jegliche obbenannte Churfürstenthum, Herzogthümer, Burggrafthum, Fürstenthümer, Graffschafften, Herrschafften, Schlösser, Städte, Regalien, Geistlichkeiten und Weltlichkeiten 2c. und sonst mit allen anderen Ihren obbestimmbten Zugehörungen, Land und Leuten von Uns und dem heiligen Römischen Reich zu ewigen Zeiten mit allen bisher dabey genoßenen Praerogativen innen haben, besitzen, nutzen, genießen und gebrauchen sollen und mögen, wie gesamter Lehens-Recht Herkommen und Gewohnheit ist. 2c. 2c.

Num. 7.

Extract Schreibens vom Land-Commenthur zu Ellingen, nach Onolzbach, d. d. Freytags vor Martini, 1499.

Durchleuchtiger hochgeporner Fürst und Herre Ewern Fürstlichen Gnaden sein Mein underthenig willig Dienst mit

mit allem Flyß zuvor beraytt Gnediger Herre. Nachdem und meins Ordenns Spital zu Nürnberg ain Trattmüll zu Aykersmüll des villycht ewer Gnad wissenn hat, die sein aigenn und Jörgen Hartmans zu Nürmberg lehenn ist, — — — Und sodann yetz die von Nürmberg offenn Vehdt und Veynsschaft hand, ist der genannt Harttman in sorgen, er könd sein Handel und Gewerb des Orts in solichem Widerwillen wytter nit üben sonnder in eger denn ytzen laßenn, wie dann ewer Gnad in der hyerinn liegenden Zettel, von Im an mich gelangt, hat nachdem das gerürt meines Ordens Spital mit sein Gütter und Underfassen in Ewer Gnad Schutz und Schirm ist, so bitt ich Ewer Fürstlich Gnad in aller Undertenigkeit als mein gnedigen Herren flyßigest ich kan, ewer Gnad woll Im und Mir so gnedig sein, und Ihne auch sein Hab und Gut und sein Underthan an dem Ennd mit Gelaytt und Anschlahung ewer Gnaden Wappenn gnedielich versehenn wie sein Pitt im Zettel ist, das will ich selbs umb ewer Fürstlich Gnad, wa ich kan in aller Underthenigkeit willig sein zu verdienen rc. rc. und bitt des gnedig verschreiben Antwurt by Wyser diß brieffs. Datum fryttag vor sant Merttinen Tag Anno &c. XCVIIII.

Ewern Fürstlichen Gnaden williger Wolffgang von Ysenhöffen land Comenthur der Baly Francken Dütschordens.

Inscriptio.

Dem Durchleuchtigen Hochgebornen Fürsten und Herrn Friederich Marggraffen zu Brandenburg,

zu

zu Stettin, Pomern, der Caßuben und Wen-
denn Hertzog, Burggraff zu Nürnberg und Fürsten zu Rügen, meinem gnädigen Herren, oder
in seiner Gnaden abwesen meinem gnedigen Herrn
Marggraff Jörgen seiner Gnaden Sonn und
Rettenn.

Num. 8.
Copia Schreibens des Virnspergl. Hauß-Com-
menthur nach Onolzbach d. d. Samstag nach
Invent. Cruc. 1532. ꝛc. ꝛc.

Mein Freundtlich willig Dienst zuvor ꝛc. liebe
Herren und Freundt.

Die Schrifft so Jhr meinem Herrn dem Commenthur zugeschickt habt, habe ich im Abwesen sein verlesen,
den Landttag betreffend; Darauf füge Jch euch zu wißen,
daß mein Herr der Commenthur durch meinen gnädigen Herrn den Administrator etc. gen Regenspurg
verordnet, alba sein auf dem Reichstag zu gewartten,
und mich nitt versiehe, daß er in dieser Zeit den fürge-
nommenen Landtag kan ersuchen, dann Er bey vorge-
dachtem meinen gnädigen Herrn Administrator seyn
und bleiben muß; Will aber Jhme solche Schrifft zu-
schicken; wird er euch ohne Zweifel deßhalben wiederumb
schreiben ob er auf gedachten Landtag erscheinen kan oder
nitt; Das hab ich euch als meinen Herren und Freundten
guter meynung nitt wöllen bergen.   Datum Sambstag
nach Inventionis Crucis Anno 32.

Alexius Diener Hauß-Commenthur. zu
Virnsperg, teutschordens.

In-

Inscriptio.

Dem Gestrengen, Edlen, Hochgelährten, Erbarn und Vesten Stadthaltern und Räthen zu Onolzbach, meinen lieben Herren und Freundten.

Num. 9.

Extractus aus dem Rotulo Attestationum contra Virnsperg, oder der Land-Commenthur und Commenthur zu Ellingen und Virnsperg Eid.

Ich gelobe und schwöhre den Durchleuchtigen Hochgebornen Fürsten und Herrn, Herrn Georgen und Herrn Albrecht Gevettern, Marggraffen zu Brandenburg ꝛc. ꝛc. beeden meinen gnädigen Herren getreu und gewehr zu seyn Ihrer Gnaden schaden zu warnen, frommen zu fürdern, getreulich und das best nach meiner höchsten Verständtnuß zu rathen, In allen sachen, darinn Ich von Ihro Gnaden wegen Raths gefraget würde, und Ihrer Gnaden Geheimb zu verschweigen, biß in meinem Todt, getreulich und ungefährlich; Also helff mir Gott der Allmächtig.

Num. 10.

Copia Schreibens von Virnsperg nach Onolzbach.

Durchlauchtiger Hochgebohrner Fürst, Unser unterthänig ganz willig Dienst sein Ewern Fürstl. Gnaden zuvor.

Gnä-

Gnädiger Herr, Ew. Fürstl. Gz. schreiben unß gestern gethan haben wir unterthänig verlesen, und bitten nochmahls Ew. Fürstl. Gnaden unterthänig, wir Herr Wolf von Rosenberg, Hauß Comenthur zu Virnsperg, und anstatt meiner Appel vom Seckendorffs sohn unterthänig gebetten, uns auß Gnaden und keiner Gerechtigkeit die Säu auf den Zeug zu jagen und fahen gnädigl. zulassen wollen, dergestalt, daß Wir E. Fürstl. Gn. kein schaden unsers jagens halber thun wöllen. Wir begehrens auch aus keiner Gerechtigkeit, sondern allein vom Gnaden wegen. Wie dann E. Fürstl. Gnaden Vatter und Anherr löblicher und seel. Gedachtnuß Unß, auch Unsern Vettern, und Vorfahren auß sondern Gnaden vergönnet worden ist. E. Fürstl. Gn. wöll Unß nitt ungnädig seyn, dann Unßern Vorfahren und Eltern. Ew. Gn. wollen auch, einen darzu verordnen, wenn Ew. Gn. geliebt, So Wir an den Hölzern jagten, bey Unß zu seyn und sehen, was Wir Uns huellten und zeigen hiemit Ew. Fürstl. Gn. unterthäniglich die Hölzer an, mit nahmen Schußbach die Hall und der Ulmbach, biß gen Ober Dachstatt, der Hag, Heßberg, das Hochholz, biß an den Steig, von Obern Sulzbach gen Dachstatt und den Felberg, die Unß dann auf beeden Theilen Unßern armen leuthen anstoß liegen. Ist gnädiger Fürst abermahls unser als Ew. Gn. Unterthanen, unterthänig Bitt, unß die Säu mit den Garnen an obgemelten Hölzern, wie angezeigt, gnädigl. Uß Gnaden und keiner Gerechtigkeit, gestattet zu jagen und fahen, das wollen Wir umb Ew. Fürstl. Gn. unterthönig verdiedienen. Datum Montags Ajembags nach Nicolai Anno 1523.

 Wolffgang von Bibra, Comenthur zu Virnsperg und Appel von Seckendorff zu Birckenfelß, Ritter.

Num. 11.

Copia anderweiten Schreibens von Virnsperg nach Onolzbach.

 Durchlauchtiger Hochgebohrner Fürst,

Unser unterthänig ganzwillig Dienst seind Ew. Fürstl. Gn. zuvoran bereit, gnädiger Herr. Gestern haben Wir Herrn Wolffen von Roßenberg Hauß-Comenthur zur Virnsperg, und Anstatt meinen Appel von Seckendorf Sohn samentlich zu Ew. Fürstlich Gnaden geschickt, die unterthäniglich zu bitten, aus Gnaden unß zuzulassen, die Sew auf den Zeug zu jagen und fahen. Haben Ew. Fürstl. Gn. auf sollich Bitt noch nicht Andtwurdt geben, sondern unßer Bitt in schrifft zu stellen, an Ew. Fürstl. Gn. ist gnädiger Fürst abermahls unser als ewer Gnaden unterthan unterthäniglich bitte, Unß die Sew mit dem Garn und Zeug zu fahen gnädiglichen gestatten. Wie dann Ew. Gn. Vatter und Anherr löblicher und seeliger Gedächtnuß unß auch unßerm Vatter und Vorfahren aus Gnaden und keiner Gerechtigkeit, alß Jhren unterthanen gnädigl. zugelassen haben. Das Wöllen ten Wir umb Ewer Fürstl. Gn. unterthäniglich verdienen.

Wolffgang von Bibra, Commathor zu Wirnsperg, Teutsch-Ordens.

Appel von Seckendorff, Ritter, Land-Richter.

Num. 12.

Copia Eistettischen Revers Brieffs d. d. Matthias-Tag, 1465.

Wir Wilhelm von Gottes Gnaden Bischove zu Eystett, bekennen öffenlichen mit dem Briue, für vnns vnnsern Stifft vnd nachkommen, Als wir das Schloß obern Messingen, mit aller seiner Zugehörung von dem wirdigen vnnserm lieben besundern Mechtarn von Newnneck lant komether der Baley zu Francken vnd Cömether zu Ellingen Deutschs-Ordens vnd andern desselben Ordens Gebietigern mit Willen vnd Verhencknus des Erwirdigen vnnsers besunder lieben Freunds Herrn Vlrichen von Lentersheim Meister Deutschs Ordens in Deutschen vnd welischen Lannden gekaufft haben, vnd darzu auch der hochgeborn Fürst vnd Herr, Herr Albrecht Marggraue zu Brandenburg vnd Burggraue zu Nüremberg vnnser gnediger lieber Herr von vnnser vleyssigen vnd auch der obgemelten Gebietiger diemutigen bete wegen, seinen willen, Gunst vnd Verhencknus gegeben, auch den schirm vnd alle Oberkeit, so er vnd sein erben dorauff gehabt, für sich vnd sein erben begeben, vnd sich derselben ganz verzigen hat,

U 2 nach

nach laut des Brieues vnns darum gegeben; Also haben wir mit Wissen und Willen vnnsers Capitels zu sunder Wiederlegung solchs Verzigs und Begebnus dem gemeltem vnnserm Herrn Marggrauen die Lehenschafft des halben teils des Sloß zu Bertolsdorf mit seiner Zugehörung gegeben, Inmaß das dann von vnnß vnd vnnßerm Stifft bishere zu Lehen gerurt hat. Begeben und verzeyhen vnns auch hiemit, derselben Lehenschafft für vnns vnnsern Stift vnd nachkommen vnd haben Jne auch baben zugesagt und versprochen das alles auch Jnn Crafft dies Brieues für vnns vnd vnnser nachkommen, wo wir oder dieselben vnnser nachkommen in willeß werden solches Sloß zuuerkauffen, das wir das dem gemelten vnnserm gnedigen Herrn Marggraue Albrechten oder seinen Erben vor meniglich anbieten sollen vnd wollen, wo Jnen damit gemeynt were dasselb Sloß zue kauffen, oder Wir vnns mit Jnen Kauffs nit vertragen oder vereynigen möchten; so sollen und wollen wir das doch nymandt anders verkauffen noch zu kauffen geben, dann mit seinem vnd seiner Erben wissen vnd willen ongeuerlich vnd zu merer Dankbarkeit, vnd Widerkerung solches Verzigs vnd gnade, soll hinfür ewiglichen Jn der Pfarr-Kirchen zu Messingen dem gemelten vnnserm Herrn Marggraue Albrechten seinen Vorfarn und nachkomme ein ewiger Jahrtag gehalten vnd ire uf der Canzel alsdann gedacht werden, vnd Wir Johannes Dechant vnd das Capitel gemeinglich des Thumstiffts zw Eystett, Bekennen das alle obgeschrieben Ding mit vnnserm guten willen vnd Wissen geschehen sind, vnd haben deß zu Gezeugnus vnnsers Capitels Metlers Jnnsiegel wissentlich hieran lassen

sen henken, doch vns vnnserm Capitel vnd Nachkommen an vnnsern leuten, Zinsen, Gülten vnd guten on schaden, vnd des zu vrkund geben wir obgenanter Wilhelm Bischoue zu Eystett, für uns, vnßere Stifft vnd Nachkommen dem obgemelten vnnserm gnedigen Herrn vnd seinen Erben disen Briue mit vnserm Secret, vnd Unsers Capitels metlern anhangenden Insigeln versiegelt der geben ist zu Eystet an sant Matthias Tag des heiligen Zwelf boten, nach Christ vnsers lieben Herrn Geburt, da man zalt tausendt vierhundert vnd Im Fünff vnd Sechzigisten Jaren.

Num. 13.

Copia Schreibens vom Land-Commenthur zu Ellingen, nach Onolzbach, de dato Samstag vor Exaudi, 1499.

Durchluchtiger Hochgeporner Fürst vnd Herre. Ewern Fürstlichen Gnaden sein mein vnndertenig willig Diennst In allem Flyß zuvor beraytt, gnediger Herre.

Daß Hauß Elling hat ain Hindersaßen zu Hetting genannt Ulrich Oberdorffer Wyser diß Briefs, den hat ainer genannt Ulrich Eber von Trumetzhain mit dem Westfelischen rechtenn fürgenomen vnd geladenn an den fryenn Stule zum Fryhenhan In Westfalenn nach lutt des Ladung-Brieffs hierinn verwartt. Nun hat gnediger Herr derselb Ulrich Eber an den genannten meines Ordens Arman der sach halb in der Ladung bestimpt,

U 3 daran

daran. Er Im auch on Zweyffel gantz unrecht thutt, nie kain Vordrung getan weder guttlich noch rechtlich, mich auch umb recht gegen Im nye ersucht, so ist Ine auch deshalb von neman kein recht nye abgeschlagen noch gewaygert worden, deshalb solich sein vermaint Fürnemen unpillich zusampt dem das es nach lutt der Kuniglichen Ordnung verpotten ist, und sodann gnediger Herr, der gerürt meins Ordens Arman ewern Fürstlichen Gnadenn von wegen des Haws Elling Schutz und Schirm halb verwandt ist, so bitt ich dieselben Ewer Fürstlich Gnad als mein und meins Ordens Gnedigen Herren In aller Undertenigkait flyßigest ich kan, Ewer Gnad wolle Im und mir so gnebig sein, und Ine für Ewer Fürstlich Gnade ober Ewer Gnabenn wissennt Rett Hoff oder Lantgericht zu recht abfordern, wie sich dann das nach lutt der Kuniglichen Ordnung zu Franckfurtt gemacht, zu thun gepertt, das will ich wo ich ymer kan umb dieselben ewer Fürstlich Gnad In aller Undertenigkeit willig sein zu verdienen als pillich ist, Datum sampstag vor dem Sonntag Exaudi, Anno XCVIIII.

Ewern Fürstlichen Gnaden

williger

Wolffgaug von Ysenhoffen

statthalter der Baly Francken Dütschordens.

Inscriptio.

Dem Durchluchenn Hochgepornen Fürstenn und Herren, Herrn Friedrich Marggrafen zu Brandenpurg, zu Stettin, Pomern, der Casuben und

Wenn-

Wernden Herzog, Burgraff zu Nürmberg und
Fürsten zu Rügen, ꝛc. ꝛc. meinem gnedigen
Herren.

Num. 14.
Copia Schreibens von Ellingen nach Onolzbach
d. d. Donnerstag nach Heil. Creuz Tag,
1490.

Durchleuchtiger hochgeborner Fürst und Herr Ewren
Gnaden sein mein untterdenig schuldig und billig Dienst
allezeyt bereyt, Genedigister Herr, Ich bin yzundt etlich
Tag zu Ellingen gewest hat mich der Comethur daselbst
bericht, wie meins Ordensmüller ainer zu der Langtwid
genant Conntz öffelin einen Antvogel auf dem Weyer an
der Müll gelegen, geschossen hat, der dann uf die Zeyt
etlich Gesellen bey Jm gehabt, die Jm getroschen haben,
hatt er zu der ainem gesagt, hat geheißen Schmid Ulein
von Rannßperg, wöllt er den Antvogel helffen essen, So
helff er Jm den auch aus dem Wasser pringen, Ist derselb hinein gewaten, unnd hat den Antvogel wöllen langen, so ferr das Jm das Wasser zu tyeff hat wöllen werden, hat der Müller wieder Jn gesprochen, Lieber ker
umb, der Weyer ist vast tyeff, do hat er gesagt, Es
irrt nit, Ich will Jn woll heraus bringen, und ist für
sich hinein gewaten, So lang biß das Wasser ob Jme
zusammengeschlagen hatt und ist also ertruncken, das
dann dem Müller ein getreulichs leydt ist. Nun hatt
der seelich Freundt, by dem Müller gedrott haben, Jne
anzuvallen, mit gestrengem Rechten, und in ein Halß-
ge-

gericht zu füren, wiewol sie nun Im mit gestrengen Rechten, des Handels halben Im nichts möchten angewynnen alß Ewer Genad und meniglich woll versteen mag, Ist doch der Müller gewichen gen Stoffenheim in dy Freyheit, da er tlich Tag geweßen, und noch ist, Nun seyn des Freundt, der Schaden hat genommen, eyns teyls Herrn Paulusen von Abspergs und etlich dem Pfleger zu Sanseen Amts halb verwandt, die der Commethur zu Ellingen deßhalb hat lassen ersuchen und bitten mit den Jren zuschaffen, mögen sie den Müllner Forderung nit erlaßen, so soll er Jne freundtlichs rechtens sein, deshalb dem Commethur auch kein Antwortt worden ist, byweil ich zu Ellingen gewesen bin, bitt ich Ewr Fürstliche Genade, als meines Ordens und mein gnedigen Herrn, nachdem der Müller und ander arm Lewt dem Hauß Ellingen zusteendt, Ewrn Gnaden schirms halb verwandt seyn, den Müllner Jnn Ewr Genaden Fürstenthum ein Geleyt zu geben, zu freundlichem Rechten, das soll Jne der Müllner vor Ewr Genaden Rethen oder Ewr Gnaden Hoff-Gericht sein, des bin ich, auch der Commethur zu Ellingen willig und schuldig umb Ewr Fürstenlich Genade mit aller Untterdenigkeyt zu verdienen. Datum auf Donnerstag nach des heiligen Creutz-Tag, Anno &c. LXXXX.

  Ewr Gnaden
    williger Untterthan
    Melchior von Neunneck Land-Commethur
     der Balley zu Francken Comethur zu
      Nürnberg Teutsch Ordens.

Inscriptio.

Dem Durchleuchtigen Hochgebornen Fürsten und Herrn, Herren Friedrichen, Marggraven zu Brandenburg, meinem gnädigsten Herrn.

Num. 15.

Copia Schreibens an Röm. Kaiserl. Majest. von der Onolzbachischen Vormundschaft d. d. 29. Nov. 1637.

Allerdurchlauchtigster ꝛc. ꝛc.

Ew. K. M. den uff des hochwürdigen unßers besonders lieben Herrn und Freunds Johann Caspars, Meisters Teutschen Ordens in teutschen und welschen Landen, eingewandte Supplication erforderten Bericht, innerhalb deren auß angedeuten erheblichen Ursachen ohnumgänglich gesuchten und allergnedigst verstatteter Dilation, dafür wir allerunterthenigst und demütigst dankbar, mit möglichster kürze, jedoch gutem Bestandt gehorsamst zu erstatten, sind wir zwar anfangs mit ehegedachtes Herrn Teutschmeisters Lbde in dem allerdings einig, daß der ritterliche teutsche Orden in aller regierenden Römischer Kaißer und König von seiner ersten Fundation an, wie noch unter E. K. M. alß des höchsten Oberhaubts der ganzen Christenhait Schutz, nicht weniger als alle ander Chur-Fürsten Ständt Stätt Glieder und Unterthanen des heiligen Römischen Reichs univeraliter begriffen, daneben aber auch jederweilen von Dero hochlöblichsten Her-

Herren Vorfahren am Reich entweder aus erheischender Nottdurft motu proprio oder uff der Clientum beschehene imploration gewißen Ständen sonderbahrer Schuß uffgetragen, oder auch vermittelst peculiariter uffgerichter pactionum und Vergleichung, wie besag deß erlegten Schirm-Brieffs von Burggraff Johanßen und Cunraden über die drey Ordenßhäußer Ellingen Nürmberg und Virnsperg beschehen, gutwillig übernommen, und uff dero Posteritaet nun ettlich hundert Jahr biß uff diße unsere gegenwertige Zeit erblich transferirt, auch solcher Schuß von den Herrn Burg- und Marggrafen sogar nicht mißbraucht, oder bey nechst im heiligen Reich teutscher Nation fürüber gangenen Unruhen und Troublen unßers theilß das wenigste zu der Spoliation oder Beschwerung übelbeschuldigter maßen cooperirt worden, daß man sich deren vielmehr zu allen und jeden begebenden Gelegenheiten uff beschehene requisition so viel immer möglich, eyffrig und treulich angenommen, und zu befugter Klag nicht ursach gegeben; Ob nun schon deßen ohngeachtet die ohne gnugsamb erhebliche Motiven angedeute Uffkündung beß erwehnter maßen übernommenen Conventional-Schuß beharret werden wollte, so mag jedoch daburch diejenige Protectio, so dem Fürstlichen Hauß Brandenburg vigore Superioritatis competiret, und ex jure Burggraviatus formaliter cum sua ordinaria causa competentis in territorio Brandenburgico jurisdictionis universalis cohaerens dependet, et apud ordinarium etiam resignata conventionali protectione remanet, noch auch die über Menschen-Ge-

den-

dencken und von aliquot Seculis uff benannten drey Ordenshäußern wohlhergebrachte und ersessene Recht und Gerechtigkeiten so wenig uffgehebt, oder die von des Fürstenthumbs Burggraffthumbs Nürnberg keineswegs angemasten, sondern von dem heiligen Reich und jedesmahlß regierenden Römischen Keysern und Königen non interrupta serie den Herrn Burg- und Marggraven per contractum feudalem verliehenen Landgerichts (denne sie auch Vice Imperatoris omne judicium judicantis nunmehr etlich hundert Jahr praesidirt) keyserlicher ordinari jurisdiction affectirte exemtion behauptet werden, als wenig E. K. M. dieselbe schwächen zu laßen, noch durch Dero keyserlichen Universal- und Special-Schutz, oder in einige andere Weg alieni territorii dominis sine justa causa, alß summus fons justitiae an Dero zustehenden Superioritaet zu praejudiciren, oder denen rechten Erbherren an seinen Rechten das geringste entziehen zu laßen gemeint sein. Nun ist aber nicht allein in unterschiedlichen zwischen dem löblichen teutschen Ritter-Orden und Unßerm Fürstlichen Hauß Brandenburg theilß vorlängst erörterten, theils aber noch am Keyserl. Cammergericht, und vermög der Reichs-Ordnung und Constitutionen vor den Austrägen noch rechthängig schwebenden, jedoch mehrerntheilß submittirten Rechtfertigungen mit unverwerfflichen Kundschaften und brieffichen Urkunden statlich erwißen und dargethan, sondern es gibt es auch der unbetrüglichen Augenschein, daß bemelte drey Ordenshäußer im Fürstlichen Brandenburgischen Territorio und hoher Obrigkeit ohnwidersprechlich gelegen, gestalt sie dann

hin-

hinden fornen und uff beeden seiten mit Marggräffischen Aembtern zu rings umgeben, derwegen wir auch vermög der Rechten ratione superioritatis fundatam intentionem haben, quod omnia in territorio nostro comprehensa, weil reichßkündig, daß des teutschen Ordens Commenden derjenigen Reichsstånd, in welcher Gebiet sie gelegen, Territorial-Obrigkeit notorie unterworffen, cum loca, quae sunt intra fines, praesumantur illius, cujus sunt fines; dabevorab ohnlaugbar, daß wir und unßere Vorfahren sambt dem Fürstenthumb des Burggrafthumbs Nürnberg mit seinen fürstlichen Hoheiten Ehren Würden Land- und hohen Gerichten Regalien Glaiten Züllen Straßen und Wildbannen von dem heiligen Reich vermög bekanntlich habender und hievor mehrmahlß in Originali exhibitirter keyß- und königlichen Invefituren signanter auch die im Fürstenthumb gelegene Teutsche Häußer nun etlich hundert Jahr zu Lehen getragen, wie dann sie guten theilß neben andern ansehnlichen Gütern von den Herrn Burggraffen vielgemeltem Teutschem Orden zugewend, und insonderheit von weiland Burggraffen Conraden, inhalts Sr Lbdn sub dato nechsten Tag nach St. Veits Tag 1294. uffgerichten Donation und Ubergabbrieffs die Burgk oder Castrum Virnsperg, so vermög Kayser Friderichs zu Hagenau erfolgter Confirmation Anno 1259. von Gottfrieden von Hoenloe erkaufft, den Brüdern deß Ordens und ihren nachkommen mit allem dem, so an Holtz und Walden Aeckern und Wißen Waßer und Waid, sambt andern darzu gehörigen und daselbst specificirten stucken zu einem rechten

ten Almußen, und ewiglichen zu einem rechten eigen, wie die Formalia lauten, übergeben, darinn aber einig Wort von hoher Obrigkeit oder Regalien, welcher selbige Brüder alß Clerici weder fähig, noch zur Zeit der Ubergab in dem Weſen dieſer Orthen geweßen, daß man ihnen dergleichen Herrlichkeit geſchenckt, oder ſie deren auch begert hetten. Nun iſt bekannten Rechtens, quod ea, quae jus ſuperioritatis ſupremamve jurisdictionem concernunt, ſpecialem conceſſionem requirant, alias numquam tributa intelligantur, nec etiam in generali conceſſione regalia veniant, concedens enim vel vendens caſtrum cum pertinentiis & juribus, quae quis habet in tali loco, niſi probetur vel aliunde conſtet, quae jura ſint de pertinentiis caſtri, nihil tunc ex illa conceſſione vel venditione probatur, quia reſolvitur in tacitam conditionem, quatenus ſunt, & conſtat, quod ſint pertinentia, ſich bißfalls uff die Rechten gezogen; Alß auch weder Grund und Boden, noch die niedergerichtbarkeit dergleichen herrlichkeit und regalia uff ſich trägt oder mit ſich bringt, und hette Burggraf Conrad in bemelter Donation, dieweil alle, auch viel geringere Stück und Güter, die er dem Orden gegeben, und geſchenckt, mit ſolchem Vleiß exprimirt und ausgetruckt, freylich wol in dem mehrern und höhern es auch thun können, wo S. L. gemeint geweßen, ſolches der Herrſchaft zu entziehen, und dem Orden zuzuwenden. Conceſſio ſiquidem putatur absque praejudicio domini ſalvoque ſuperioritatis jure facta, ne gratia in contumemeliam et detrimentum deflectat, et hospes expellat dominum; et tralatitium est, quod domino territorii et ad quem illud concessionibus et investituris imperatoriis pertinere docetur, jus commune faveat, alii vero actum aliquem exercenti et exemtionem molienti jus ipsum resistat; Alß auch sequela facti genugsam demonstrirt und überzeugt qualis fuerit praecedens conventio, praesertim si per spacium temporis, cujus initii non exstat memoria, tolerata fuerit, immemorialis quippe consuetudo et observantia habet vim decreti, statuti, jurisdictionis, mandati, privilegii, tituli, justitiae, constituti, pacti, & fungitur vice principis. Nun ist unwiderſprechlich, und mit denen Brandenburgiſchen Aydt- und Pflicht-Büchern zu verificiren, daß in recognitionem juris superioritatis ein jeder neuangehender Land- und Commenthur zu Ellingen und Virnsperg von unverdencklichen Jahren unßern Vorfahren und uns mit Wiſſen und Willen ihrer Obern, der jedesmahln geweßenen Herr Teutſchmeiſter, als balden gewönliche Rathspflicht, geſtalt ſie mit dem Praedicat, liebe getreue, allzeit compellirt, auch biß uff jetzige Zeit geleiſtet und geſchworen, krafft deren ſie bede krafft Teutſchmeiſterlſcher eigner Bekanntnus von alters her durch die Herrn Marggraven zu fürfallenden Sachen uff gemeine der Marggraffſchafft Landtåg, das beſte neben der Landſchafft helffen zu berathen und zu beſchließen, wie nicht weniger jåhrlich viermahl zu den hohen keyſerlichen Landgerichten, die zu Onolzbach gehalten, abgewechßelter weiß beſchrieben

ben und erfordert werden, sie auch jedeßmahlß uff ihren Kosten gehorsamlich erschienen, immaßen solches über die kundbare notorietet und unfürdencklich herbringen auch in dem zu Habersdorff den $\frac{2\cdot 8}{1\cdot 8}$ Aprilis An. 1692. zwischen weiland Ertzherzog Maximilian als damahligen Teutschmeisters, und unsers geliebten Herrn Vettern und Vattern Marggraff Georg Friderichs zu Brandenburg Gn. und Abdn beeder hochlobseligster Gedechtnuß uffgerichtem Receß neben andern Puncthen mit folgenden Formalibus bekannt und transigendo bedinget. „In „den übrigen gegen beeden Teutschen Ordenshäußern El„lingen und Wirnsperg gemeinen Gebrechen haben Ihrer „Kön: Wrde Räth bewilliget, daß fürohin die Com„menthur zu Ellingen und Wirnsperg umbgewechselter „Weiß die hohen Landgericht zu Onolzbach, wie mit „alters herkommen, besuchen und besitzen, und ohne „ehehaffte Ursachen nicht abschreiben, oder außenbleiben „sollen." Zudem befinden sich in alten glaubwürdigen hiebevor bey Commissionibus producirten Landgerichts-Büchern unzehliche Gerichts-Fäll, daß von Alters und ettlich hundert Jahren her mit gedachtem keyß. Landgericht des Burggraffthums Nürnberg nicht allein über benannte beede Commenthurn zu Ellingen und Wirnsperg sondern auch über die teutsche Häußer Mergetheim Nürnberg und wo die sonst im Reich gelegen, auch derselben haab und Güther gerichtet, die citirten daran erschienen, und sowohl in Person- als häblichen Sprüchen Recht geben und genommen, deßwegen es auch deren uff den benannten dreyen in unßerm Fürstenthumb und deßen ohnwidersprechlichem landsfürstlichem territorio gelegenen

Or-

Ordenshäußern mit alters wohlhergebrachten und erblich auff unß devolvirten Wein- und anderer Fuhren, auch juris hospitandi albergarum und anderer Gerechtigkeiten halben, so den laufften nach also moderirt und angestellt, daß des Ordens Commenden an Ihrer Erhol- und Aeufferung kein hindernuß beschicht, umb so vil weniger Zweiffels walten mag, dieweil selbige nicht allein mit uhralten beglaubten Registern und Documentis in obgedachten vor den Außträgen und dem keyß-Cammergericht schwebenden Rechtfertigungen stattlich außgeführt und dargethan, dahin sich brevitatis studio referirend, bey welcher litispendenz es dann von rechts und billigkeit wegen zu laßen, und durante ea nichts zu inhibiren noch innoviren, sondern auch in oberwehnten zu Gunzenhaußen und Haberßdorff in Annis 1490. & 92 zwischen den Teutschmeisterischen und Brandenburgischen abgeschloßenen Receßen diese ausdrückliche Formalia zu befinden: „Haben Ihrer Kön: Wrde, „Räth sich erbotten und bewilligt, daß die hinterstellige „sowohl alß künfftige Weinfuhren von allen dreyen Teut„schen Ordenshäußern, geleistet sollen werden, wie man „uff diße Stunde damit im Werck were; Im übrigen „aber sich uff die litispendenz und des ordenlichen „Rechtens-Entscheidung beruffen; Als auch der von Al„ters hergebrachte Jäger- und Hunds-Arzt mit des vitterlichen Teutschen Ordens gutem belieben Vertragsweiß uff ein gar leidenliches Jährliches an Wein und Getrand definirt und restringirt, darauff auch also geleistet worden, dabey es dann von rechts und Billigkeit wegen sein verbleibens: cum transactione intar partes
facta

facta controversia dicatur definita & penitus extincta, & finem omnibus controversiis imponat, adeo ut transigens non possit redire ad controversiam sopitam, nec praetextu instrumenti de novo reperti rescindi, imo nec per rescriptum principis tolli, pro tanto, quod rescriptum impetratum in causa, super qua transactum est, ipso jure annulletur, Sondern ist man dießeits über voriger Befugnus dadurch dergestalt in optima fide constituirt, und bestetiget worden, daß unsere Voreltern solche uff bemelten Ordenshäußern nach altem Herkommen und Gewonheit wolhergebrachte Gerechtsame auch in Ihre durch keyserliche vim legis habende Confirmationes corroborirte Erb- und Theilungs-Verträg gebracht, sich untereinander darauf verglichen, und wir nun weit über Menschen-Gedencken in deren unhindertriebenen Possession vel quasi verblieben, dannenhero auch die Erbverbrüderte Chur- und Fürstliche Häußer Sachßen und Heßen mercklich dabey intereßirt, denen auch deß ritterlichen Teutschen Ordens fürgeschüzte privilegien, immunitaeten, confirmationes, exemptiones und Freyheiten, so man sonst uff ihrem Werth und Hohen Orth beruhen läßet, und derselben allein, so fern sie unß zuwider angezogen werden wollen, zum krefftigsten widersprechen thut, nicht den geringsten Abbruch Hinderung oder Eintrag zu thun vermögen, sintemal solche in allweg so wol krafft rechtlicher Verordnung ausdrücklich und iteratis vicibus inserirter Clausuln sine praejudicio tertii aeque vel magis privilegiati zu verstehen, cum princeps utpote ex contractu

tractu antecessorum sub nomine dignitatis initio obligatus nunquam praesumatur velle derogare juri alterius; Immaſſen Ihre Keyß. Mayten in denſelben die clausulas und restrictiones, doch Unß und dem heiligen Reich unſchädlich: item was wir ihnen von rechts und billigkeit wegen zu erneuere zu confirmiren zu extendiren und zu beſtättigen haben, Item ſo viel ſie deren in Ubung Gebrauch und Poßeßion geweſt, Item daß des Ordens Brüder Leut Heuſſer und güter mit neuen ungewohnlichen Heiſchungen Dienſten und Beſchwernuſſen nicht bekümmert werden ſollen ꝛc. ꝛc. ſelbſten ausdrücklich ſetzen und gebrauchen, wie auch die, Conceſſiones des Teutſchen Ordens Privilegien general, darinn weder der benannten dreyer Häuſſer noch auch deren viel ältern mit clausulis annullatoriis caſſatoriis und derogatoriis verſehener und alſo weit praeponderirender Burg- und Marggräfflichen Privilegien die geringſte Meldung beſchicht, ohne Wiſſen und Erfordern der Herrn Burg- und Marggraffen ausgewürckt, alſo ganz krafftloß und ungültig, dardurch die unß jure ſuperioritatis competirende Subjection und ſchuldigkeit nicht uffgehebt, quia exemtiones ſtrictiſſimi ſunt juris, et obſervantia ſubſecuta omnium privilegiorum optima interpres, & confirmatoria privilegia non plus operari conſtat, quam ipſa confirmata in ſe continent; Geſtaltſamb auch die beß Ordens Güter halben praetendirte univerſal-exemtion a jure ſuperioritatis derjenigen, bey welchem dieſelbe gelegen, bis dahero niemalen in Ubung und Gebrauch gezogen, oder practicirt, derwegen mit gewöhnwöhnlichen und von alters hergebrachten Heischungen und Diensten wol beleget werden mögen, Alß auch von deß Ordens anderwärtiger Reichs-immedietet oder geistlichem Stand uff die in unserm Fürstenthumb gelegene drey Teutsche Häuser nicht geschlossen werden mag, cum nihil impediat, quo minus bona ecclesiasticorum jurisdictioni laicae potestatis subjecta esse possint; Wie auch nicht widersprochen wird, daß berürte Häußer mit denen in der übergab specificirten stucken vom heiligen Röm. Reich zu lehen empfangen und getragen werden, und ist gar unvonnöthen, quod omnia bona, quae ad unum aliquem pertinent, ejusdem sint qualitatis. Wilweniger mögen die beede Beylagen Keysers Wenceslai Befreyung und Burggräffische Schirm-Brieff den teutschen Orden etwas fürtragen, in erwegung obangeregter maßen durch den keyserlichen schuß oder protection die jurisdictio & superioritas ordinaria nicht uffgehebt wird, ut enim a proprietate diversa est jurisdictio, ita etiam jus protectionis universalis vel specialis imperatori competens a dominio directo & utili ceterisque realibus juribus particularium dominorum separatum est. Zudem reichskündig, daß die von König Wenceslao herrührende Privilegia auß bewußten Ursachen von unkräfften, auch der Teutschorden die cassationem ejusdem privilegiorum an. 1402. selbsten außgebracht. So ist es, so viel von den angezogenen Schirmbrieff anlangt, deßen Original zuvorderst zu recognosciren, damit also bewand, weil aus beglaubten Historien und uhralten Documentis, sonderlich keyser Ludwigs Widerrufung aller Brieff, die der Marggrafen gerechtigkeiten schaden bringen möchten, de an. 1347. und andern beweißlich, daß uff Absterben Friderici I neben Burggraff Johannßen von an. 1332 Burggraff Albrecht das Regiment geführet, daß es mit solcher dem jüngsten Bruder, so mit dem Regiment nichts zu thun gehabt, beschehenen Anbefehlung des schutzes ein sonderbare Ursach müste gehabt und ein Particular-Werk gewesen sein, so der protectioni territoriali nichts benehmen, noch die ganze familiam binden können, weil zumahln nach der Zeit die teutsche Häußer dem Burggrafftthumb ewiglich unirt und zu Lehen verliehen worden, deßwegen wir uns uff keyß. und kön. invefituras, diplomata, jura superioritatis, confessiones, transactiones, res judicatas, antiquissimam possessionem, immemorialem observantiam, consuetudinem & praescriptionem, quae privilegiata & litis finitae dicitur, beständig fundiren, welche allegirte praescriptionsexception von rechtswegen der sonderlichen Art Eigenschafft und importanz ist, quod judex ex officio etiam sine partis allegatione agentem repellere debeat, cui obstat praescriptionis exceptio. Wann dan solchem allem nach wir und das ganz Chur- und Fürstliche Hauß Brandenburg, sowol derselben Erbverbrüderte sich allerunterthänigst und demüthigst gewiß getrösten, E. keyß. Mey. werde die insgesambt, mich Marggraff Christian und unsern freundlichen lieben jungen Vettern Pfleg- und Sohn Albrechten Marggraffen zu Brandenburg in seinem noch minderjährigen Alter

an

an habenden rechten nicht beschweren noch praejudiciren
laßen, Als gelangt an S. K. M. unßer allerunterthenig-
stes und demütigstes Bitten, sie geruhen unß sublata
& cassata inhibitione bey denen von unverdencklichen
jahren erseßenen mit urtheil und recht erhaltenen durch
bekante richtige Verträg bestätigten und von unßern Voreltern uff unß richtig devolvirten Gerechtigkeiten allergnedigst zu schützen zu manuteniren und handzuhaben;
gleichwie nun in Ansehung der sachen rechtmeßigen Be-
wandnus und Wichtigkeit wir durchaus keinen Zweifel
setzen, sondern allergnedigster und gewihriger resolu-
tion ohnfehlbar erwarten, also wollen wir sambt unserer Posteritet solche allergnedigste Bezeigung mit aller-
unterthenigsten und demüthigsten Dank uffnehmen, und
zu allen begebenden occasionen mit unsern gehorsamsten
getreuen Diensten nach möglichkeit zu erseßen unß angelegen sein laßen, womit E. K. M. deß Allerhöchsten
mächtigen Schutz und derselben unß zu keyserlichen hul-
den wir allerunterthenigst und demüthigst empfehlen.
Datum den 29. Novembris Anno 1637.

&c. &c.

Num. 16.

Schreiben des Teutschordischen Kraisgesandten, Geheimen Raths von Kleudgen an den Königl. Preußischen Geheimen Rath Haenlein zu Ansbach, d. d. Nürnberg, den 11. April 1794.

P. P.

Ich werde den nächsten Sonntag, oder doch in den ersten Tagen künftiger Woche nach Mergentheim gehen und bey der Durchreise zu Ansbach Ew. ꝛc. aufzuwarten die Ehre haben.

Ew. ꝛc. würden mich zum lebhafftesten Dank verbinden, wenn ich alsdann die bekannten Tabellen, und wenn ich zugleich das Verzeichnis über die diesseitigen mit jenseits vermischten Unterthanen mitnehmen könnte; Beydes und besonders letzteres würde der Beförderung unseres Geschäfts einen sehr gedeihlichen Vorschub geben, da ich solchergestalten Seiner Churfürstlichen Durchlaucht die Anzahl deren an jenseits abzutrettenden Unterthanen mit kurzer Hand vorlegen könnte, worüber sonst durch Zeitverliehrende Berichts-Erstattungen von den Aemtern die Auskunfft eingeholt werden müßte.

Eine solche augenblickliche Vorlegung würde auch voraussichtlich die höchste Entschließung über die Präliminar-Punktation ungemein erleichtern.

Es versteht sich ohnehin, daß jede wechselseitige Communication vertraulich und beyden Theilen unverfänglich seyn müsse.

Un-

Unter dieser heiligsten Versicherung darf ich dahero auch die geneigte Entsprechung meiner gehorsamsten Bitte um so eher erwarten.

Unschätzbar wird mir der Augenblick seyn, wo ich jene unbeschränkte Verehrung mündlich bestättigen kann, mit welcher allstets zu verharren die Ehre habe

Ew. ꝛc.

Kleubgen.

Nürnberg den 11. April 1794.

Oeffentliche Erklärung wegen der Brandenburgischen Insassen in den Fränkischen Fürstenthümern, welche sich zur Reichs-Ritterschaft halten.
Mit einem Urkunden-Buche.
1796.

Dem deutschen Publikum sind schon in der Vorzeit, am Reichstage und in besondern Druckschriften die Versuche der ritterschaftlichen Insassen innerhalb der fränkischen Fürstenthümer Ansbach und Bayreuth, sich ihrem rechtmäßigen Landesherrn zu entziehen, und durch ihre Verbindung mit der Reichsritterschaft, ihren Besitzungen in gedachten Fürstenthümern die Unmittelbarkeit zu erwerben, vorgelegt worden. Neuerlich sind sie sehr häufig durch die Klagen zur Sprache gekommen, welche eben diese Reichsritterschaft und jene mit ihr verbundenen Brandenburgischen Vasallen und Insassen am Reichs- und Fränkischen Kreistage, Reichshofrathe und Reichs-Cammergerichte, auch sonst bey mehreren Gelegenheiten über unrechtmäßigen Druck Preußischer Gerichtsstellen laut genug erhoben haben. Es muß daher eben diesem Publikum höchst interessant seyn, die Akten in dieser merkwürdigen Sache vollkommen einsehen, seine Urtheile berichtigen, und zwischen Recht und Unrecht entscheiden zu können.

Selbst die Würde Sr. Majestät des Königs von Preußen fodert es, durch unwiderlegliche Beweise, durch Be-

Beweise, welche nur aus einer reinen Rechtsquelle geschöpft sind, die gegenwärtige Regierung in eben diesen Fürstenthümern zu rechtfertigen und darzuthun, daß nicht Uebermacht und Convenienz, sondern Gerechtigkeit und selbst die Reichsconstitution die Grundsätze diktiren, welche gegen die landsäßige Ritterschaft in Anwendung gebracht werden müßen, und daß solche durch die Gesetze des Brandenburgischen Haußes sancirt werden.

Das Recht aber, die Landeshoheit, welche auf den fränkischen Fürstenthümern ruht, und mit ihnen unzertrennlich verbunden ist, auf alle in diesem Lande befindliche Insaßen auszudehnen, wird sich dann als unwiderleglich vor Augen stellen — gegenüber das Betragen derjenigen, welche sich mit der Reichsritterschaft hinter dem Rücken des Brandenburgischen Haußes verbunden haben, wird dann als Usurpation einleuchten, wenn es klar gemacht ist, daß die Fränkischen Fürstenthümer schon ihrer Entstehung nach, ein geschlossenes Land sind, daß darinnen kein unmittelbarer Adel, — kein solcher unmittelbarer Adel, wovon die Reichsgesetze die Begriffe aufstellen, — vorhanden sey, daß eben die Verbündeten, welche gegenwärtig eine Unmittelbarkeit vorspiegeln, von jeher wahre Landsaßen waren, daß das Hauß Brandenburg diese Pflicht nie erlaßen, sich standhaft in dem Besitze derselben zu erhalten gesucht habe.

Die Fränkischen Fürstenthümer haben es mit allen, auch den größten Territorien, Sachsen, Brandenburg, Braunschweig, Oesterreich u. s. w. gemein, daß sie aus unmittelbaren Reichsallodien, Reichslehen, und stiftischen Reichs-Kloster-Vogteyen zusammengesetzt sind, welche schon vor der Vereinigung in ein Fürstenthum, für sich bestanden, für sich einen obrigkeitlichen Distrikt ausmachten, für sich regiert wurden, unmittelbar unter Kaiser und Reich standen, eben durch ihre Unmittelbarkeit schon die Fähigkeit zur Landeshoheit mit sich führten, und sonach ganz ohne Beeinträchtigung eines andern Stands, in ein Fürstenthum zusammengeschmolzen werden konnten, wodurch sie zwar eine höhere Würde, nicht aber mehrere Rechte erhielten. Von jedem einzelnen Bestandtheile dieser Fürstenthümer, werden die Erwerb-Urkunden in den Archiven des Landes aufbewahrt, und jede Urkunde weist den Charakter **Unmittelbarkeit** nach. Das Hauß Brandenburg wird sie besonders abdrucken lassen, um dadurch dem Publikum den vollgültigsten Beweis dieser Behauptungen darzulegen.

Eben diese einzelnen Bestandtheile der gegenwärtigen Fürstenthümer Ansbach und Bayreuth, bestätigte Carl IV, und zwar **Lehen** und **Eigen** als Fürstenthum im Jahre 1363. Er machte aus den einzelnen **schon geschlossenen** Distrikten, Dynastien und Reichslehen, ein **ganzes geschlossenes Gebiet.** Dabey gab er den Burggrafen volle Macht

Urk.

1) sich Reichsfürsten zu schreiben,
2) in allen Sachen, welche sie sind, Urtheil zu finden die Leib Guth und Ehre betreffen, über ihre **Ritter, Knechte,** Bürger und Bauern;
3) Ihre **Ritter, Knechte,** Bürger und Bauern und deren Dienstleute und **Hintersassen** vor kein fremdes Gericht zu lassen;

4) Alle

4) Alle Arten der Bergwerke, die sie in ihren Herrschaften finden, zu nutzen;

5) Alle Freyheiten, Rechte und Gnaden, welche wider die Burggräflichen Rechte und Freyheiten gegeben sind, Fürsten, Grafen, Herren, **Freyen, Dienstmannen, Rittern, Knechten,** Städten, Märkten und Klöstern, oder sonst jemanden, sollten ungültig seyn.

Nachherige Kaiser bestätigten noch besonders diese Rechte, welche diesen Fürstenthümern ihrer Natur nach, schon eigen waren. So ertheilte Kaiser Wenzel 1388 den Burggrafen das Recht, für sich und ihre Erben, in ihren **Landen, Gerichten,** und **Gebieten,** Urk. B) ein Umgeld von allerley Getränk zu nehmen. Carl IV. bestätigte noch besonders das **Geleite** 1364 durch das ganze Fürstenthum. Ein unumschränktes Zoll-Privilegium gab Friedrich 1456 dem Burggrafthum, und Max I. bestättigte es 1518. Privilegia de non Urk. D) evocando subditos, wurden 1402, 1456 u. s. w. den Burggrafen ertheilt, und in denselben festgesetzt: Urk. E. F)

1) daß in Rücksicht derselben die Burggrafen mit den **Kurfürsten gleiche Rechte** haben sollten.

2) Daß keine **Ritter, Knechte,** Bürger und Bauern, vor fremde Gerichte geladen werden sollten.

3) Daß die **Hof-** und **Lehengerichte** des Burggrafthums Macht haben sollen, wie das Landgericht zu Nürnberg und Kammergericht, zu urtheilen.

Alle

Alle diese Privilegien wurden von allen Kaysern bestätiget, und beliehen wurden die Burggrafen

> mit allen Hoheitsrechten und Regalien in ihren Fürstenthümern, Grafschaften, Herrschaften, Schlössern, Städten, Dörfern, und Gebieten.

Unwidersprechlich steht der Satz fest:

> das Hauß Brandenburg hat in dem ganzen Complexe der Fürstenthümer Ansbach und Bayreuth, so weit sie vermarkt und vergrenzt sind, die Hoheitsrechte und Regalien auszuüben; alles was innerhalb dieser Fürstenthümer gesessen ist, ist der Brandenburgischen Landeshoheit unterworfen; wer davon exemt seyn will, hat den Beweis der Exemtion zu führen. So lange aber bis diese Exemtion Reichsgesetzmäßig dargethan ist, bleibt Brandenburg die Landeshoheit unbeschränkt.

Der Beweis dieser Exemtion auf Seiten der in diesen Fürstenthümern angesessenen Fränkischen Ritterschaft, scheint ganz ausser den Grenzen der Möglichkeit zu liegen; auf keines ihrer Mitglieder, welche zugleich Brandenburgische Insassen sind, paßt der Begrif welchen die Reichsgesetze von Unmittelbarkeit festsetzen.

Die Reichs-Abschiede von 1438 §. 6. 7. 9, 1466. §. 7—13, 1471, 1507 §. 8, 1510, 1548 §. 66, 1559, 1564, 1566, der Westphälische Friede, Art. 5 §. 28 bestimmen den Begrif von Unmittelbarkeit dahin:

> Sie müssen dem Reiche, und nicht den Ständen von Alters her gedienet haben, sie müssen vom Kayser

fer lehenbar seyn; sie müssen nicht Landsassen seyn; sie müssen nicht zum Complex eines Territoriums gehören.

Nun untersuche man die Güter alle, welche diejenigen von Adel innerhalb des Territoriums der Fränkischen Fürstenthümer besitzen, welche sich zu der Reichsritterschaft halten wollen, und es wird sich evident darlegen, daß keine dieser Besitzungen unmittelbar sey. Die wenigsten sind Rittergüter, die meisten Besitzungen sind einzelne Bauernhöfe, welche der Landesadel in der Vorzeit erwarb, und mit Aufhebung der Leibeigenschaft an die niedere Volksclasse, gegen jährliche Zinsen und Gülten vererbte. Nirgend im ganzen Lande ist ein einziges Rittergut welches der Fränkische Adel besäße, dem Reiche zu Lehen gienge, und nicht landsäßig wäre. Zerstreut sind die Ritterschaftlichen Besitzungen in Dörfern, wo dem Brandenburgischen Hauße die Landeshoheit zusteht. Selbst die geographische Lage, welche sämtliche Besitzungen in beyden Fränkischen Fürstenthümern haben, bestärkt die Wahrheit,

daß in den Fränkischen Fürstenthümern kein unmittelbarer Adel vorhanden sey.

Um aber noch mehrere Beweise vorzulegen, wodurch die Nichtexistenz einer Reichsritterschaft in den Fürstenthümern Ansbach und Bayreuth hervorgeht, sollen auch selbst die eigenen Bekenntnisse Brandenburgischer Vasallen:

daß die Brandenburgischen Regenten zu Ansbach und Bayreuth ihre Landesfürsten waren und sind,

die vorgegangenen Beweise bestätigen.

Schon

Schon an sich sind Landstandschaft und Landsaßiat unzertrennlich. Wenn ein sonst Unmittelbarer wegen einer Besitzung im fremden Territorium Landstand ist, findet solches in Hinsicht auf diese Eigenschaft seine volle Anwendung; noch mehr aber wird dieser Satz bekräftiget, wenn der Landstand versichert:

> Er sey der Obrigkeit des Landes, von dem er Landstand ist, unterworfen.

Urk. G) Dieses Erscheinen auf den Landtagen und dieses Bekenntniß der Unterwürfigkeit bezeugen die Landtagsabschiede, und die denselben vorausgegangenen Akten.

Auf diesen Landtagen bewilligten diese Ritter der Herrschaft Umgeld, legten das Bedürfen zu Bezahlung der Cammer-Schulden auf ihre Hintersaßen um, und gaben dadurch das unumwundene Bekenntniß von Landsaßiat.

Urk. H)
Urk. I) Besonders wiederhohlten es einzelne Ritter bey einzelnen Gelegenheiten, und selbst in eigenen Rezessen gaben sie es zu; ja sogar bey den Landeshuldigungen erschienen sie, und schwuren:

Urk. K)
> daß sie sich gegen die Brandenburgischen Regenten, als ihre Landesfürsten halten wollten.

Und so war es denn auch ganz natürlich, daß die volle Landeshoheit über ihre Besitzungen im Lande ausgeübt werden mußte. So waren sie selbst der landesherrlichen Gerichtsbarkeit unterworfen, Polizeygewalt wurde über alle ihre Besitzungen ausgeübt, eben so Finanzgewalt, Berg- Münz- Floßrecht, Zoll und Geleite.

Ist es nun aber wahr, daß die Fränkischen Fürstenthümer aus einzelnen unmittelbaren Dynastien, aus dem unmittelbaren Territorio um Nürnberg, aus unmittelbaren

ren Klostervogteyen, aus unmittelbaren Kaiserl. Hofmarken zusammengesetzt sind; ist es durch das Staatsrecht des Mittelalters belegt, daß alles, was innerhalb eines solchen Territoriums, einer Dynastie oder Vogtey lag, der Regel nach, der Obrigkeit derselben unterworfen war; beweisen es die ältesten Grenzbeschreibungen und Landbücher, daß alle diese einzelnen Bestandtheile der jetzigen Fränkischen Fürstenthümer, geschlossene Distrikte waren; wird dadurch evident, daß auch eben daher die Fürstenthümer selbst ein geschlossenes Gebiet sind; bestimmen die Reichsgesetze, daß nur diejenigen Rittergüter unmittelbar seyn können, welche Reichsallodien sind, oder unmittelbar vom Kaiser und Reich zu Lehen gehen, und nicht zum Complex eines Territoriums gehören; bewahrheiten es die Lehenbücher, daß alle Rittergüter im Lande in Brandenburgischer oder doch wenigstens in Territorial-Lehens-Verbindung stehen; zeigt es die geographische Lage, daß sie alle innerhalb des Fürstenthums liegen; zeigen es die Landbücher, daß außer den Rittergütern die adelichen Besitzungen in bloßen Bauernhöfen bestehen, welche in wahren Territorial-Dorfschaften liegen; bewahrheiten es die Landtagsakten, daß alle Ritter im Lande auf den Landtägen erschienen sind, und sich der Brandenburgischen Obrigkeit als unterworfen bekannt haben; beweisen es die Huldigungsakten, daß die Ritterschaft im Lande, dem Hauße Brandenburg als Landesfürsten gehuldiget hat; legen es die Gerichtsakten der beyden Fürstenthümer an den Tag, daß alle Ritter im Lande, das Hauß Brandenburg einzeln für ihren Landesherrn erkannten; und ergiebt sich aus den Gerichtsbüchern und Cameral-Akten, daß

Po-

Polizey-Finanz-Justiz-und Militär-Gewalt bis zu dem Anfange der oben erwähnten Usurpationen auf alle ritterschaftliche Besitzungen ausgedehnt wurde: so muß eine Reichsritterschaft in diesen Fränkischen Fürstenthümern undenkbar seyn. Wenigstens wird das Hauß Brandenburg seine Insaßen so lange, als Landsaßen behandeln müßen, bis die Unmittelbarkeit dargethan ist.

Zwar ist es wahr, daß sich mehrere von diesen Insaßen gleich nach dem der Fränkischen Ritterschaft 1559 vom Kaiser ertheilten Privilegio mit ihr verbunden haben; es ist wahr, daß eben diese Insaßen die Steuern von ihren Hintersaßen an die Fränkische Ritterschaft lieferten; es ist wahr, daß mehrere Kaiserl. Mandate, die Brandenburgische Landeshoheit auf diesen ritterschaftlichen Besitzungen einzuschränken suchten; es ist ferner wahr, daß oft zum Nachtheil der Regenten in den Brandenburgischen Fürstenthümern Mandate bey den Reichsgerichten erschlichen wurden; es ist endlich wahr, daß selbst die ehemahligen Markgrafen von Ansbach der Ritterschaft, und insbesondere dem Canton Altmühl, Befugniße durch die Rezeße von 1722. 1725 und 1729 einräumten, wodurch die Brandenburgische Landeshoheit beschränkt wurde. Allein man sehe auch im Gegentheil die Verbindungen nach, welche die Brandenburgl. Fürsten gegen dieses ritterschaftliche System mit benachbarten Ständen geschloßen haben; man lese die Theilungsurkunde im Brandenburgischen Haußeuck von 1437; man durchgehe die Rekurse an Reichstag, welche die Brandenburgischen Fürsten in Franken, wider Verfügungen des Reichshofraths in ritterschaftlichen Sachen ergriffen haben; man lese selbst die Erklärungen, welche sie der Reichsritterschaft,

schaft, wenn sie auf Brandenburgische Insaßen Anspruch
machten, ertheilten; man sehe die Maasregeln nach, welche
Markgraf Georg Wilhelm gegen seine eingesessene Ritterschaft noch 1721 vorkehrte, als sie eine Unmittelbarkeit Urk.
vorschützte; man überzeuge sich aus der Correspondenz, Urk
welche die Könige Friedrich Wilhelm I und Friedrich II O)
von Preußen mit den Markgrafen von Brandenburg
1739. 1740 führten, daß die Verbindung der Brandenburgischen Insaßen mit der Reichsritterschaft, auf den Fall Urk.
sogleich als vernichtet angesehen werden solle, sobald das P)
Kurhauß in die Fränkischen Fürstenthümer succediren würde; man sehe die Vota nach, welche das Brandenburgische Urk.
Hauß in dem Jahre 1752 am Reichstage ablegte, als von Q)
Errichtung eines Reichsnormativs in ritterschaftlichen Sachen die Rede war; man bedenke endlich, daß wenn
auch das Hauß Ansbach mit der Reichsritterschaft Rezesse,
welche der Brandenburgischen Landeshoheit nachtheilig
sind, geschlossen hat, eben diese Rezesse das Kurhauß, welches ex pacto et providentia majorum succedirt,
nicht binden können, und man wird das Resultat aufstellen müssen:

daß der Besitz, welchen die Brandenburgl. Insaßen in
Verbindung mit der Reichsritterschaft wider die klaren
und evidenten Rechte usurpirt haben, kein rechtlicher
Besitz sey, und daß Se. Majestät der König die volleste
Befugniß habe, alle landeshoheitlichen Rechte auf den
Güthern der ritterschaftlichen Insaßen geltend zu ma-
chen, welche die individuelle Verfassung der Fränkischen
Fürstenthümer erheischt, die Constitution des deutschen
Reichs nachläßt, die Brandenburgischen Haußgrundge-

Y setze

seße festseßen, und welche in der Kaiserlichen Verleihung über die Fränkischen Fürstenthümer gegründet sind.

Dadurch vernichten Seine Majestät die Reichsritterschaftliche Verfassung keinesweges; Sie führen solche vielmehr bloß in die Schranken ihrer Competenz zurück, die sie auf die Ritterschaft in den Fränkischen Fürstenthümern auszudehnen nicht befugt ist. Der König widerspricht nicht, daß es in Franken unmittelbare Rittergüther gebe; Er belegt bloß, daß sich dergleichen in den Fränkischen Fürstenthümern nicht befinden; Er tritt damit keinesweges wohlerworbenen Rechten eines Dritten in den Weg, sondern erhält bloß die Seinigen aufrecht. Und kann es das unpartheische Publikum ungerecht finden, wenn zu diesen Absichten die zweckmäßigsten Mittel vorgekehrt werden? Damit aber Seine Majestät der König hierbey zugleich einen Beweis ablegen, daß hier nur nach Principien des Rechts verfahren werde; so werden Allerhöchstdieselben allen denjenigen Mitgliedern der Ritterschaft, welche gegenwärtig als Insaßen angesprochen werden, auf der Stelle Unmittelbarkeit zugestehen, wenn sie nach den Begriffen erwiesen werden kann, welche die Reichsgrundgeseße damit verbinden; und gegenüber sollen allen denjenigen Insaßen, welche Seine Majestät als Insaßen reklamiren müssen, alle die Rechte und Vorzüge ebenfalls eigen seyn, welche der übrigen eingesessenen Vogtländischen Ritterschaft zugestanden werden, und welche sie nicht einmahl als Mitglieder der Reichsritterschaft genießen würden.